1940년 체제

1940년 체제

일본 전후경제사의 멍에를 해부하다

노구치 유키오 野口悠紀雄 지음
노만수 옮김

글항아리

일러두기

- 이 책은 노구치 유키오의 『戰後經濟史』(2015)를 완역하고 2019년에 출간된 문고판의 저자 후기를 추가로 번역해 함께 수록했다.
- 장, 절, 소제목은 옮긴이가 다시 달았다.
- 본문에 인용된 도서 중 국내에서 번역 출간된 책은 한국어판 제목으로, 그렇지 않은 경우는 원제를 번역하여 표기했다.
- 고유명사는 일본어 표기법에 따랐다. 단 한국에서 쓰는 관용적인 표현을 따르기도 했다. 가령 부흥금융금고復興金融金庫, 일본제철日本製鐵, 일본은행, 일본생명보험, 제일부동산, 일본장기신용은행 등이다.
- 본문 하단 각주는 옮긴이 주다.

옛날, 내 흐린 눈에 비친 적이 있는

모호한 모습이 다시 나에게 다가온다.

그렇다면 이번에야말로 너희를 확실하게 파악하리라.

_ 요한 볼프강 괴테, 『파우스트』(노구치 유키오 옮김)

머리말

저는 일본 사회와 경제에 대해 어떤 불가사의한 감각을 갖고 있습니다. 이전에는 막연한 의식일 뿐이었는데 그 후의 다양한 사건 속에서 부정할 수 없을 만큼 명확한 형태를 취하게 된 감각입니다.

이 책에서 말하는 전후戰後 일본 경제의 기본 구조는 제가 예전부터 갖고 있던 관점입니다. 다만 그것을 어떻게 평가해야 할지는 정하지 않았지요. 가령 전후 50년째인 1995년의 시점으로 "일본은 지금까지의 경제구조를 긍정해도 좋을까? 아니면 부정해야만 할까?"라고 묻는다면, 모순 없이 대답할 수 없었죠.

그러나 지금은 그 물음에 확신을 갖고 답변할 수 있습니다. 왜냐하면 이제 문제의 핵심이 확실히 보이기 때문입니다. 그래서 저는 여기서 핵심이 무엇인지를 말하지 않으면 안 됩니다. 이 책을 쓰고 싶다고 생각한 이유는 여기에 있습니다.

1940년 전후에 태어난 우리 세대는 일이나 생활을 통해서 일본 경제의 큰 사이클을 실제로 경험했습니다. 사회에 진출한 때는 일본 경제가 세계사에서도 보기 드문 고도성장을 시작한 직후입니다. 우리는 누구나 산업 일꾼의 일원으로서 각자의 노동 현장 제일선에서 경제성장 과정의 일익을 담당했습니다. 그리고 일본 제품이 세계시장을 장악하는 모습을 두 눈으로 직접 보게 되었죠. 그러나 퇴직기가 다가올수록 일본이 쇠퇴하고 표류하는 상황을 속수무책으로 바라볼 수밖에 없었습니다. 즉, 우리는 일본 경제가 전쟁 이후에 겪은 사이클의 시작과 끝을 모두 본 것입니다. 그러니까 그간 경험한 바를 그러모으는 것만으로도 '전후 일본 경제사'를 한 권의 책으로 쓸 수 있는 것이지요.

하지만 이 책은 각종 사건을 나열한 편년체 기록은 아닙니다. 개인적인 회고일 수도 없고요. 제가 이 책에서 다루고 싶은 내용은 이러한 사건들을 일관된 대강의 줄거리 안에 자리매김시켜, 거기에서 얻는 이해를 통해 '일본은 지금 어디에 있는가'를 올바르게 파악하는 것입니다.

이 목적을 이루기 위해 앞에서 말한 관점을 기축으로 삼겠습니다. 경제학 용어로 말하자면, 일본 경제구조에 대한 '하나의 모델'을 제시하고 그것을 이용해 전후 70년의 일본 경제를 평가하려고 합니다.

또한 이 모델을 활용해 일본이 미래를 밝게 구축하기 위한 실마리를 찾았으면 합니다. 다만 미리 예고하자면 전망은 장밋빛 미래일 수 없습니다. 이 책이 요즈음 수년째 유포되고 있는 낙관적 프로파간다의 가면을 벗기고, 일본의 장래에 경종을 울리기를 바랍니다.

책의 출간에 즈음하여 도요게이자이신문사 야마자키 고빈 출판국장,『주간 도요게이자이』하세가와 다카시 편집위원, 이토 모모코 출판국원께 많은 신세를 졌습니다. 이 자리를 빌려 감사의 말씀을 드립니다.

프롤로그

3월 10일, 요행히도 목숨을 부지하다

저의 기억은 1945년 3월 10일 심야로부터 시작됩니다.

맹렬한 불길로 붉게 물든 하늘을 배경으로, 미군의 B-29 대편대가 이쪽을 향해 몰려온다. 압도적인 힘을 가진 적이 우리를 죽이러왔다. 할 수 있는 건 없다. 그 극한의 공포가 지금도 새록새록 기억납니다.

우리 다섯 식구(나, 엄마, 할머니, 누나, 여동생)는 근처 초등학교의지하 방공호를 향해 도망쳤습니다. 모두가 방공 두건을 쓰고, 어린여동생을 유모차에 태우고, 도중에 지장보살 앞을 정말로 구를 듯이 달렸던 기억이 있습니다. 그리고 순전히 우연으로 목숨을 부지했습니다.

우리와 같은 방공호로 도망친 사람들 대부분은 질식사했습니다.

철문이 철커덩 닫힌 좁은 공간에 많은 사람이 오랫동안 갇혀 있었기 때문에, 방공호 내 산소가 결핍되어 안쪽 깊숙한 곳에 있던 사람부터 차례차례 죽어나갔던 것이죠. 우리 가족은 우연히 입구 가까이에 있었기 때문에 문틈으로 조금 흘러들어오는 공기 덕분에 질식사를 면했습니다.

아침이 되어 경방단警防團◆ 사람들 손에 이끌려 밖으로 나왔을 때는 온 가족이 의식을 잃었던 듯싶습니다. 문득 정신을 차려보니 교정에는 검게 그을린 소사체燒死體가 산더미처럼 쌓여 있었습니다. 그 무참한 광경을 지켜볼 때 도쿄의 하늘은 한 점 구름도 없이 깨끗하게 개어 있었습니다.

이것이 도쿄 대공습입니다. 네 살이 조금 넘은 때였으므로 이날보다 더 오래된 기억이 있을 법도 한데 전혀 없습니다. 이 밤의 경험이 너무 강렬했기 때문에 그 이전의 기억은 말살된 걸까요.

공습이 시작된 한밤중부터 진화가 된 10일 미명까지 불과 8시간 만에 약 10만 명이 사망했습니다. 한 지역에서 이 정도의 짧은 시간에 이토록 많이 목숨을 잃은 사례는 인류 역사상 드물 것입니다(관동대지진의 사망자는 이틀 동안 약 10만 명이라고 합니다. 히로시마 원폭으로 인한 사망자 수는 1945년 12월 말까지의 합계가 약 14만 명이라고 합니다).

왜 이렇게 많은 사람이 죽었을까요? 두 가지 원인이 있습니다. 첫째는 일본군이 방어하지 못했기 때문입니다. 고사포 부대는 약 500발의 포격으로 응전했을 뿐 폭격에 궤멸되었습니다. 일본의 요격

◆제2차 세계대전 중 지역의 소방이나 방공 등을 위해 조직된 단체로 1939년에 설립되어 1947년에 폐지.

전투기도 나타나지 않았고, 334대(279대였다는 설도 있습니다)에 달하는 B-29 대편대는 고도 1500미터에서 3000미터가량의 저공비행으로 유유히 도쿄에 침입했습니다. 즉, 도쿄 시민들은 완전히 무방비 상태로 B-29 대군 앞에 내던져져 있었던 것입니다.

그 사실을 우리는 몰랐지만 미군은 알고 있었습니다. B-29는 접촉사고를 방지하기 위해 미등尾燈을 켜고 있었던 겁니다. 모습을 숨기지도 않고 저공에서 침입해왔기 때문에 아군기로 오인한 도쿄 시민이 많았다고 합니다.

저는 B-29의 기영機影을 똑똑히 본 기억이 있지만 'B29는 1만 미터의 고도에서 비행하기 때문에 지상에서 기체가 보일 리 없다. 그렇다면 이 기억은 거짓일까?' 하고 오랫동안 의심했습니다. 하지만 1500미터면 비행기의 동체는 보입니다. 제 기억이 맞았던 것입니다.

다수의 사망자가 발생한 두 번째 원인은 공습이 매우 '과학적, 효율적'으로 이루어졌다는 점입니다. 우선 동서 5킬로미터, 남북 6킬로미터에 달하는 직사각형 구역의 가장자리에 소이탄을 투하해 화염 벽을 만들면 후속 비행기가 정확하게 폭격할 수 있습니다. 그러나 화염 벽에 갇힌 주민은 밖으로 도망칠 수 없죠. 우리는 이 직사각형의 서북쪽 모퉁이와 가까운 곳에 있었기 때문에 서북쪽으로 향했다면 어쩌면 도망칠 수 있었을지도 모릅니다. 하지만 지상에 있는 인간에게 그런 헤아림이 있을 리 없습니다. 많은 사람은 물 근처라면 안전하다고 생각하고 스미다隅田강(도쿄를 관통하여 도쿄만으로 흐름)으로 향했던 것입니다. 그리고 강 건너편에서 반대 방향으로 도망치려는 사람들과 다리 위에서 부딪쳐 꼼짝을 못하게 된 곳에 소이탄이 쏟아져 대참극이 일어났습니다(저는 오랫동안 고토토이 言問 다리에는 무서워서 접근하지 못했지만, 지금도 다리의 어미기둥은 타 죽은 사람들의 피와 기름으로 얼룩져 거무스름합니다).

어머니는 방공호에 도착했을 때 "이젠 스미다강까지 갈 수가 없 으니 여기서 죽자"고 말한 듯합니다. 그 말을 들은 누나는 죽기 싫 다는 생각이 강하게 들었다고 하는데, 결과적으로 보면 어머니의 판단이 옳았던 겁니다.

이 공습을 지휘한 사람은 수개월 전 독일의 역사적 도시 드레스 덴을 공습해 '평평하게 만든' 공적을 올린 미국 전략공군 사령관 커 티스 E. 르메이 소장이었습니다. 일본 정부는 나중에 그에게 훈장 을 수여했죠.

'국가'에 대한 불신의 원점

방공호에서 질식사한 사망자가 많았던 까닭은 사람들이 안쪽일수 록 안전하다고 생각해 더 안쪽으로만 몰려들었기 때문일 것입니다. 대다수 일본 국민은 방공호에서 질식해서 죽을 수 있다는 위험에 대한 아무런 지식도 없었던 것이지요. 하지만 그곳이야말로 위험한 곳이었습니다. 우리 가족이 입구 가까이에 있었던 이유는 늦게 도 망쳐 들어갔다는 것, 단지 그것뿐이라고 생각합니다.

훗날에야 알게 된 사실이지만, 독일에서는 "방공호에 대피할 경 우 가장 위험한 것은 질식"이라고 국민에게 교육했다더군요. 그리고 세 개의 작은 힌덴부르크 등(바닥이 얕은 마분지 그릇에 수지 樹脂를 넣고 짧은 심지를 세운 것)에 불을 붙여 하나는 머리 높이, 하나는 허리 높이, 또 다른 하나는 마루 위에 두고, 만일 맨 위의 불빛이 꺼지면 배기펌프를 작동시켰습니다(로저 무어하우스, 『전시하의 베를린 Berlin at War』).

혹은 마루 위의 불이 꺼지면 일어서고, 허리 위치의 등이 꺼지면 아이를 들어 올리고, 머리 위치의 등이 꺼지면 밖에서 불길이 맹렬하게 타오를지라도 방공호에서 나오라는 가이드를 받았습니다(앤터니 비버, 『베를린 함락 1945 The Fall of Berlin 1945』).

하지만 일본에서는 방공호에서의 질식 위험에 대해 가르치지 않았을 뿐만 아니라 "소이탄이 떨어지면 불을 *끄라*"고 지시했습니다. 이때 투하된 폭탄은 베트남 전쟁에서 밀림을 태워버리는 데 사용되었던 네이팜탄과 같은 고성능 소이탄입니다. 젤리 모양을 한 연료는 연소 온도가 1000도나 돼 물을 뿌려도 꺼지지 않습니다("냄새로 보아 휘발유를 뿌렸을 것"이라는 증언이 있지만, 휘발유보다 더 강력한 연료였던 셈입니다). 이 정도로 위력적인 소이탄 20만 개 이상이 1평방미터당 평균 3개가 투하되었다고 합니다(32만 개라는 설도 있습니다). 그 불을 *끄려다* 미처 피하지 못한 사람도 많았습니다.

여하튼 1945년 3월 10일의 경험은 '국가'에 대한 제 불신의 원점이 되었죠. 궁극의 위기가 닥쳤는데도 아무런 도움도 주지 않았다, 그러기는커녕 위기라는 상황을 전달조차 해주지 않았다는 불신이었습니다.

그뿐만이 아닙니다. 이것도 나중에서야 안 사실이지만, 독일에서는 전쟁 말기 소련군이 침공해올 때 폴란드에 의해 독일 본토와 분단된 동부 지구(동프로이센) 주민들을 소련 병사들의 잔학 행위로부터 구하기 위해 해군의 모든 함정을 동원해 탈출시켰습니다. 해군 제독 카를 되니츠의 명령에 따른 것입니다.

그에 반해 일본에서는 어땠을까요? 한도 가즈토시半藤一利의 역사 논픽션『소련이 만주를 침공한 여름ソ連が滿洲に侵攻した夏』은 다음과 같이 서술하고 있습니다.

패전을 각오한 국가에서, 군이 가장 먼저 전력을 다해야 할 임무는 공격을 받은 모든 지역에 있는, 또 피점령지에 있는 비전투민의 안전을 도모하는 데 있다. 바로 그것을 실행해야 한다. 유럽의 전쟁사를 보면 왜 그 임무를 필사적으로 실행했는지를 알 수 있다. 일본의 경우는 국가도 군도 그토록 엄격한 패전의 국제 상식에조차 무지했다. (…) 일본 본토에서 결전이 벌어져 상륙해오는 미군을 요격할 때 피난해오는 비전투원을 어떻게 조치할 것인가? 이 절박한 질문에 육군 중앙의 참모가 이렇게 말했다고 한다. "부득불 역살轢殺(깔아 죽임)하고 전진하라."

이 밖에 일본은 독일이 항복한 1945년 5월 8일 이후에도 전쟁을 계속했습니다. 도대체 왜 그랬을까요? 적어도 6월에 종전이 됐더라면 많은 일본인의 운명이 극적으로 뒤바뀌었을 테죠.

이것은 전쟁이 끝난 후 제가 쭉 품어온 의문입니다. 최근에 와서야 당시의 사정을 겨우 알게 되었습니다. 지도자들 그 누구도 책임을 지고 싶지 않았기 때문에 항복 결정이 계속 늦춰진 것뿐입니다 (요시미 나오토吉見直人,『종전사: 왜 결단을 못 내렸을까終戰史: なぜ決斷できなかったのか』).

1945년 6월에 종전이 안 된 것 때문에 얼마나 많은 사람이 억울하게 죽었을까요? 승리의 가능성이 전혀 없는 전쟁터에서 절망적인 전투를 강요받았던 병사들은 5월 이후 도대체 어떤 마음으로 싸우고 있었을까요?

저는 3월 10일에 검게 그을린 소사체로 변한 일도 없었고, 질식사도 당하지 않았습니다. 그리고 전쟁고아도 되지 않았습니다(만일 저 혼자 살아남았더라면 다른 전쟁고아와 함께 도쿄 우에노上野 지하도를 헤매야 했을 것입니다).

그 후에도 징집당하지 않고 '전후戰後 70년'을 맞이할 수 있었습니다. 행운의 우연이 첩첩이 쌓인 결과입니다. 지금 돌이켜보면 참으로 좁은 운명의 문을 여러 번 힘들게 통과해왔기 때문입니다. 기적이라고밖에 말할 수 없습니다.

1940년 무렵 국가 형태를 바꾼 '혁신 관료'들

우리가 방공호 안에서 죽을 뻔했던 때로부터 5년 전쯤, '혁신 관료'라고 불리는 사람들이 일본을 크게 바꾸려 하고 있었습니다.

그들이 지향한 바는 제2차 세계대전 수행을 위해 국가의 총력을 전쟁에 전용하는 '국가총동원 체제' 확립이었습니다. 그들이 수립한 경제제도는 전쟁이 끝난 후에도 거의 그대로의 형태로 살아남아 전후 일본의 기본을 형성하게 됩니다.

이 경제제도는 이 책에서 앞으로 계속 언급될 것인데 여기서 그 줄거리를 말해둘까 합니다.

이른바 혁신 관료라고 불린 그룹은 만주국에 파견되어 국가 경영을 담당하던 관료들로, 그 중심인물 중 하나가 기시 노부스케岸信介(1896~1987)입니다. 그는 1939년 만주에서 귀국해 상공차관에 취임, 자신과 생각이 같은 사람들을 등용했습니다. 1941년에는 도조 히데키東條英機 내각의 상공대신이 되어 반대파를 일소, '통제파'라고 불리던 이들과 함께 드디어 상공성商工省을 장악합니다. 이 그룹은 기시와 그 심복으로서 통제파를 주도한 시나 에쓰사부로椎名悅三郎의 이름을 따서 '기시·시나岸·椎名 라인'이라고도 불립니다.

그들의 이념은 '산업의 국가 통제'입니다. 기업은 공익에 봉사해야지 사익을 추구해서는 안 된다, 불로소득으로 생활하는 특권계급의 존재를 용인해서는 안 된다는 사고방식입니다.

그런데 이것은 사회주의 사상에 가깝습니다. 사실 기시가 목표로 한 것은 '일본형 사회주의경제' 건설이었습니다. 때문에 한큐전철阪急電鐵의 창업자이자 대표적인 전전戰前 경영자였던 고바야시 이치조◆는 상공대신에 취임했을 당시에 차관이었던 기시를 '아카赤(적색분자·빨갱이)'라고 부르며 비난했습니다.

그런데 기시 노부스케 등이 신봉한 사회주의적 사상은 당시에 전 세계적으로 부단히 확장되는 중이었죠. 공산당이 독재체제를 구축한 소비에트 연방은 물론이거니와 독일에서도 '국가사회주의 독일노동자당(나치)'이 정권을 잡았습니다. 자본주의의 본산인 미합중국에서조차 프랭클린 루스벨트(1933~1945 재임) 정권하에서 뉴딜파가 사회주의적인 정책을 잇달아 내놓았습니다.

◆1873~1957, 1914년 오사카 지역을 기반으로 한 철도회사인 한큐전철의 창업자이자 1940~1941년 고노에 내각의 상공대신.

전시의 금융·재정제도 대개혁

기시 노부스케 등이 산업에 대한 국가 통제를 추구하고 있을 때, 금융 면에서도 대개혁이 이루어졌습니다.

전쟁 전의 일본에서는 주식과 사채로 기업이 투자 자금을 마련하는 '직접금융'이 중심이었고, 은행 차입금으로 자금을 조달하는 '간접금융'은 비중이 매우 낮았습니다. 일본흥업은행日本興業銀行을 시작으로, 혁신 관료들은 은행이 기업에게 자금을 공급하는 구조로 금융체제를 바꾸어갔습니다. 일련의 정책 시행으로 기업 금융에 은행중심주의가 확립되고 주주의 지배가 배제되기 시작했죠.

1942년에 제정된 '일본은행법'은 통제적 금융 개혁의 마무리라고도 할 수 있습니다. 구舊 일본은행법 제2조는 '일본은행은 오로지 국가 목표의 달성이라는 사명을 기준으로 운영되어야 한다'는 전시경제체제의 이념을 명확히 규정하고 있습니다.

1940년에는 조세·재정제도에서도 큰 개혁이 이루어졌습니다. 우선 원천징수제도의 도입을 통해 노동소득에 대한 소득세 징수가 강화되었습니다. 일본의 원천징수제도는 독일 다음으로, 세계에서 두 번째로 도입되었죠. 또한, 법인세가 독립된 세금으로 확립됨에 따라 그때까지 간접세 중심이었던 일본의 조세체계는 크게 바뀌었고, 제조업 등 근대 경제 부문에 과세할 수 있게 되었습니다. 또한 새로운 세제에 따른 조세 수입은 지방자치단체가 아니라 국가에 위임하여, 국가가 수입을 지방에 배부하는 형태로 체계가 구축되었습니다.

더불어 농지 개혁 준비도 진전되었습니다. 전쟁 전에 농촌이 극빈에 허덕이던 큰 원인은 바로 지주였습니다. 소작료는 수확물로 지불되었고, 그 비율은 평균적으로 수확량의 5할에 이르렀습니다. 이 때문에 농촌의 생활수준은 에도시대부터 별로 변하지 않은 채 유지되어왔던 것입니다.

중앙 관청의 관료 중에는 이러한 농촌 현상을 개혁해야 한다고 생각하는 사람이 적지 않았고, 특히 농업행정 관료 중에는 그러한 의식이 매우 강한 사람들이 있었습니다. 그들은 1942년 '식량관리법'을 제정해 상황을 크게 변화시켰습니다. 소작인은 지주가 아니라 국가에 쌀을 공출하고, 지주에게는 그 대금의 일부를 소작료로 지불하게 된 것입니다. 이리하여 그때까지 물납제였던 소작료가 금납제金納制로 전환되었습니다.

정부가 소작료를 정하고 물가 변동과는 상관없이 고정 금액으로 동결했기 때문에 인플레이션이 진행되면서 소작인의 실질 부담은 급감했습니다. 1940년에 수확량의 50.5퍼센트였던 소작료가 1945년에는 18.3퍼센트까지 떨어졌고, 이리하여 소작제도는 유명무실해졌습니다. 또한 정부가 소작인에게 쌀을 사들일 경우엔 쌀값을 비싸게, 지주에게 사들일 경우엔 낮게 정하는 '이중미가제二重米價制'도 제정됨으로 인해 지주의 지위가 낮아졌습니다. 그리하여 에도시대부터 변하지 않았던 일본의 농촌이 전시체제 속에서 크게 변모하기 시작한 것입니다.

사실 이상에서 언급한 개혁의 목적은 '전쟁 수행'이었습니다. 기시 노부스케 등이 도모한 기업 개혁은 기업을 국가의 수족으로 이용하고 생산활동을 군수 목적에 집중시키기 위한 것이었죠. 간접금융체제로의 개혁은 산업자금 공급 측면에서 전시체제를 뒷받침하기 위한 것이고요. 그리고 조세 개혁의 목적도 군사비 조달임은 두

말할 나위 없습니다.

농촌 개혁을 추진한 농정 관료는 사회주의적 구빈救貧 사상에 영향을 받았던 것으로 보입니다. 다만 농촌을 빈곤으로부터 구하는 것은 군사적 관점에서도 필요했습니다. 왜냐하면 농촌은 병사의 공급원이었기 때문입니다. 농촌이 피폐해지면 강한 군사를 얻을 수 없습니다. 따라서 군부(특히 육군)는 농촌 개혁에 공감대가 강했습니다.

전쟁 시기에 형성된 전후의 일본 기업

전시체제 아래에서 일본의 기업들도 크게 달라졌습니다.

전쟁 전에 일본의 전력 사업은 다수의 민간 기업에 의해 운영되고 있었죠. 그러나 1939년 정부의 명령에 따라 각지의 전력회사를 통합해 국책 회사인 일본발송전日本發送電이 설립되었고, 이는 이어서 9개의 배전配電회사로 재편되었습니다. 이것이 바로 전후 9대 전력회사 체계의 기초가 되었습니다.

자동차산업도 마찬가지였습니다. 전쟁 전 일본의 자동차 생산은 포드, GM, 크라이슬러라는 미국의 '빅3'가 지배하고 있었죠. 때문에 만주사변 당시 일본군 트럭은 포드제였습니다. 정부는 이런 상황을 변화시키기 위해 1936년에 '자동차제조사업법'을 제정해 자동차 관세를 인상하고 자동차 제조업을 허가제로 바꾸었습니다. 허가를 받은 곳은 도요타豊田자동직기제작소와 닛산日産자동차입니다. 허가 회사에 영업세를 면제하고 자금 조달에 특혜를 주었으며 기계·부품 수입세를 면제했습니다. 그 결과 미국의 빅3는 일본에서 철수할 수밖에 없었던 것입니다.

전기산업도 전쟁 시기에 크게 성장했습니다. 1939년에 시바우라芝浦제작소와 도쿄전기의 합병으로 도쿄시바우라전기東京芝浦電氣가 탄생해, 구하라광업久原鑛業으로부터 1920년에 독립한 히타치日立제작소와 함께 군사 경제를 배경으로 규모를 확대했습니다. 마쓰시타松下전기산업도 군수 생산에 종사하면서 성장했습니다(이 때문에 마쓰시타 고노스케松下幸之助는 전후에 공직에서 추방당했습니다).

철강업은 메이지시대부터 계속되어온 산업이지만, 1934년에 관영官營 야와타제철소八幡製鐵所를 모체로 여러 제철회사가 크게 합병하여 일본제철주식회사라는 반관반민의 국책회사가 탄생했습니다.

이곳들은 모두 전쟁 전의 기업과는 성격이 크게 다른 기업군입니다. 전쟁 전 일본 제조업의 중심은 방적회사였습니다. 태평양전쟁 개전 당시 매출액 1위 기업은 가네보방적鐘淵紡績이었습니다. 경공업을 중심으로 하는 이러한 진통적 기업은 자금 면에서 은행에 의존하지 않았고 정부의 개입이나 통제에 강하게 반발했습니다.

미국의 역사학자 존 다우어◆는 일본의 대기업에 대해 "전후에 태어난 기업은 오로지 소니와 혼다밖에 없다"고 말합니다. 올바른 견해입니다. 전후 일본의 대기업 중 상당수는 전시에 정부의 손으로 세워졌거나 군수로 급성장한 기업들입니다.

기업 관리, 노동조합, 도시 토지제도 등의 방면에서도 마찬가지라고 말할 수 있습니다. 다시 말해, 전쟁 중에 만들어진 구조가 전

◆매사추세츠공과대학 역사학 명예교수. 『패배를 껴안고: 제2차 세계대전 후의 일본과 일본인』으로 풀리처상과 전미도서상 수상.

후에 살아남아 중요한 역할을 한 것입니다. 또 전시 중에 만들어진 '통제회'가 전후 업계 단체의 토대를 이루고 있습니다. 그리고 통제회의 상부 기구인 '중요산업협의회'는 '경제단체연합회(게이단렌經團連)◆'가 되었습니다.

신문 영역도 사정이 똑같았습니다. 전쟁 전의 일본에는 전국 각지에 독립지가 많이 있었죠. 그러나 언론 통제를 위해 1938년부터 내무부와 정보국을 중심으로 진행된 '1현1지주의1縣1紙主義'에 따라 강제 통합이 이루어졌습니다. 그 결과 남은 지방지의 상당수는 오늘날까지 유력한 지방지로서 존속하고 있습니다.

또 일반 종합지인 3지(『아사히朝日신문』『마이니치每日신문』『요미우리讀賣신문』)와 경제전문지인 2지[『니혼게이자이日本經濟신문』『산업경제신문』(지금의 『산케이産經신문』)]에 대해서는 전국 배포가 인정되었습니다. 이들 5개 신문이 전국 배포 체제를 취하고 있는 것은 지금도 변함이 없습니다. 세계에서도 보기 드문 대량 발행 부수의 전국지 시스템이 전시체제로 확립된 것입니다.

전시에 만들어진 이러한 경제체제는 전쟁이 발발하기 이전의 일본 경제 형태와는 이질적이었습니다. 이 책에서 저는 그 체제를 '1940년 체제'라고 부르고 있습니다. 결국 총력전을 위한 국가 총동원 체제로 만들어진 '1940년 체제'는 종전에도 아무런 영향을 받지 않은 채 살아남아 전후 일본 경제의 기반이 되었습니다.

◆한국의 전경련에 해당.

21세기 일본은 지금 어디에 있는가?

이 책의 목적은 전후 70년간 일어난 사건을 열거하는 게 아닙니다. 사건을 열거하는 역사 연표는 많습니다. 이 책의 목적은 '우리는 지금 어디에 있는가'를 밝히는 것입니다.

역사 연표에는 다양한 사건이 열거되어 있지만, 발생한 시점에는 세간의 큰 관심을 끌었으나 현재와는 관련이 희박한 사건도 얼마든지 있습니다. 그런 사건들은 제가 풀어나가는 이야기에서는 그다지 중요하다고 말할 수 없습니다.

그럼 어떤 사건이 현재 일본 사회의 양태에 큰 영향을 준 것일까요? 그 평가를 내리기 위해서는 '시점視點·관점'이 필요합니다.

이 책에서는 다음과 같은 두 시점에 따라 전후 일본 경제를 파악하고자 합니다.

첫째는 '개의 눈犬の目'입니다. 이것은 '지상으로부터의 시점'으로, 자신의 눈을 통해 진후 일본 사회와 경제의 변천사를 보는 것입니다. 다시 말해 자서전적 연대기chronology입니다.

둘째는 '새의 눈鳥の目'입니다. 이것은 '하늘로부터의 시점'으로, 이를 통해 사회와 경제의 부감도俯瞰圖를 그려보고자 합니다.

'새의 눈', 즉 역사관의 차이는 '우리는 지금 어디에 있는가'라는 현재의 역사적 위치에 대한 해석에 큰 차이를 가져옵니다. 이 책에서 '새의 눈'은 '1940년 체제 사관'입니다. 이 견해는 교과서적인 견해, 즉 일반적으로 받아들여지고 있는 관점과는 크게 다른 역사 해석입니다.

일반적으로는 "전후의 민주주의 개혁이 경제 부흥을 가져왔고,

전후에 탄생한 새로운 기업이 고도성장을 실현했다"고 평가하죠. 반면에 '1940년 체제 사관'은 "전쟁 시기에 만들어진 국가총동원 체제가 전후의 경제 부흥을 가져왔고, 전쟁 시기에 성장한 기업이 고도성장을 실현했다"는 관점입니다. 1940년 체제는 그 후의 오일 쇼크oil shock◆에 대응하는 데 있어서도 중요한 역할을 했습니다.

일반적인 역사관과 1940년 체제 사관은 '일본 역사가 어디에서 단절되었는가'라는 판단에서도 크게 차이가 납니다. 일반적으로는 1945년 8월 시점에 일본의 정치·경제·사회체제가 크게 단절되었다고 알려져 있습니다. 그에 반해 1940년 체제 사관에서는 그때에는 단절이 없었고 진짜 단절은 '1940년 무렵에 있었다'고 보는 것입니다.

'1940년 체제 사관'이라는 '새의 눈'으로 조망하면, 1980년대의 거품 경기는 일본 경제가 '1940년 체제'를 필요로 하지 않게 되었음에도 그 체제가 생존을 도모한 데서 생긴 사건입니다.

더욱이 1940년 체제 사관에서 보면, 아베 신조 내각이 실시하고 있는 경제정책은 '전후 레짐(체제)으로부터의 탈피'가 아닙니다. 완전히 반대로 '전시·전후체제로의 복귀'입니다. 그 기본적인 방향은 시장의 기능을 부정하고 경제활동에 대한 국가 관여를 강화하자는 것입니다. 1940년 체제의 사고방식 그 자체입니다. 이 점에 대해서는 '에필로그'에서도 한 번 더 언급하도록 하겠습니다.

◆1973년과 1978년 두 차례 발생한, 석유 공급의 부족과 가격 폭등으로 인한 세계경제의 혼란.

전후에도
계속 살아남은 전시체제

1945~1959

1

폭격으로
불타버린
폐허로부터의
재출발

잡초처럼 연명하다!

미군 폭격기의 공습으로 도쿄는 평지가 되어버렸습니다. 서민은 불타버린 폐허에서 바라크baraque를 짓고 잡초처럼 끈질기게 연명해나갔습니다.

바라크는 재해 따위가 일어난 뒤 허름하게 짓는 작은 가설 건물을 일컫습니다. 저희 어머니도 재빠르게 피난처로부터 돌아와 작은 양품점을 시작하셨죠. 구청에서 복구자금을 빌려 집을 지었다고 합니다.

토지는 빌려 쓴 땅인 차지借地였습니다(당시 도쿄에서는 소유가 아닌 차지가 보통의 형식이었습니다). 계약이 끝난 때였을까요? 사하이差配(지주와 차지인 사이를 주선하는 중개인)와 함께 이야기하면서 기뻐하던 어머니의 얼굴이 또록또록 기억납니다.

전쟁이 끝난 뒤에 곧바로 토지와 자금을 빌려 장사를 시작함으로써 우리 일가도 '1940년 체제'의 혜택을 받게 되었습니다. 후술하겠지만, 토지에 대해서는 차지권借地權(남의 토지를 빌려 사용하는 지상권 및 임차권을 아울러 이르는 말)이 보호되었던 데다가 차지권이 소유권보다도 더 강한 권리를 갖게 되어 있었습니다. 일단 땅을 빌려버리면 '정당한 사유'가 없는 한 쫓겨날 염려가 없고 일방적으로 임대료가 인상되는 일도 없었죠.

또 빌린 돈에 대해서는 전후 인플레이션으로 실질적인 화폐 가치가 감소했습니다. 저희 식구는 가난했지만 그러한 사회 전체의 흐름으로부터 이익을 얻을 수 있었던 것입니다.

군국 소년의 놀이: 스이라이

폭격을 받고 불타버린 도쿄는 폐허가 되었지만 아이들에게는 천국이었습니다. 목조건물은 모두 소실되었고, 남아 있는 곳은 콘크리트 학교와 전보국電報局, 전당포 석조 창고뿐이었죠. 목욕탕은 건물 외곽이 없어지고 욕조와 타일 바닥이 휑하니 노출되어 있었습니다. 이곳은 요새가 되기도 하고 궁궐이 되기도 했습니다. 잔해 속에서 화염의 고열로 기묘하게 타버린 유리 파편을 파내 보물로 삼기도 하고, 출입이 금지된 학교 옥상으로 몰래 올라가서 벽돌 덫으로 참새를 잡으려고도 했습니다.

수도관이 고장 나서 흘러내린 물로 얕은 연못(아이들에게는 호수)이 생겨났고, 호숫가에는 분꽃이 피어 있었습니다. 지금도 분꽃을

공습으로 불타 평지가 되어버린 도쿄 번화가(1945년).
©아사히신문사／지지통신포토

보면 이 '호수'가 아련히 떠오르죠. 도쿄 어디에서나 후지산을 육안으로 잘 볼 수 있었습니다.

그 무렵 날마다 스이라이水雷라는 놀이를 했습니다(우리는 '스이라이 요코水雷横'라고 불렀지만 '요코'가 무엇인지는 알 수 없습니다. 수뢰정 역할을 맡은 아이가 야구 모자 챙을 가로横(요코)로 쓰고 있었기 때문일지도 모릅니다).

아이들은 2개 조로 나뉘어 1개 조마다 1명은 전함(골목대장이 맡음), 4~5명은 구축함, 나머지 10명가량은 수뢰정이 됩니다. 구축함은 전함에 잡히면 침몰합니다. 수뢰정은 구축함에 잡히면 침몰하고 전함은 수뢰정에 잡히면 침몰합니다. 구축함의 호위를 받으며 출진한 전함이 적의 진지까지 도달하면 이기는 게 규칙입니다.

수뢰정은 속도가 느리면 곧바로 적의 구축함에게 붙잡혀버리기 때문에 민첩하지 않으면 맡을 수 없습니다. 저는 늘 수뢰정을 맡았죠. '가장 약한 존재인데도 전함을 가라앉힐 수 있는 것은 오직 수뢰정뿐'이라는 설정이 마음에 들었기 때문입니다(지금 와서 돌이켜보면 그 후에도 계속 '수뢰정 같은 삶을 살고 싶다'는 염원을 지니고 있었다고 생각합니다).

야구를 하려고 해도 도구가 없고 땅은 파편투성이였기 때문에 놀이라고는 이것밖에 없었다는 사정도 있지만, 그렇더라도 이 놀이는 군국주의 그 자체입니다. 바꿔 말하면 '평화 국가'라는 이념이 어린이들의 마음에도 주입되지 못했다는 방증입니다.

흔히 "이 무렵 아이들의 재미는 그림 연극◆이었다"고들 합니다.

◆일본어로 '가미시바이紙芝居'라고 하는데, 하나의 이야기를 딱딱한 종이 여러 장에 그려 상자 모양의 틀 속에 넣고 차례대로 내보이며 극적으로 들려주는 놀이.

비록 분명히 그림 연극을 공연하러 사람들이 오긴 왔지만 저는 별로 재미있다고 생각해본 적이 없었습니다. 그것보다는 야마카와 소지山川惣治의 「소년 왕자」, 고마쓰자키 시게루小松崎茂의 「지구 SOS」, 나가마쓰 다케오永松健夫의 「황금 배트」, 그리고 무엇보다도 1947년 잡지 『소년 클럽』에 연재되고 있던 요코이 후쿠지로横井福次郎의 만화 「이상한 나라의 풋차ふしぎな國のプッチャー」◆에 가슴이 뛰었습니다.

어느 날엔 프랑스 작가가 쓴 『해저 2만 리』라는 매우 재미있는 소설책이 있다는 것을 알았죠. 서점에 깔려 있다는 것도 알게 되어 꼭 사달라고 졸랐는데, 뜻대로 되지 않아 울다 지쳐 잠든 적이 있습니다. 다음날 아침 눈을 떠보니 머리맡에 그 책이 놓여 있었고, 그때의 기쁨은 지금도 잊을 수가 없습니다.

먹을거리로는 복숭아 통조림에 대한 동경이 가득했습니다. 바나나는 도저히 구할 수 없어서 '바나나 껍질에 미끄러졌다'라는 옛날 농담을 들으면 부럽다는 생각이 들었습니다. 멜론을 먹을 수 있었던 건 병에 걸렸을 때뿐이었죠. 종전 직후에는 밥그릇 안에 쌀보다 보리가 더 많았는데, 쌀의 비율은 점점 증가했습니다. 아이스캔디의 경우 적리赤痢◆◆에 걸린다고 하여 금지되어 있었습니다.

해마다 한 번 대청소를 하는 날에는 온 가족이 총출동해 다다미를 들어 올리고 길 한가운데에 대형 쓰레기를 산처럼 수북이 쌓았습니다. 차가 많이 다니지 않았기 때문에 그럴 수 있었죠.

◆천재 과학자의 아들 풋차가 아버지가 제작한 비행선을 타고 우주 탐험을 나선 후 지구에 돌아와, 지구인과 지구지하국 사람들 사이의 전쟁을 수습한다는 공상과학 만화. 데즈카 오사무의 『철완 아톰』에 영향을 주었다.
◆◆이질의 한 종류.

센소淺草사의 관음당 뒤쪽에 배를 탄 형태의 불상이 철망에 둘러싸여 있었습니다. 공습으로 인한 맹렬한 불길 속에서도 다행히 온전했으니까 석상이었을 테죠. 철망 밖에서 돌을 던져 배에 들어가면 전쟁터에 나간 사람이 돌아온다고들 했죠. 저도 돌멩이를 던졌어요. 아버지가 전장에서 돌아오지 않아 생사를 알 수 없었기 때문입니다.

초등학교 건물은 콘크리트였기 때문에 불에 타지 않은 부분이 남아 있었습니다(이곳 지하에 있는 방공호가 대공습 때 도망친 곳입니다). 그러나 건물에는 집을 잃은 이재민이 정착해 살고 있었습니다. 이 때문에 수업에는 사용할 수 없어 학생들은 다른 학교 건물에 세들어 수업을 받게 되었죠.

근대적인 건물이 폐허가 되고 사람들이 그곳을 불법 점거하고 있는 광경은 문명 붕괴를 생각나게 합니다. 훗날 공업화 초기의 중국을 방문했을 때, 돈을 벌기 위해 지방에서 몰려온 농민공이라고 불리는 노동자 가족이 베이징역 건물에서 숙박하고 있는 모습을 보고 이때의 일이 역력히 떠올랐습니다.

당시 초등학교 입학 때의 사진을 보면 맨발의 아이가 많아서 놀라곤 합니다. 영양 상태가 좋지 않았기 때문에 '코흘리개 애송이'가 많았고, 겨울에는 누구나 피부가 트거나 동상에 시달렸습니다(그런데 여름이 더워서 견디지 못했다는 기억은 없습니다). 결핵은 불치병으로, 일단 걸리면 가족과 떨어지고 직장을 떠나고 새너토리엄 sanatorium(결핵요양소)에 갈 수밖에 없었습니다. 초등학교 1, 2학년 때의 담임선생님도 결핵으로 저의 곁을 떠나갔습니다.

이 무렵 가장 무서웠던 것은 비행기의 시끄러운 소리였습니다.

'전쟁이 다시 시작되는가' 하는 공포에 사로잡혔기 때문입니다. 그리고 '언제 징집당할까' 심각하게 걱정했죠. 지금까지의 일본 역사를 감안할 때 징집되지 않고 평생을 보낸다는 것은 매우 어려운 일 같았기 때문입니다. 그러나 저는 결국 징집당하지 않았습니다(선거 때 어머니께서는 항상 사회당에 투표하셨는데, 사회주의에 공감했기 때문이 아닙니다. '사회당이라면 아들이 징집당하는 일은 벌어지지 않겠지'라는 희망을 품고 있었기 때문입니다).

전후에도 상처 없이 살아남은 경제 관료

불탄 자리에서 서민이 생계를 애면글면 꾸려나갈 때 중앙 관청의 관료들은 전후 경제의 기초를 마련하고 있었습니다. 맨 먼저 궁리한 건 자신들의 생존이었지만 말입니다.

군수 관련 기업을 관리하면서 항공기를 비롯한 공업 생산 물자의 조달을 통제하던 군수성軍需省 관리들은 미 점령군 진주 직전에 관공서 간판을 '상공성'으로 바꿔 달았죠. 점령되면 당연히 전범 색출이 시작되기에 군수라는 명패를 달고서는 도저히 조직으로서 살아남을 수 없었기 때문입니다. 군수성은 1943년에 상공성과 기획원이 통합되면서 생긴 관청이기 때문에 원래의 이름으로 되돌린 것입니다.

이 종적 감추기 작전을 지휘한 사람은 시나 에쓰사부로 사무차관입니다. 간판 교체 작업이 끝난 때는 1945년 8월 26일. 연합군 최고사령관 더글러스 맥아더가 아쓰기厚木 비행장에 내리기 나흘

전의 일입니다. 이 얼마나 빠른 변신인가요!

이리하여 상공성은 미 점령하에서 거의 상처 없이 존속할 수 있었습니다. 그 후 명칭을 통상산업성通商産業省으로 고치고 민간 기업에 위력을 떨치게 됩니다. 이 작전이 순탄하게 진행된 까닭은 점령군이 일본의 관료 기구를 잘 몰랐고, 각 성청省廳(성과 청으로 나뉘는 정부 기관)이 전쟁 중에 어떤 일을 했는지 자세히 알지 못했기 때문입니다.

또한 당시 일본에서는 패전을 '종전', 점령군을 '진주군進駐軍'으로 바꿔 부른 것처럼 여러 환언換言이 이루어지고 있었습니다. 점령군 총사령부는 미국 문헌을 읽으면 'SCAP'(Supreme Commander for the Allied powers, 연합군 최고사령관 총사령부)라고 되어 있는데, 일본에서는 'GHQ'(General Headquarters, 총사령부)라고 불렀습니다.

같은 무렵 대장성大藏省은 'B엔円 저지 계획'에 열을 올리고 있었습니다. 'B엔'이란 점령군이 발행하는 간이 통화 군표軍票를 말합니다. 전쟁 중에 일본군은 점령지에서 군표를 발행했지만, 과잉 발행으로 현지 경제를 혼란에 빠뜨렸죠. 일본에서 똑같은 사달이 벌어지면 일본 정부가 화폐 발행권을 빼앗길 뿐 아니라 일본 경제 자체가 타격을 입을지도 몰랐습니다.

미군은 이미 일본에서 사용하기 위한 군표를 인쇄했으며 선적도 마친 상태였습니다. 대상성은 그것이 일본에서 시용되는 상황을 막기 위해 갖은 노력을 다한 셈입니다. 점령 경비를 엔화로 공여하는 조건으로 군표 지불 정지를 요청했다고 하는데, 자세한 자료가 남아 있지 않아 구체적으로 어떤 교섭이 이루어졌는지는 알 수 없습니다.

대장성의 B엔 저지 작전은 대성공이었습니다. 극히 일부만 사용되었을 뿐 점령군은 일본 본토에서의 군표 사용을 포기했고, 군표를 실은 배는 목적지를 변경해 오키나와로 향했습니다(1952년 본토점령이 끝난 후에도 오키나와는 오랫동안 미군 지배하에 머물렀으며 법정통화가 된 B엔은 1958년 달러로 전환될 때까지 사용되었습니다). 이렇게하여 일본의 통화 발행권은 점령군의 손으로 넘어가지 않았습니다.

미 점령군은 일본의 전쟁 수행 능력을 빼앗기 위해 일본의 관청과 기업을 개혁하려고 시도했습니다. 당연한 일이지만 군부는 해체되었습니다. '관청 중의 관청'이라 불리던 내무성內務省도 해체되고건설성, 노동성, 지방자치청, 국가공안위원회 등 여러 부처로 분할되었습니다. 경찰은 미국형 경찰 체제를 모방하여, 지방공공단체가관할하는 자치단체 경찰로 변신했습니다. 하지만 경찰 측이 저항했기 때문에 자치단체 경찰을 관리하고 통괄하는 경찰청이 중앙정부부문으로 남아 있게 되었죠.

조직 개편과 동시에 이들 부처에서 전시 중 지도적 위치에 있던사람 대부분이 공직에서 쫓겨났습니다. 그러나 대장성과 상공성 등경제 관청은 거의 상처 없이 살아남았습니다. 일본 전체에서 20만명 이상이 공직에서 추방당하고 있는 가운데 대장성에서 쫓겨난이는 불과 몇 명밖에 되지 않았죠.

점령군이 일본 관료 조직의 실태를 이해하지 못했기 때문에 이런 결과가 나왔습니다. 전시경제의 실정을 좌지우지하던 곳은 대장성과 군수성(상공성) 등 경제 관청이었는데, 점령군은 그런 구조를이해하지 못했던 것이죠.

거의 실권이 없었던 문부성을 전시 교육을 강제한 전쟁 책임 부처로 생각해 폐지를 검토했다고 하는 점에서도 그들이 일본 관청의 실태에 얼마만큼이나 무지했는지를 알 수 있습니다.

공직 추방의 목적은 전쟁 책임 추궁이었지만, 경제 관료는 이렇게 피상적으로 처리하는 데 그쳤습니다. 전시경제체제를 지탱한 테크노크라트(권력을 가진 기술 관료)가 온존되어 나중에도 전후 경제를 통제하게 된 것입니다.

미 점령군이 펼친 민주화정책의 실상

맥아더 장군이 이끄는 연합군 최고사령부는 6년 8개월간 점령정책 (1945년 10월~1952년 4월)을 실시했습니다. 점령군은 구舊 재벌 기업 해체에도 착수했습니다. 1946년에 내려진 전범들에 대한 공직 추방령에 이어 이듬해인 1947년에는 유력 기업과 군수산업의 경영진도 추방 대상이 되었습니다. 이 추방령은 '재벌이 전쟁을 일으켰다'는 점령군의 인식에서 비롯된 것입니다.

일본의 관료 기구나 경제체계에 대해 충분한 지식을 갖지 못한 점령군은 일본 사회의 구조가 전쟁 전의 미국과 엇비슷하다Analogy고 파악하는 경향이 있었습니다. 미국에서는 스탠더드석유회사를 일으킨 록펠러 등 재벌이 국정에 큰 영향력이 있습니다. 점령군은 일본도 마찬가지라는 생각에 미쓰이三井, 미쓰비시三菱, 스미토모住友, 야스다安田 등의 대재벌을 해체하고 그들의 일족 지배를 배제하려고 했던 것입니다. 일본의 레이시키零式 전투기(제로센 전투기)를 미군이 '미쓰비시'라고 불렀기에 미쓰비시의 이름은 잘 알려져 있었습니다. 그런 것도 재벌이 표적이 된 하나의 요인이지 않았을까요.

경영진을 면직시킬 뿐만 아니라, 대기업에 대해서는 기업 분할도 실시했습니다. 1947년에 공포된 '과도경제력집중배제법過度經濟力集中排除法'에 근거해 일본제철日本製鐵, 미쓰비시 중공업, 오지제지王子製紙 등이 그 대상이 되었습니다. 미국에서는 과점적인 대기업은 공정 경쟁을 방해하고 정치에 개입하는 '거악'이라는 인식이 있습니다. 그런 기업관을 일본에도 적용한 것입니다.

그러나 이들 사기업에 대한 개혁은 철저하게 이루어지지 못한 채 끝나고 말았죠. 분할된 기업도 점령군 통치 시기가 끝나자 대부분 합병되어 원래대로 돌아갔습니다.

금융기관은 거의 상처 없이 살아남았습니다. 이는 점령군이 전쟁 시기에 만들어졌던 은행 중심의 금융 시스템을 잘 몰랐기 때문입니다. 미국에서는 전쟁 전의 일본과 같이 주식이나 사채 등 시장으로 부터의 직접금융을 중심으로 기업의 자금을 조달했습니다. 그리고 일본의 도시은행都市銀行에 상당하는 은행, 즉 도쿄, 오사카 등 대도시에 본사를 두고 전국에 지점망을 가진 대형은행은 존재하지 않고 기본적으로는 주州마다 은행이 영업하고 있었습니다. 이 때문에 '대은행이 기업을 자금 측면에서 지배한다'는 일본형 구조를 이해하지 못했던 것입니다.

점령군이 일본의 은행에 대해 얼마나 무지했는지를 보여주는 에피소드가 있습니다. 이 장의 2절에서 소개하겠지만, 부흥금융금고復興金融金庫가 과도하게 대대적인 융자를 해줘서 인플레이션이 심하게 일어났습니다. 이를 크게 문제 삼은 GHQ 경제과학국장 윌리엄 마쿼트 소장(방공포대대 대장 출신인 직업군인)은 "흥은興銀(일본흥업은행의 줄임말)이 인플레이션의 원흉이다"라고 질책했습니다. 그런데 누군가가 "각하께서 질책한 것은 부흥금융금고가 아닙니까"라고 지적하자, 그는 곧바로 말문이 막혀버렸다고 합니다.

당시 점령군의 사정은 엘리너 해들리가 『反트러스트법 위반 단속관의 회상: 평생에 걸친 일본 모험Memoir of a Trustbuster: A Lifelong Adventure with Japan』에서 상세하게 묘사하고 있습니다. 그는 제2차 세계대전 중에 하버드대학에서 경제학 박사학위를 받고 국무부에 근무하면서 일본 점령정책에 관여한 경제 전문가입니다.

해들리는 "원래 미 점령군 대부분은 일본 경제를 전혀 모르고 있었다. 일본어 문헌을 읽을 수 없었기 때문에 일본의 실정을 아무 것도 몰랐다. 루스 베네딕트의 『국화와 칼』을 읽은 정도의 지식으로 업무를 수행했다"고 밝혔습니다. 『국화와 칼』은 '일본 문화론' 책이지 일본 경제를 분석한 책이 아닙니다.

점령군 장교가 일본인과 이야기할 때는 통역을 붙이거나 영어를 할 수 있는 일본인과 대화했죠. 통역가에게는 경제 지식이 없고, 영어를 할 줄 아는 일본인은 거의 모두 관료입니다. 이 관료들은 자신들에게 편리한 정보만 점령군에게 전달하지 않았을까요. 그래서 일본 관료로서 점령군을 컨트롤하는 일은 쉬웠습니다. 관료들은 자신들이 입안한 개혁안을 점령군의 '권력'으로 실현하기 위해 '정보를 조작할 수 있는' 입장을 이용해 미군 사령부를 꾀어냈던 것입니다.

"귀신이 없는 사이"의 공무원 개혁

GHQ 직원으로 일본에 왔다가 귀국 후에 컬럼비아대학 교수가 된 문화인류학자 허버트 패신도 점령군이 일본 경제에 대해 아무것도 몰랐다고 말했습니다.

점령군은 공무원 제도에 대해서도 민주화 개혁을 추진하자는 의도로 1947년 6월, 블레인 후버를 단장으로 하는 고문단을 초빙했습니다. 후버 고문단은 일본에 온 후 직계제職階制 확립과 인사원人事院 신설, 공무원의 노동권 제한 등을 규정한 국가공무원법 초안(후버 초안)을 마련하여 당시의 가타야마 데쓰 내각에 권고했습니다.

그런데 후버가 미국으로 귀국해 있는 동안 일본 관료들은 인사원 독립이나 직원의 파업권을 인정하지 않는 규정 등 자신들의 마음에 내키지 않는 부분을 삭제·정정해버립니다. 이 개정안은 후버가 일본에 돌아오기 전에 법안으로 국회에 제출되어 1947년 10월 '국가공무원법'으로 제정되었습니다. 초안이 무산된 걸 안 후버는 크게 화를 냈다고 하지만, 뒷북을 친 꼴일 뿐이었죠. 그래서 이것은 "귀신(통제자)이 없는 사이鬼の居ぬ間의 공무원 개혁"◆이라고 불립니다.

후버 초안은 공무원의 채용이나 승진에 관해 집중적인 권한을 가지고 인사를 주도하는 조직으로서 인사원을 세우려 했습니다. 그러나 일본의 중앙 관청에서는 각 성省과 청廳이 독자적으로 채용이나 승진을 결정하고 있었습니다.

◆ '귀신이 없는 사이에 빨래한다鬼のいぬ間の洗濯'는 일본 속담이 있다. 무섭거나 스스러워하는 사람 혹은 주인이나 통제자가 없으면 하인이나 하급자가 실컷 제멋대로 일을 저지른다는 뜻.

자기네 조직의 인사권을 놓치고 싶지 않았던 각 관청이 그 부분을 없애버린 것입니다. 이 결과 인사원은 만들어졌지만 명목적인 존재에 불과하게 되었고, 관료의 채용이나 승진은 그 후에도 각 관청의 자유재량에 맡겨졌습니다.

허버트 패신은 이렇게 된 기본적 원인은 "점령군이 일본의 관료 제도를 잘 몰랐던 탓"이라고 말합니다. 인사원에 인사권을 일임하는 공무원 개혁은 당시 미국의 공무원 제도에 대한 개혁안이었습니다.

미국의 경우 공무원의 상급 직책은 정치 임용제political appoint-ment(정치가가 임명)를 따랐습니다. 원래는 능력이 뛰어난 적임자를 발탁하기 위한 제도였지만 현실적으로는 엽관제獵官制, Spoils system가 되어, 정치인이 선거 때 자금이나 표 확보 측면에서 공헌한 사람에게 보상 차원에서 고위직을 주기 위한 도구가 되고 말았습니다.

이것은 미국 공무원 제도의 큰 문제라고 여겨지고 있습니다. 정권이 바뀌면 각 관청의 주요 관료들도 교체됩니다. 그때마다 이해관계에 이끌려 인사가 뒤따르죠. 그런 폐해를 없애고 인사를 중립화하고 능력 위주로 채용과 승진을 결정하기 위해서는 인사원이란 중립적인 기구를 두는 것이 필요합니다. 이러한 문제의식에서 나온 방안이 점령군의 공무원 제도 개혁안이었던 것입니다.

그러나 일본에서는 원래 관료를 정치적으로 임용하는 제도가 존재하지 않았습니다. 그래서 패신은 일본의 관료가 공무원 인사 개혁에 진지하게 임할 마음 없이 개혁의 알맹이를 없애버리고 말았다고 이야기했어요. 깊이 동감하는 바입니다.

전시 테크노크라트의 생존은 독일도 마찬가지

같은 제2차 세계대전 패전국일지라도 "일본에서는 전시 지도자가 전후에도 살아남은 것에 반해 독일에서는 나치와 그 협력자가 일소되었다"고들 합니다.

독일에서는 나치 정권에 저항한 쾰른 시장 콘라트 아데나워가 전후 서독의 초대 수상에 오른 반면에, 일본에서는 전후 첫 수상이 된 요시다 시게루가 전쟁 전에 외교관이었던 것이 그 상징적인 예라고 하죠.

독일에서는 전쟁 책임 추궁이 적확하게 이루어졌고, 권력 기구의 형태도 정확하게 이해되었기 때문에 '모건도 계획'이라고 불린 점령 정책에 따라 전쟁 시기의 중앙정부가 완전히 해체되고 나치 잔당이 철저하게 배제되었다는 견해입니다.

확실히 그런 측면은 있었을 테죠. 하지만 전시의 독일 관료 기구가 완전하게 파괴되었을까요? 꼭 그런 것만은 아니었던 것 같습니다.

현대 유럽 역사의 권위자인 토니 젓은 『전후 유럽 1945~2005』에서 서독에서도 전후 경제정책에 즈음하여 나치 때부터 있던 테크노크라트가 중요한 역할을 맡았다고 지적했습니다. 제2차 세계대전 후 패전국의 관료 기구가 온존한 것이 반드시 일본만의 특수 사례는 아니었던 것 같습니다.

전시 개혁이었던 농지 개혁

점령정책의 큰 기둥은 1947년부터 1950년에 걸쳐 실시된 농지 개혁입니다. 맥아더가 1945년 12월에 일본 정부에 보낸 '농지 개혁에 관한 각서'에 따라 시작되었다고 합니다.

하지만 이것도 사실은 전후에 살아남은 혁신 관료들이 만든 것이죠. 법안은 1945년에 준비되어 있었습니다. 그해 국무회의에도 제출되었고요. 하지만 혁신 관료들이 고안한 법안에서 후퇴해 대폭 완화되어 있었습니다. 그래서 혁신 관료들은 점령군을 유도하여 '제1차 농지 개혁'이 철저하지 않다는 성명을 발표하게 하고, 1946년에 '제2차 농지개혁법'으로서 '농지조정법 개정'과 자작농창설특별조치법自作農創設特別措置法을 공포한 뒤 이듬해부터 실행에 옮겼습니다. 이 농지 개혁 법안은 혁신 관료들이 처음에 내놓았던 오리지널 법안과 가깝고 내용은 더더욱 급진적이었죠.

제2차 농지개혁법은 농지에 거주하지 않는 지주의 모든 대부지貸付地(개인에게 빌려준 땅) 및 농지에 거주하는 지주의 대부지 중 일정 면적을 넘는 농지를 정부가 강제로 사들여 소작인에게 팔아넘기도록 하는 내용이었습니다. 이로 인해 전쟁 전 농촌을 지배하던 대지주들은 토지를 잃게 된 것이죠.

이때 지주에게는 정부가 내준 교부공채交付公債가 대금으로 건네졌습니다(현금 지출을 대신하기 위해서 나라가 교부하는 공채입니다. 양도는 할 수 없지만 보유하고 있으면 장래에 현금을 받을 수 있습니다).

이 공채는 그 후의 인플레이션으로 인해 가치를 거의 상실하고 말았습니다.

일본 대기업 경영자는 내부 승진자의 몫

현재까지 '일본형 경영'으로 계속 불리고 있는 경영 스타일도 전시에 그 원형이 만들어졌습니다. 첫째로 일본에서는 거의 모든 대기업 경영자가 내부 승진자입니다. 일본 대기업의 '사장'이란 '출세 경쟁에서 이긴 노동자'인 셈이죠. 한편, 미국에서 경영자는 하나의 직업이며, 사외 인사가 초대되어 그 지위에 오르는 경우가 드물지 않습니다. 때로는 경쟁사로부터 스카우트되어 오는 일도 있습니다.

사실 경영 톱은 대주주의 의향에 따라 기업 바깥으로부터 데리고 오는 경우가 일반적이었습니다. 현재와 같은 형태로 바뀐 것은 전쟁 시기에 기업 개혁이 이루어진 결과입니다.

전시에 일본 정부는 1937년의 '임시자금조정법'과 1940년의 '은행자금운용령', 1942년의 '금융통제단체령' 등에 따라 금융기관의 융자를 통제하고 군수산업에 대한 융자를 우선시함과 동시에, 직접금융에서 간접금융으로의 전환을 추진했습니다. 기업에 대해서는 1938년의 '국가총동원법' 등을 바탕으로 주주 배당을 제한했습니다. 이 때문에 주가는 하락하고 기업은 자금 조달을 은행 융자에 의지할 수밖에 없게 된 것입니다.

이러한 일련의 정책으로, 전쟁 전에는 높았던 직접금융의 비율이 전쟁 중에 급격히 떨어져 간접금융이 주요 방식이 되었습니다. 기업에서는 소유와 경영이 분리되어 기업 경영에 대한 대주주의 영향력이 낮아지고 은행의 발언권이 높아졌습니다. 정부가 은행의 자금 배분을 통해서 간접적으로 민간 기업을 지배할 수 있게 된 것입니다.

기업 측에서는 주주가 경영에 관여할 수 없게 되자 그 부가 효과로 경영자가 자신의 의사에 따라 후계자를 선택하는 관례가 정착되었습니다. 그 결과 일본 대기업은 내부 승진자 중에서만 경영자를 뽑게 된 것입니다.

일본에서 회사와 노동조합은 운명공동체

일본형 경영의 두 번째 특징은 '노동조합의 특수성'입니다. 선진국의 노동조합은 미국에서도 유럽에서도 산업별로 조직되는 게 보통입니다. 전쟁 전의 일본에서도 노동조합은 산업별로 만들어진 기업 횡단적 조직이었습니다. 그런데 전후에 설립된 일본의 노동조합은 각 기업에서 개별적으로 설립된 노동조합, 즉 '기업별 조직'이 대부분입니다.

왜 그랬을까요? 전쟁 시기에 만들어진 조직 구성을 전후에도 계승하고 있기 때문입니다. 모체는 1938년에 생긴 '산업보국연맹産業報國連盟'입니다. 그리고 1940년에는 전국 단체 '대일본산업보국회大日本産業報國會'가 결성되었습니다. 노동쟁의가 급증함에 따라 노사관계 조정을 위해 정부 주도로 마련된 제도입니다. 노사 간 소통과 복리후생을 촉진하기 위해 사업소별로 만들어져 노사 쌍방이 참가하고 있었고, 내무성의 지도에 따라 급속하게 보급되었습니다. 산업보국회라는 새로운 노사 협조의 틀이 자리를 잡음과 동시에, 기존의 노동조합은 전쟁 중에 강제 해산되었습니다.

1945년 맥아더가 노동조합 결성을 포함한 '5대 개혁 지령' 반포를 지시했을 때 많은 노동조합이 새로 탄생했습니다. 하지만 대부분은 그때까지 있었던 산업보국회를 모체로 변신한 것일 뿐이었습니다. 형식만 바꾸고 내용은 바꾸지 않은 것입니다.

기업별 조합은 회사와 운명공동체입니다. 따라서 경영자와 대결하는 게 아니라 협조하여 기업을 성장시키려는 의식이 강합니다. 전쟁 후 고도성장 과정에서 이러한 성격을 지닌 일본의 노동조합은 기업 각각의 성장에 크게 이바지했습니다.

이처럼 전후 일본을 특징짓는 기업의 경영 스타일과 노사관계는 모두 전쟁 시기에 뿌리를 두고 있습니다. 그전까지 유럽·미국형이었던 일본의 민간 기업은 전시 개혁 와중에 크게 변질되었고, 종전 직후의 노사 대결을 거쳐 고도성장이 시작된 1950년대 중반부터 '노사 협력'을 특색으로 하는 '일본형 경영' 스타일로 수렴되어갔습니다.

일본형 경영을 실행하는 기업은 '최고경영자부터 현장의 작업원까지, 전원이 공통의 목적을 위해서 협력한다'는 의미에서 군대와 같은 성격의 조직입니다. 여기서 말하는 공통의 목적이란 최우선이 조직으로서의 생존이며, 그다음이 동종 업계와의 경쟁에서 승리해 시장점유율을 확대하는 것입니다. 이렇게 보면, 회사에 강한 충성심을 갖고 일하는 일본 기업의 직원을 가리키는 이른바 '기업 전사'라는 말에는 비유 이상의 의미가 있다는 것을 알 수 있습니다.

신비한 호수 아시노호와 전후의 전시 교육

제2차 세계대전이 끝난 이후 1950년대 초까지 일본의 교통 사정은 매우 열악했습니다. 1950년 3월, 도쿄와 누마즈沼津 간에 '쇼난湘南 전철'이 개통되었지만, 처음에는 고장이 자주 났기 때문에 '조난遭難 전차'라고 불릴 지경이었죠.

그 무렵 전쟁이 끝난 후 처음으로 가족 여행을 갔습니다. 목적지는 가나가와神奈川현 하코네箱根. 오다와라小田原까지는 개통 직후의 쇼난 전철을, 나머지는 버스를 타고 갔습니다. 목탄을 연료로 하는 목탄 버스에 탑승해서 엄청난 고생 끝에 아시노芦ノ호(가나가와현 서남부, 하코네 화산에 있는 호수)까지 겨우 다다르게 되었습니다. 호수 주변에는 아무것도 없었습니다. 당시 아시노호는 깊은 산속에 숨어 있는 신비의 호수였던 것입니다.

초등학교 수학여행은 이즈伊豆반도 시모다下田(시지오카静岡현 이즈 반도 동남단에 있는 일본 최초의 개항지)로 갔습니다. 전철로 갈 수 있는 곳은 이토伊東까지이고, 나머지는 역시 버스를 타야 했습니다. 도중에 험한 곳으로 널리 알려진 아마기토게天城◆를 빠져나왔는데, 버스가 절벽의 급커브를 돌 때 차체 뒤쪽이 길에서 빠져나와 공중으로 돌출되어 있었습니다. 그리고 땅끝일 것만 같은 이로자키石廊崎◆◆까지 갔습니다.

그 후의 가족 여행은 이즈의 가타세片瀬와 이나토리稲取, 나가노長野현의 유다나카湯田中 등으로 갔습니다. 치바千葉현의 이나게稲毛 해

◆이즈반도의 중앙부 이즈시와 가모賀茂군 가와즈초河津町의 경계에 있는 고개. 해발 약 830미터.
◆◆시즈오카현 이즈반도 남단에 자리한 곳. 끝에는 1871년 설치한 등대가 있다.

안은 물론이거니와, 도쿄의 오모리大森에서도 해수욕을 할 수 있었습니다.

당시 사회자본이나 생활 인프라는 지금은 상상도 할 수 없을 정도로 빈약했습니다. 보건소나 병원은 혼잡하기 이를 데 없어 하루 내내 기다려야만 했죠. 전력 사정도 열악해서 거의 매일같이 정전이 일어났습니다.

길에는 말이 짐수레를 끌고 있었고, 수세식 변소는 보급되지 않았으며, 휴지통은 밖에 둔 채였으므로 주위에 파리가 많았습니다. 집 안에는 끈끈이가 대롱대롱 매달려 있었죠.

일본인이 탔던 자동차로는 버스, 트럭, 삼륜 오토바이 외에 미군 지프가 드문드문 눈에 띄었습니다. 큰 교차로에서는 미 육군 헌병이 교통정리를 하고 있었죠. 국산 승용차는 없었고, 거리를 달리는 승용차는 거의 미제였습니다(국산 승용차의 생산 제한 해제는 1949년). 저는 자동차 제조사 이름을 모두 알고 있었습니다. 카이저-프레이저Kaiser-Frazer나 스튜드베이커Studebaker 등 지금은 없는 메이커 이름을 들으면 아련하게 그리워집니다. 어느 날 포르셰 스포츠카에서 부츠를 신은 남자가 씩씩하게 내려서는 모습을 보고 '언젠가 나도 똑같이 해보고 싶다'고 생각했죠.

1949년 10월, 미국 야구팀 샌프란시스코실즈San Francisco Seals가 일본에 와서 '실업 야구'(지금의 프로야구)와 친선 경기를 치렀습니다. 일본 팀은 가와카미 데쓰지川上哲治, 아오타 노보루靑田昇, 오시타 히로시大下弘, 벳토 가오루別當薫, 벳쇼 다케히코別所毅彦, 빅토르 스타루힌(러시아계 일본인 프로야구 선수) 등 호화 멤버를 갖추고 있었음에도 전혀 당해내지 못하고 전패하고 말았죠. 고라쿠엔後樂園 구장에서 경기 당일만 특별 판매되던 코카콜라의 신기한 맛은 저의 첫 번째 '아메리카 경험'이었습니다.

저의 집조차 입주 가사도우미가 있었던 것을 생각하면, 노동력 수급 상황은 지금은 상상도 할 수 없을 정도로 느슨했던 같습니다.

이 무렵의 언제쯤일까요? 우리 가족은 1945년 6월 아버지가 필리핀 민다나오섬에서 전사했다는 공보를 받았습니다. 타고 있던 수송선이 공격받은 것으로 보였죠. 유골이 들어 있는 나무 상자를 건네받았습니다. 흔들면 바싹바싹 소리가 났습니다. 유골 따위는 있을 리 없었습니다. 돌멩이나 나무토막이 들어 있었던 모양입니다. 만약 아버지가 6월에 전사했다면, 3월에는 내지內地(일본 본토)에 있었을 수 있기에 도쿄 대공습을 알았을 가능성이 있습니다. 가족이 어떻게 되었을지 얼마나 걱정했겠어요.

초등학교 고학년이 되고 나서 저는 매주 일요일에 같은 반 친구들을 인솔해서 간다神田 만세이萬世 다리 근처에 자리한 교통 박물관에 다녔습니다. 그곳에서 하루 종일 지내면서 조사한 결과를 교실에 붙여놓았죠.

제가 초등학교에 입학한 때는 6·3·3 학제가 출범한 해입니다. 그런 의미에서 우리 세대는 전후 교육의 부산물인 듯합니다. 그러나 저는 민주주의 교육과 평화 교육을 받았다는 실감이 나지 않았습니다. 당시 공립학교에는 평등주의 분위기가 전혀 없었습니다. 반장도, 학생회 위원도, 위원장도 학생에 의한 선거라는 민주주의적인 방법으로 선출하는 것이 아니라, 선생님이 지명했습니다.

졸업식에서 송사나 답사를 읽는 역할도 그랬습니다. 민주주의라

운동회 경주에서 우승컵을 받다.

곤 흔적도 없었습니다.

학예회 출연자도 선생님이 지명했습니다. 연극을 할라치면 당연히 주인공, 조연, 그 밖에 여러 사람이 맡는 역할을 분담할 필요가 있으므로 모두가 평등할 수는 없지만, 언제부터인가 일본에서 학교 학예회는 '전원 평등 연극'이 되어버렸습니다.

당시에는 보습 학원이 없었기 때문에 공립 중학교에서는 당연한 듯 보충수업을 하고 있었습니다. 그때는 시험 성적으로 1번부터 순서대로 반을 배정했죠. 지금이라면 큰 문제지만 당시는 노골적인 능력주의가 아무런 의심 없이 통용되고 있었습니다. '전후 교육'이라기보다 '전시 교육'이었던 셈이죠.

그리고 영화를 무척이나 많이 봤습니다. 도쿄 긴자에 자리한 도게이東劇 영화관에서 로드쇼road show(좌석을 예매하는 독점 개봉 흥행

작) 서양 영화를 보고 돌아오는 길에 스에히로未廣 레스토랑에서 양식을 맛보는 호사는 한 해에 한두 번 누리는 사치였습니다. 하얀 식탁보 위에 나이프와 포크가 놓인 테이블에 앉는 것은 초등학생에게는 긴장의 순간이었습니다.

「돌꽃Stone Flower」◆에서 도마뱀이 구리 광산의 여왕으로 변신하는 장면이 매우 인상 깊게 남아 있습니다. 훨씬 나중에서야 DVD가 출시되어서 가슴을 두근거리며 다시 보았지만 신비함은 이미 사라지고 없었습니다. 다시는 못 볼 줄 알았던 영화를 볼 기회를 주는 기술의 진보는 물론 좋지만, 가슴 깊숙이 자리잡고 있던 신비성을 앗아가버리는 측면도 있었던 모양입니다.

◆소련에서 제작한 최초의 '컬러' 영화 중 하나. 일본 개봉은 1947년.

2

경사생산방식과
인플레이션

경사생산방식으로 기간산업을 재건하다

패전 탓에 황폐해진 일본 경제의 부흥을 위해 맨 처음 시행된 정책은 금융기관 구제였습니다. 1946년도 일반회계예산의 20퍼센트가 산업경제비에 충당되어 '전시보상戰時補償' 중단 등에 따른 은행의 손실을 보상하고 그 파산을 막았습니다.

이어서 진행된 게 '경사생산방식傾斜生産方式, priority production◆'에 의한 기간산업의 재건이었습니다. 석탄과 철강을 중심으로 한 기간산업에 부족한 자원을 중점적으로 배분하고 생산 설비를 복구하여 그 파급효과로 모든 산업의 생산력을 회복시키려는 정책입니다. 1946년 말에 결정되어 1947년부터 실시되었죠.

◆생산 기반의 확립을 위해 가장 필수적인 기초 물자의 생산에 중점을 두고, 같은 관점에서 그 밖의 물자도 중요도에 따라 집중적으로 생산하는 방식.

경사생산방식은 가격차보급금價格差補給金과 부흥금융금고◆의 융자를 뼈대로 얼개가 짜여 있습니다. 가격차보급금은 일반회계예산에서 지출되는 보조금입니다. 정부가 공정가격을 정하고 그로 인해 발생한 기업의 적자를 재정지출로 보전해주는 형태로, 1940년에 석탄에 대한 가격 조정 보급금으로서 시작된 제도입니다.

가령 석탄 가격을 억제해 철강회사가 싸게 사들이게 하고, 다음으로 철강 가격을 억제해 가공 메이커가 싸게 사들이게 합니다. 그리고 적자를 보는 석탄회사와 철강업체에 보조금을 지급하는 것입니다. 가격차보급금은 1947년도 예산의 약 4분의 1을 차지할 정도로 거액이었습니다.

부흥금융금고는 기간산업에 대한 설비투자와 운영자금을 융자해주는 조직으로, 1946년에 설립된 일본흥업은행 부흥금융부를 1947년 1월에 독립시킨 것입니다. 융자 재원으로 발행된 부흥금융채권復興金融債券의 발행액은 당시 전국 은행 대출액의 4분의 1에 가까운 큰 금액으로, 그중 70퍼센트를 일본은행이 구매했습니다.

부흥금융금고의 기간산업 융자는 정책 금리를 따랐기에 이율이 물가상승률을 훨씬 밑돌았죠. 대출이라고 해도 사실상 중앙은행인 일본은행에게 지폐를 찍어내게 해서 얻은 자금을 기업에게 거저 준거나 마찬가지였습니다.

자금을 배분하는 데 있어서는 전시에 형성된 간접금융 중심 시스템과 정부의 금융기관 대출 통제 시스템이 전면적으로 활용되었습니다. 이러한 구조를 바탕으로 정부는 자원 배분을 완전하게 통

◆1946년 10월 7일에 설립된 전액 정부 지출 금융기관. 줄여서 부금復金이라 부르는데, 설립 당시에는 GHQ의 지도 아래 미국의 부흥금융회사를 모방했다.

제할 수 있었습니다.

이런 시스템은 원래 군수산업에 자원을 집중하기 위한 것이었습니다. 전쟁이 끝나자 대상을 군수산업에서 기간산업으로 변경해 그 구조를 이용했던 것입니다.

경사생산방식 덕분에 기간산업은 재빠르게 회복되고 발전해나갔습니다. 석탄과 철강 생산량이 늘어나고 탄광 붐이 도래했죠. 일본의 GNP(국민총생산)는 1946년 4740억 엔이었으나 1947년 1조 3090억 엔, 1948년 2조6660억 엔으로 증대되었습니다.

전쟁으로 공장이나 사회 기반시설infrastructure이 파괴되었기 때문에 전후에는 그것을 재건하는 일이 가장 시급했습니다. 하지만 기반시설이 파괴되었기 때문에 경제가 성장할 수 있었다는 역설적인 측면도 존재했습니다. 영국의 경우 비록 공습을 겪었지만 제2차 세계대전 이전의 낡은 설비와 인프라가 남아 있었습니다. 그 때문에 공장에서 여태 구식 생산 설비를 쓰고 있거나 가스등을 전등으로 바꾸지 않고 계속 가로등으로 쓰고 있기도 합니다. 하지만 일본에서는 공장이나 사회 기반시설 대부분이 괴멸해버렸기 때문에 신시대에 적합한 설비와 사회 인프라를 건설할 수 있었습니다. 그것이 경제성장을 가속한 면도 있습니다.

통화팽창과 지주계급의 몰락

그런데 경사생산방식은 인플레이션을 일으키고 말았죠. 일본은행이 거액의 부흥금융채권을 발행했기 때문에 통화공급량이 과잉되어 통화팽창이 발생한 것입니다. 경제 전체의 공급 능력은 한정된 상황에서 정책적으로 과잉 수요가 창출되었으므로 당연한 일이었 죠(도표 1-1 참조).

1946년 2월에 시행된 '신엔新円 변경' '예적금 봉쇄'(구엔舊円이 신 엔으로 전환되고 동시에 은행예금의 인출이 제한된 조치)가 인플레이션 의 원인이라는 견해도 있지만 사실은 정반대입니다. 인플레이션이 왔기 때문에 신엔으로 전환하지 않을 수 없게 된 것입니다.

높은 수준의 통화팽창(인플레이션)은 사회의 각 계층에게 어떤 영향을 주었을까요?

서민에게 미치는 영향은 비교적 작았으나 금융자산이나 부동산 을 대량으로 소유한 지주와 부유층이 큰 손실을 입었습니다.

도표 1-1 1940년대 후반부터 1950년까지의 물가상승률 추이

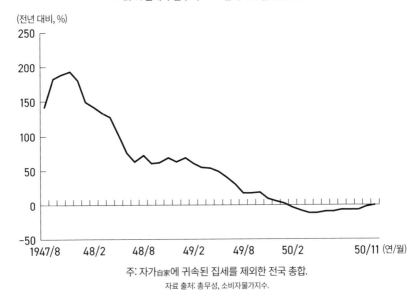

주: 자가自家에 귀속된 집세를 제외한 전국 총합.
자료 출처: 총무성, 소비자물가지수.

흔히 근로자 임금은 물가가 오르면 증가하고, 가족이 경영하는 상가와 영세한 공장은 매출이 물가에 비례해 늘어납니다. 게다가 인플레이션에 따라 빌린 땅이나 셋집 임대료의 실질 부담이 줄어듭니다. 그러므로 하루 벌어 하루 먹고사는 서민들은 그럭저럭 살 만 했으며 인플레이션에 의해서 생활 기반이 파괴되는 일은 없었습니다. 살림이 팍팍해지긴 했지만 인플레이션과 함께 살아갈 수는 있었던 것이죠.

그런데 일본의 구舊 지배 계층인 지주계급은 자산을 많이 보유하고 있었고, 그 실질 가치가 인플레이션으로 급격히 감소하게 되었습니다. 농촌에서는 전후의 농지 개혁에 따라 지주의 소유지 대부분을 정부가 강제적으로 매입했습니다. 그리고 대금으로 건네진 교부공채의 실질 가치가 높은 인플레이션 때문에 저절로 줄어들어버렸습니다.

도시에 거주하는 부재지주들도 인플레이션에 시달렸습니다. 전시에 개정된 차지법借地法·차가법借家法에 따라, 지주는 일방적으로 임대료를 올릴 수 없었습니다. 물가가 폭등해도 이를 반영해서 임대료를 올릴 수가 없었던 것이죠. 그리고 한번 맺은 차지·차가 계약은 법원이 인정하는 '정당 사유'가 없는 한 해약할 수 없었다고 합니다. 인플레이션으로 인해 지주의 실질 수입이 격감했던 것입니다.

금융자산에 매기는 재산세도 심대한 영향을 받았습니다. 1946년에 반포된 '재산세법'은 개인소유 재산에 재산세를 부과하는 법률로, 과세가격이 1500만 엔을 초과하면 세율이 90퍼센트에 달하는 고율의 세금이었습니다.

농지 개혁, 차지법·차가법 개정, 인플레이션, 재산세 등 각종 원인으로 일본의 지주계급과 부유층은 몰락을 피할 수 없었습니다.

유럽에서는 제2차 세계대전 후에도 광대한 토지를 소유한 귀족계급과 불로소득으로 경제를 지배하는 자본가 계층이 온존했습니다. 그러나 일본에서는 전쟁 이전의 지배계급이 전쟁 시기와 전후 십수 년에 걸쳐 일소되어 '일억 총중류—億總中流'라는 사회구조의 기초가 세워졌습니다.

이는 '불로소득을 인정하지 않겠다'고 선언했던 전시 혁신 관료들이 수많은 개혁을 실행한 결과였습니다.

대장성의 꼭두각시가 된 조지프 도지

일본 정부도 인플레이션으로 혜택을 입었습니다. 국채의 실질 가치가 하락했기 때문에 막대한 잔액이 쌓여 있던 전시 국채의 중압에서 벗어날 수 있었던 것입니다. 이에 따라 재정은 건전화되었고, 후술할 바대로 '도지 라인Dodge line' 이후 장기간에 걸쳐 국채 발행 없이 재정 균형예산을 유지할 수 있었습니다.

하지만 다른 한편으로는 인플레이션이 계속되면 공무원 급여도 올려야 하고 그 밖의 재정지출도 늘어납니다. 따라서 어디쯤에선가 인플레이션을 멈출 필요가 있습니다. 다만 그러기 위해서는 강력한 긴축정책이 필요합니다. 물론 긴축정책은 경제 불황을 가져오지요.

일본 정부가 긴축정책을 단행토록 한 사람이 미국의 디트로이트 은행장이었던 조지프 도지◆입니다. 그는 GHQ의 특별 경제 고문으로서 1949년 2월에 방일해, 금융긴축 재정정책을 입안하고 이케다 하야토池田勇人 대장대신大藏大臣(재무장관)에게 1949년도 예산안을 제시했습니다. 긴축정책을 입안한 것도, 예산안을 작성한 것도 공식적으로는 도지로 되어 있죠.

그러나 민간은행의 수장이기는 해도 재정 전문가가 아니며 일본의 예산 제도에 대해서도, 일본 경제에 대해서도 아는 바가 별로 없던 그가 일본 방문 후 단 2개월 만에 방대한 작업이 필요한 예산안 같은 것을 작성했을 리 없습니다. 모두 대장성 관료가 한 일입니다. 도지는 이름만 빌려주었을 것입니다. 제 추측이지만 분명히 긴축재정을 주도한 건 도지가 아니라 '대장성'이었다고 생각합니다.

인플레이션을 막을 필요성은 분명했지만, 이를 위한 긴축정책은 국민에게 무거운 부담을 줄 것이 확실했습니다. 강행하면 국민의 비난이 집중될 테죠.

그래서 대장성 관료들은 점령군의 권위를 이용하기로 한 겁니다. 강경한 균형재정주의자를 경제 고문으로 데려와 점령군 사령부의 이름으로 긴축재정 명령을 내리게 하고, 어쩔 수 없이 따르는 형태로 예산을 짜면 된다는 것입니다.

이러한 추측을 뒷받침하는 것이 미야자와 기이치宮澤喜一의 발언입니다. 그는 훗날 이렇게 고백했습니다. "우리는 GHQ의 뉴딜 관료에게 갖가지 트집을 잡혀 호되게 혼나곤 했다. 그래서 어떻게든 그 앙갚음을 해주려고 도지라는 완고한 사람을 데려와 멋지게 되돌려

◆1890~1964. 정부 통제나 정치적 개입을 강하게 반대하면서 일본 경제가 미국의 원조가 없더라도 자력으로 부흥할 수 있다고 주장했다. 그래서 정부 보조금을 삭감하여 시장 메커니즘을 회복시키는 데 주력했으며 일본 내 총수요를 억제하고 수출을 확대시키는 정책을 취하면서 인플레이션을 억제하자는 정책을 내세웠다.

준 것이다."

미야자와는 1949년 당시 이케다 대장대신의 비서관으로서 강화조약 체결 준비를 담당하고 있었습니다. 영어에 능통했기 때문에 GHQ나 도지와의 교섭에서도 전면에 섰죠. 저는 이 발언이 진실을 밝혀주고 있다고 생각합니다.

도지는 방일 당시 기자회견장에서 유명한 말을 남긴 적이 있습니다. "일본 경제는 양다리로 땅을 밟고 있는 게 아니라 두 개의 죽마竹馬를 타고 있는 것 같다." 두 개의 죽마란 하나는 부흥금융금고 융자와 가격차보급금이라는 정부 보조 제도, 또 하나는 미국으로부터의 원조입니다. 이런 상황은 좋지 않으니 자신이 바꾸겠다는 취지로 연설한 것이지만 저는 의문이 하나 있습니다. '일본에 온 지 얼마 안 된 미국인이 어떻게 죽마를 알고 있지?' 미국에도 '스틸츠Stilts'라는 죽마 비슷한 기구가 있지만 일본의 죽마처럼 누구나 알고 있는 건 아니기 때문입니다.

이것도 추측이지만 도지는 기자회견 전에 들은 강의에서 미야자와가 그에게 이야기해달라고 의뢰한 내용을 그대로 말했을 것입니다. 또는 연설문 초고를 쓴 사람이 바로 미야자와 본인이었을지도 모릅니다.

진상은 불명확하지만 그해 실시된 긴축재정정책은 이른바 '도지라인'이라고 칭해졌습니다. 이는 예상대로 불황을 일으켰습니다. 국민의 불만이 팽배했지만 GHQ로부터의 명령이라면 일본 국민은 "어쩔 수 없다"며 포기할 수밖에 없었습니다. 이케다 대장대신은 "일부 중소기업의 도산은 불가피하다"는 등 불황을 용인하는 발언을 되풀이했습니다. 인플레이션은 종식되었고 1949년 4월에는 달러당 360엔이라는 공정 환율이 정해졌습니다.

미야자와가 말한 바에 따르면, 어떤 신문 기사를 발견해 도지에게 보여주었더니 그가 기뻐했다고 합니다. 기사에는 "도둑이 돈을 훔쳤다"고 쓰여 있었죠. 도지는 "이제 도둑도 돈을 훔치게 됐다"면서 기뻐했다고 합니다(인플레이션 때 도둑은 돈이 아니라 물건을 훔칩니다). 이는 미야자와의 자기 자랑이었던 것입니다. 실제로는 자신이 긴축재정을 계획하고 실행했으니까요.

하지만 긴축재정이 불러온 불황은 고조되던 사회불안을 가중시켰죠. 이 무렵 일본에서는 사회주의 운동이 동력을 얻으면서 노동쟁의가 빈발했습니다. 도지 라인이 실시되기 한 해 전인 1948년에는 영화사 도호東寶의 노동쟁의 때문에 미군 장갑차와 전차까지 출동해 "오지 않은 것은 군함뿐"이라는 말이 나올 정도로 대소동이 벌어졌습니다.

같은 해 9월에 북한, 즉 조선민주주의인민공화국의 건국이 선언되었습니다. 1949년에는 시모야마下山 사건, 미타카三鷹 사건, 마쓰카와松川 사건 등 노동문제가 배경이리라 짐작되는 수상한 사건이 이어졌습니다. 10월에는 중화인민공화국이 성립되어, 일본에서 공산주의 혁명이 실제로 일어날 가능성마저 제기되었습니다.

샤우프도, 도지도 대장성의 도구였을 뿐!

1949년 5월, 도지의 방일로부터 3개월 후에 컬럼비아대학 칼 샤우프 교수를 단장으로 하는 '세제稅制 사절단'이 일본에 왔습니다. 사절단은 그해 8월에 제1차 보고서를 작성했는데, 이것이 '샤우프 권고'라고 불리는 보고서입니다. 내용은 세제의 간소화, 운용의 공평화, 지방재정 강화 등을 포함하고 있었습니다. 세금 교과서에는 '전후 세제의 기초가 여기서 마련되었다'고 되어 있습니다.

그러나 실제 보고서의 내용은 '거의 볼 것이 없다'는 게 저의 소감입니다.

프롤로그에서 간단하게 설명했듯이, 일본의 전후 세제는 1940년에 단행한 세제 개혁으로 그 기본이 확립되었습니다. 메이지 이래 일본의 세수제도는 토지세나 영업세 등 소득을 정확히 파악하지 않아도 세액 산출이 가능한 전근대적인 세금을 중심으로 짜여 있었습니다. 징세에 필요한 인프라가 정비되지 않았기 때문에 어쩔 수 없었죠. 그러나 그 결과 제1차 세계대전 이후 급속히 발달한 근대적 산업에 대한 과세가 불충분했습니다. 1926년 쇼와시대에 들어서도 직접세의 비율은 낮았는데, 1931~1936년 평균 국세 수입 중 약 3분의 2를 간접세가 차지해 간접세 위주의 조세체계가 계속되고 있었습니다.

이 밖에 전쟁 전의 재정구조는 현재와 비교해 훨씬 더 지방분권적이었습니다. 현재와 같은 지방교부세 교부금이나 나라로부터의 보조금은 존재하지 않았고, 지방정부의 재정 수입은 스스로 자유롭게 내용을 결정할 수 있는 독립세, 세율을 독자적으로 정할 수 있는 국세부가세로 구성되어 있었습니다.

이런 세금체계를 새로이 한 사람은 1936년에 성립한 히로타 고키廣田弘毅 내각에서 장상藏相(대장대신)을 맡은 바바 에이이치馬場鍈一입니다. 대장성 출신으로 일본권업은행日本勸業銀行 총재에서 대장대신에 오른 바바는 1937년 "소득세를 기간세基幹稅, 재산세를 보완세로 하고, 여기에 더해 일반 매상세買上稅를 도입한다"는 완전히 새로운 조세체계의 창설을 내세웠습니다.

간접세 중심의 세제를 직접세 중심으로 바꿔 그동안 과세가 미흡했던 산업에 국세의 그물을 씌운다. 동시에 지방정부의 재정 자주권을 대폭 제한하고, 국가가 거둬들인 세수입을 지방에 배분하는 형태로 한다. 이렇게 해서 지방에 대한 국가의 통제를 강화하는 것이 목적이었습니다.

바바의 세제 개혁안은 재계의 강력한 저항으로 당장은 실현되지 못했지만, 전쟁 격화와 전시 재정 수요의 확대로 1940년 4월 요나이 미쓰마사米內光政 내각에서 실시되었습니다.

이 세제 개정에서 대서특필할 만한 사항은 급여소득의 원천징수 제도가 도입된 것입니다. 이는 저소득층에게서도 폭넓게 세금을 징수하고, 전비를 조달하기 위해 국세를 증수하려는 것이었습니다. 또한 법인세가 독립적인 세금이 되어 소득세·법인세라는 두 직접세를 중심으로 한 조세체계가 확립되었습니다.

지방에 대해서는 '지방단체 간 재정력 조정과 재원 보장을 도모한다'는 명목으로 지방세제 조정 교부금 제도가 창설되어, 지방정부가 거의 모든 재정수입을 독자적으로 징세하던 종래의 형태에서 국가가 보조금이나 교부금을 통해 지방재정을 보전해주는 형태로 바뀌었습니다. 이때부터 지금까지 지방정부는 재정적인 측면에서 어쩔 수 없이 국가에 의존하게 되었습니다.

이때 확립된 세제가 '샤우프 권고'로 크게 바뀌었다는 것은 사실이 아닙니다. 1937년에 제안된 바바의 세제는 1940년에 실시되지 않았던 일반 매상세가 1989년에 소비세로 도입된 것을 제외하면 현재까지 달라진 것이 없습니다.

저는 샤우프의 초빙도 대장성 관료가 계획한 거라고 생각하고 있습니다. 비록 교과서의 설명에 따르면 "샤우프 사절단은 일본에 체류하면서 정력적으로 활동하여 불과 3개월 만에 엄청난 보고서를 작성했다"고 되어 있는데, 실제로 그 보고서는 대장성의 관료가 작성한 것입니다. 샤우프는 이름만 빌려주었을 뿐입니다. 샤우프도 도지와 마찬가지로 일본 관료들이 자신들의 정책을 시행하기 위한 미코시神輿(신위를 모신 가마), 즉 '수단'으로 이용되었을 테죠.

조세 개혁의 진짜 노림수는 자영업자 회유

그렇다면 이때 대장성의 진짜 목적은 무엇이었을까요? 세제 개혁이 아니라 제도 운용상의 완화가 목적이었다고 생각합니다. 구체적으로는 청색신고靑色申告제도의 도입을 통한 자영업자 회유입니다.

청색신고제도란, 실제로는 개인업자인 영세 자영업자들을 세제 상으로는 법인과 같이 취급하기로 인정하는 것입니다. 가족 종업원에 대한 급여 지불을 인정하는 등 세제상의 혜택이 몇 가지 있습니다. 이 제도는 영세 사업자들의 불만을 무마하기 위해 도입된 것으로 보입니다. 여기에는 배경이 있습니다. 샤우프 권고가 나오기 전해인 1948년은 매우 엄격한 징세가 이루어진 해였습니다.

바로 1947년부터 신고납세제도가 시작되었기 때문입니다. 신고납세제도란 납세의무자 스스로가 세액을 계산하여 과세 당국에 신고·납부하는 제도입니다. 앞서 언급했듯이, 1940년에 원천징수제도가 도입되어 급여소득자의 수입은 확실히 포착할 수 있게 되었지만 기업이나 자영업자에 대해서는 신고납세제도가 도입되고서야 자기신고를 기초로 소득세, 법인세, 주민세 등을 징수하게 되었습니다.

그러나 신고납세제도는 납세자가 투명하게 수입을 신고하는 것이 전제입니다. 징세 당국은 탈세를 막기 위해 '처음이 가장 중요하다'면서 과세 강화에 나섰고 납세자를 철저하게 심사했습니다.

이때 저희 집은 '경정更正 결정'을 받았는데요, '경정 결정'이란 악질적인 탈세를 막고자 세무서장의 권한으로 사실에 근거하여 신고 내용을 변경해 과세하는 조치입니다. 현재는 경정 결정 같은 징벌적 과세 방식을 거의 실행하지 않고, 신고 누락 등의 문제는 '수정 신고'로 끝내는 것이 보통입니다.

그러나 초등학교 2학년이던 제가 그때 들은 말은 절대로 '수정 신고'가 아니라 '경정 결정'이었습니다. 왜? 훗날 제가 대장성에 입성하고 나서도 계속 이해할 수 없는 의문이었습니다. 어머니가 악질적으로 탈세했을 리가 없었기 때문이죠.

1948년에 경정 결정이 매우 광범위하게 이루어졌다는 것을 더 나중에야 알게 되었습니다. 국세청 홈페이지에 세무대학 연구부 주임교수였던 이케모토 마사오池本征男의 「신고납세제도의 이념과 그 구조申告納税制度の理念とその仕組み」라는 논문이 있습니다. 이 논문은 다음과 같이 기술하고 있습니다.

신고납세제도가 도입된 1947년에는 일본 경제가 피폐의 구렁텅이에 빠져 있었고, 인플레이션이 끝도 없이 격앙되어 소득세 부담이 극단적으로 무거웠으며, 세무관청에 대한 납세자의 신뢰감은 최저였다. 또한 세무직원도 1948년에 2만7000명이던 것이 1948년에는 7만4000명으로 5만 명 가까이 증가했고, 직원이 직무에 익숙하지 않아 신제도를 실시하기에는 최악의 환경이었다. 이러한 환경에서 부과과세 방식에서 신고납세 방식으로 제도를 변경한 것은 세무행정에 큰 혼란을 초래했고, 특히 개인소득세는 1948년 약 70퍼센트에 이르는 납세자가 신고에 태만했다는 이유로 정부로부터 '경정 결정'이라는 처벌을 받았다. 이에 따라 엄청난 이의신청(당시 세법에서는 '심사 청구'라고 했다)이 이뤄져 세금 체납도 만성화되었다.

이해 영업소득자의 70퍼센트, 도시지역에서는 영업소득자의 거의 100퍼센트가 경정 결정 처분을 받았습니다. 경정 결정 처분에 따른 추징액이 소득세 징세액의 약 절반에 달했다고 합니다. 우리 집은 '100퍼센트의 일부'였던 것입니다. 의문은 봄기운에 얼음 녹듯이 풀렸습니다.

덧붙여 말하면 어머니는 '내가 나쁜 짓을 하고 있을 리 없다'며 장부까지 몽땅 갖고 세무서로 달려갔다고 합니다. 그 후 우리 집의 세무는 젊은 여성 세무사가 돌봐주기로 했습니다. 가족 모두가 이분과 긴 인연을 맺어오게 되었습니다.

정책 심의회 제도의 원형이 만들어지다

그런데 이토록 엄격하게 징세하면 납세자는 반발하기 마련입니다. 이런 어수선한 상황을 이용하려는 공산 세력의 움직임이 있었습니다. 1951년에는 '중소 업체의 영업과 삶을 지킨다'는 취지로 민주상공회民主商工會가 설립되었습니다. 당시는 일본에서도 공산주의 혁명이 일어날 수 있는 정세였기 때문에 정부도 그것을 무시할 수 없었죠. 납세자 중에서 불평분자가 그쪽으로 들어가지 않도록 영세 자영업자를 정부 편으로 끌어들일 필요가 있었습니다. 대장성은 이를 위해 샤우프를 불러왔을 것입니다.

급진적인 징세 방식을 완화하는 것은 납세자에게는 환영받는 일이니, '일부러 미국인에게 의지하지 않아도 좋지 않은가'라고 생각할 수 있습니다. 하지만 관청에는 '무오류성의 신화'가 있습니다. 관청이 잘못 판단할 리 없다. 그래서 나중에 '그때의 판단이 잘못됐다'고 여겨질 경우에도 결코 인정하지 않는다. 그러나 방침을 변경할지라도 점령군이 권유하는 것이라면 어쩔 수 없죠. 그래서 샤우프를 불러와서 '권고'하도록 해야만 하는 필연성이 있었던 것입니다.

도지에 대해서는 미야자와 기이치의 증언이 있습니다. 그러나 샤우프를 초빙하려 계획한 것은 누구일까요? 정말 탁월한 수법을 썼는지 증거가 전혀 남아 있지 않습니다('나중에 주세국主税局 국장에서 대장성 차관이 된 그 사람일 것이다'라고 저는 추측하고 있지만⋯⋯).

지금까지 유지되는 심의회 제도의 원형이 이 무렵에 만들어졌습니다. 실행하고 싶은 정책을 스스로는 절대 말하지 않는 것이죠.

학자 등을 모아 심의회를 조직하고 자신들이 희망하는 내용의 답신을 내게 한 뒤, 그 '고마운 답신'을 삼가 받드는 마음으로 정책을 실시하는 것입니다. 지금의 심의회는 속셈이 죄다 보이고 본색을 몽땅 노출하는 어설프고 촌스런 연극에 불과하지만 '도지 라인'이나 '샤우프 권고'는 프로 연출자가 상연한 거의 완벽한 명극이었습니다.

이 밖에 이 시기의 농업에 대한 소득 이전은 주로 식량관리제도에 의해 이루어졌습니다. 식량관리제도는 '1940년 체제'의 중요한 구성 요소인데, 자세한 내용은 제2장 1절에서 언급하고 싶습니다.

3

본격적인
경제성장으로의
도움닫기

'한국전쟁 특수'로 기사회생한 일본 경제!

일본 경제가 패전 직후의 부흥에서 고도성장으로 이행한 계기는 1950년 6월에 발발한 한국전쟁이었습니다. 김일성이 이끄는 북한군이 북위 38도선을 넘어와 남한에 군사침공을 감행했던 것이죠.

당시 초등학교 4학년이었던 저는 날마다 신문을 통해 전황을 관심 있게 살펴보고 있었습니다. 또한 영화관에서 본편 전에 꼭 상영하던 뉴스 영화에서도 한국전쟁의 동향이 소개되었습니다.

일본에게 이 전쟁은 하늘에서 내려준 선물이나 마찬가지였습니다. 미국이 한국을 지원하기 위해 일본을 '한반도 전쟁의 전략물자 보급기지'로 삼은 덕분에 일본의 시장 수요가 크게 증가하는 '한국전쟁 특수'가 발생한 것입니다. 1949년 말 2억 달러에 불과했던 외화는 1950년 말 9억4000만 달러로 4.5배 급증했습니다. '도지 라

도쿄역 앞의 소형 택시(1952년).
©아사히신문사／지지통신포토

인'에 의해 경기 침체에 빠졌던 일본 경제가 이로 인해 단번에 불황에서 벗어날 수 있었습니다(도요타와 닛산 등 일본 자동차산업이 기사회생한 것도 한국전쟁 특수 덕분이었습니다. 도요타는 1950년 파업 사태로 파산 위기에 직면하여 법정 관리에 들어간 지 20일 만에 한국전쟁이 발발하면서 미국으로부터 군용 트럭 1000대를 한꺼번에 발주받았습니다. 군용 트럭에 필요한 선반의 수요도 폭발하여, 적자를 면치 못하던 파나소닉도 기사회생했죠).

한국전쟁 후 중국은 '대약진운동'(1958~1960)을 시작했습니다. 마오쩌둥의 지휘 아래, 철강 생산으로 영국을 따라잡겠다는 목표를 내걸고 급속한 경제성장을 실현하려고 한 것입니다. 그러나 경제 실태를 무시한 이 어리석은 정책을 강행해 대기근이 일어나고 수천만 명의 국민이 굶어 죽었다고 합니다(프랑크 디쾨터, 『마오의 대기근: 중국 참극의 역사 1958~1962』). 공산주의 치하 중국이 이처럼 상상을 초월하는 뜻밖의 정책으로 서방 선진국들에 대해 경제적 쇄국을 계속한 것이 일본 경제성장의 기초 조건을 만들었습니다.

가격 방식과 할당 방식 중 무엇을 선택했는가?

자금이든 물자든 뭔가를 배분하는 경우 '가격에 따른 조정'과 '통제적 할당'이라는 두 가지 방식이 있습니다.

예컨대 50명의 학생이 있는 교실에서 20개밖에 없는 풍선을 나눠줘야 한다고 칩시다. 풍선 수가 부족하기 때문에 20개를 어느 학생에게 분배할 것인가 하는 문제가 발생합니다.

한 가지 방법은 풍선을 원하는 학생에게 '교실 청소'처럼 대가(교환 조건)를 제출하도록 하는 겁니다. 그리고 비싼 대가를 제출한 학생('많이 청소하겠습니다'라고 신청한 학생)부터 차례대로 풍선을 나눠주는 겁니다. 이것이 '가격에 의한 조정 방식'에 해당합니다.

또 다른 방법은 풍선을 줄 학생을 선생님이 정하는 것입니다. 가령 'A군은 착한 아이라 풍선을 주지만 B군은 불량한 아이라 주지 않는다'라는 식으로 선생님이 혼자 결정할 수 있죠. 이것이 '통제적 할당 방식'입니다.

가격에 의한 조정 방식을 선택할 경우 일반 경제 자원이라면 '얼마를 주고 사겠습니다'라고 금액을 제시할 것입니다. 높은 가격을 제시하는 사람이 자원을 획득할 수 있습니다. 자유주의적 시장경제에서는 기본적으로 이 방법에 따라서 한정된 자원이 다양한 용도로 배분됩니다.

하지만 전시경제에서는 시장이 아닌 정부 할당에 따라 자원을 배분합니다. 식량 배급이 전형적이죠.

기업에 대해서도 1938년의 '국가총동원법'에 근거해 여러 생산재를 통제하고 할당했습니다. 직접금융에서 간접금융으로의 전환도 이러한 통제가 가능하도록 행해진 조치입니다.

일본만의 일이 아닙니다. 전쟁 중 많은 나라가 통제 방식을 도입했습니다. 미국조차 예외는 아니었습니다.

일본에서는 패전 후에도 한동안 생활 필수 물자에 대한 배급이 이루어졌지만, 경제활동이 정상화되면서 통제가 해제되고 시장경제로 돌아갔습니다.

기업이 필요로 하는 자원이나 자금도 본래는 시장 기능에 의해

도쿄국철 유라쿠초有樂町역 부근의 고가도로 아래(1955년).
©아사히신문사／지지통신포토

배분되어야 합니다. 가격이나 금리를 제시하도록 하고, 높은 가격이나 금리를 제시한 기업에 배분하면 됩니다. 그러나 1950년대 일본에서는 다음 두 가지 방법으로 '할당'이 이루어졌습니다.

외환을 관리한 통산성의 절대적인 힘

첫 번째는 통상산업성이 주관하고 있던 외환外換 관리입니다. 이 제도의 기초가 된 것은 1949년 12월에 공포된 '외환및외국무역관리법'(통칭 '외환법')입니다.

이 법률의 원형은 1932년의 '자본도피방지법'입니다.

1930년대 세계 불황기에 다카하시 고레키요高橋是清 대장대신이 국채를 발행하고 일본은행이 인수하도록 하여 재정 확대와 통화공급량 증가를 도모했을 때 이 법이 제정되었죠. 목적은 엔화 약세를 예상하여 자본이 해외로 도피하지 않게 방지하는 것입니다. 이 법률은 1933년에 폐지되고 같은 해에 시행된 '외국환관리법'으로 계승되었습니다. 이것이 전후 외환법의 주요 내용이 되었습니다.

외환법에서는 엔화를 외화로 환전할 수 있는 주체를 정부가 지정한 외환은행으로 한정하고 있었습니다. 외국에서 무언가를 수입하려면 외화가 필요합니다. 외환은행의 수입 승인을 받아야만 수입 대금 결제에 필요한 외화 자금을 발급받을 수 있게 정해둔 것입니다.

그런데 1949년의 외환법에 따르면, 통상산업대신의 허가를 받아야만 수입이 승인될 수 있었습니다. 즉, 외국에서 무언가를 구매하려면 어떤 것이든 간에 통산성通産省의 허가가 필요하다는 이야기입니다. 기업이 사적으로 외화를 조달하는 길을 정부가 막은 셈이죠. 이건 외화 자금 할당 제도입니다.

또한 외환법을 보충하는 법률이 '외자에 관한 법률'(외자법外資法)입니다. 전후 일본 경제를 재건하는 데 있어서, 국내의 자금 부족을 해결하기 위해 외자 도입의 필요성이 제기되었습니다. 그래서 외환법의 규제에 예외를 두었습니다. 일정한 범위에 한해 외국으로부터 일본 국내로의 투자를 용인하여 이익이나 원금의 송금을 보증한다는 내용입니다. 이것은 1950년 5월에 공포되었습니다.

외환법에 의해 통산성은 권한이 막강해졌습니다. 통산성의 허가를 받기 위해 기업 관계자가 복도에 줄을 섰다고 합니다. 이것을 '도라노몬 긴자虎ノ門銀座'라고 불렀습니다.

미국의 국제정치학자 차머스 존슨은 『통산성과 일본의 기적: 산업정책에 의한 성장MITI and the Japanese Miracle: the Growth of Industrial Policy, 1925~1975』(1982)에서 "당시의 통산성은 일본 경제에서 절대적인 힘을 발휘하고 있었다"고 기술했습니다. 올바른 지적입니다.

그런데 고도 경제성장기에 일본 경제에 대한 관심이 세계적으로 높아지자, 존슨의 기술이 인용되어 "일본 경제는 통산성이 관리하는 일본 주식회사"라는 이야기가 많아졌습니다. "기적의 고도성장을 실현한 비밀은 일본 주식회사 시스템에 있다"는 주장이 전개된 것입니다. 하지만 이 생각은 잘못되었습니다.

통산성의 권한이 강했던 것은 외화 자금 할당 제도가 기능하고 있던 1950년대까지입니다. 1960년대 이후 고도성장기에는 외환법이 개정되어 통산성이 외화를 할당할 권한을 상실했기 때문입니다.

두 번째 할당 방식은 일본은행의 '창구 규제'입니다.

1940년 체제하의 금융 시스템에서 기업은 투자 자금을 은행에서 차입하여 조달합니다.

그 과정에 일본은행이 개입하고 있었던 것입니다. 이른바 '창구 규제'입니다. 왜 일본은행이 민간은행의 개별적 융자 안건에 영향을 미쳤을까요? 배경은 다음과 같습니다.

이 장의 1절에서 서술한 것처럼, 전시 일본에서는 1937년에 제정된 '임시자금조정법'에 의거해 자금 배분이 통제되었습니다(1937년은 중일전쟁이 시작된 해입니다).

이 법률에 따라 융자나 회사채, 주식 등 기업의 자금 조달 수단은 전적으로 정부 허가제를 따랐으며, 관료가 구성하는 '임시자금조정위원회'가 중요도에 따라 각 산업의 등급을 설정했습니다. 이에 따라 은행과 증권회사가 개별 안건을 자체적으로 심사해 '필요하지 않고 긴급하지 않은' 산업에 대한 투자를 억제하고 군수산업에 자금을 집중한 것입니다.

이러한 시스템은 1940년에 제정된 국가총동원법에 근거한 '은행 등 자금운용령'에 따라 보완되어 전시뿐만 아니라 전후에도 설비 자금을 통제하는 법률적 틀로 활용되었습니다.

전후 1945년에는 '임시금리조정법'이 제정되어 예금과 저축의 이율, 대출 이율, 어음 할인율, 당좌대월 이율 등 금융기관 금리의 최고 한도가 정해졌습니다. 이에 따라 정책적으로 금리가 낮아져서 자금에 대한 초과수요가 발생했습니다. 즉, 시장의 조정 기능을 제한하고 할당에 따라 자금을 배분하는 제도적 장치를 만든 것입니다.

하지만 은행들은 예금만으로는 자금 수요를 충족시킬 수 없어 일본은행의 차입에 의존했습니다. 이 때문에 일본은행은 민간은행에 대해 절대적인 지배력을 갖고 있었으며 개별 안건에까지 개입해 기업에 대한 대출을 통제할 수 있었습니다. 이것이 '창구 규제'입니다.

당시 이치마다 히사토—萬田尙登 일본은행 총재는 '교황'으로 불렸습니다. 그 권력을 상징하는 것이 '가와사키川崎제철 문제'입니다. '도지 라인'을 실시한 후 얼마 지나지 않아 가와사키제철이 지바현에 대규모 제철소를 만들려고 계획했습니다. 그러나 이치마다 총재는 긴축정책에 역행한다며 반대했고 '건설을 강행하면 지바현을 냉이만 자라는 황무지로 만들겠다'고 엄포를 놓았다고 합니다.

1947년 대장대신이 된 구루스 다케오栗栖赳夫(전 일본흥업은행 총재)는 취임에 즈음하여 대장성에 등청하기 전 일본은행에 들러 이치마다 총재에게 인사했는데요, 이것을 전해 들은 당시의 대장성 주세국장 이케다 하야토는 불같이 화를 냈다고 합니다. 이후 이케다와 이치미다 사이에 벌어진 싸움에 관해 재미있는 에피소드들이 전해지고 있습니다.

그런데 아무리 국내에서 금융을 통제해도, 기업이 해외시장에서 기채起債 등의 형태로 자금을 조달하면 통제는 공수표가 되고 맙니다. 이것을 막기 위해 전쟁 시기와 전후 일본에서는 장기 금융 쇄국이 이루어졌습니다. 그 근거가 되는 법이 앞에서 언급한 '외자법'입니다.

이처럼 전후 일본은 금리 억제와 자금 배분 통제, 금융 쇄국 상태에 있었습니다. 전쟁 시기에 형성된 '1940년 체제'가 경제를 통제하고 있었던 것입니다.

'1940년 체제'로 가능했던 중화학공업화

일본 산업의 중화학공업화는 앞서 말한 할당 체제 덕분에 실현될 수 있었습니다. 만일 '가격 방식'을 취했다면 중화학공업화가 진행되었을지 의문입니다. 왜냐하면 당시 일본에서 비교우위였던 산업은 섬유 등 노동집약적인 경공업이었기 때문입니다. 일반적으로, 한정된 자본은 단기적인 리턴(보상)을 추구하여 경공업이나 상업에 투자하는 쪽으로 나아가기 마련입니다. 하지만 전후 일본이 미래를 내다보면서 중화학공업화를 실현하려고 자원을 배분한 것은 시장 원리를 부정하는 '1940년 체제' 아래였기 때문에 가능했습니다.

그런데 '할당 방식'을 통한 인위적인 자원 배분은 이권과 부패의 온상이 됩니다. 1948년 6월에 일어난 쇼와전공昭和電工 사건이 전형적인 사례입니다. 쇼와전공 주식회사가 부흥금융금고의 융자를 얻기 위해 정부 고관과 부흥금융금고 간부에게 뇌물을 준 사건입니다. 자원을 할당하는 관료들은 강력한 권한을 갖고 있기에 부패가 발생할 위험이 매우 높습니다. 요즈음 중국에서 전형적으로 그런 현상이 나타나고 있죠. 전후 일본에서도 부패가 전혀 없었던 것은 아닙니다. 쇼와전공 사건 이외에도 표면화되지 않은 문제가 있었던 게 틀림없습니다. 단지 체제의 존립을 흔들 정도의 문제는 되지 않았던 것입니다.

　산업자금의 배분권이라는 거대한 권력을 쥐고 있던 일본의 경제 관료 제도는 완전하게 깨끗하지는 못했을지 모르지만, 부패가 국민의 불만을 폭발시켜 체제가 뒤집힐 정도에는 이르지 않았습니다. 이 점은 크게 강조해도 좋다고 생각합니다.

4

"이제는 더 이상 전후가 아니다"

유사 이래 최고의 호경기

한국전쟁 중인 1951년 9월, 미국 샌프란시스코에서 미일 간에 강화조약(샌프란시스코 평화조약)이 체결되어 이듬해인 1952년 4월에 발효되었습니다. 일본의 점령은 종료되었죠. 1953년 3월에 이오시프 스탈린이 사망하고 일본의 주가가 폭락했습니다('스탈린 폭락'). 한국전쟁이 끝나면서 한국 특수가 사라질 것이라는 예측이 많았기 때문입니다. 예상대로 1953년 7월에 한반도 휴전협정이 조인되었습니다. 비록 한국전쟁 특수가 사라지는 영향을 받았지만 그 후에도 일본 경제의 성장은 계속되었습니다.

1954년 12월부터는 '진무神武 경기'가 시작됩니다. 진무 천황(기원전 711~기원전 585)이 즉위한 해(기원전 660) 이래 최고 호경기라는 뜻입니다. 1957년 6월까지 약 31개월에 걸친 이 경기 확대기는 복

구 수요와 한국전쟁 특수에 의존하는 성장에서 투자, 소비 등 내수 증가를 통한 자율 성장으로 이행한 시기이며, 그런 의미에서 본격적인 경제성장의 시작으로 평가받고 있죠. 이로 인해 일본 경제는 전쟁 전의 최고 수준을 웃도는 규모로까지 회복했습니다. 1956년 일본 경제기획청의 『경제백서』에 등장하는 "이제는 더 이상 전후가 아니다もはや戦後ではない"라는 문구는 패전 후 일본 고도성장을 상징하는, 다시 말해 '전후 부흥의 종료'를 선언한 문구로 유명합니다.

1955년 11월 일본 양대 보수 정당인 자유당과 민주당이 합당하여 자유민주당(자민당)이 창당되었습니다. 그에 앞서 재통일된 사회당과 더불어, 이때 탄생한 정치의 기본 체제는 오래도록 변하지 않아 '55년 체제'로 칭해졌습니다.

본격적인 고도성장에 돌입한 일본에서는 국민의 생활수준이 눈에 띄게 향상되었습니다.

1950년대 후반에는 '세 가지의 신기三種の神器◆'라 불리던 가전제품인 흑백 TV, 세탁기, 냉장고가 보급되기 시작합니다. 그때까지 할리우드 영화에서밖에 볼 수 없었던 TV나 냉장고를 일상생활에서 사용할 수 있게 된 것입니다. 전력 사정이 호전된 게 배경입니다. 이전처럼 정전이 빈번하면 가전제품을 사용할 수 없었을 테니까요.

LP 레코드가 나오면서 그때까지 라디오로만 들었던 클래식 음악의 전 악장을 한 장의 레코드로 들을 수 있게 되었습니다. 제가 제일 먼저 산 LP판은 카를 뵘이 지휘하는 베토벤 교향곡 6번이었는데, 한 장 가격이 무려 2300엔에 달했습니다(당시 대졸 남성의 초봉

◆천황가에 대대로 계승되어 내려오는 세 보물, 즉 거울과 구슬, 검을 말한다. 소중한 보물을 상징하는 말로 쓰인다.

월부 전문점에 진열된 텔레비전(1957년).
©아사히신문사／지지통신포토

이 1만3000엔 정도). 우리 집도 나무랄 데 없는 2층짜리 '본격 건축물'이 되었고요. '오늘의 생활은 어제보다 확실히 풍요로워진다'는 게 실감 나는 시대가 된 거죠.

저는 중학교 2학년 때 구경 10센티미터 반사망원경을 만들었습니다. 간다오가와마치神田小川町에 있는 세이분도신코샤誠文堂新光社에서 반사경과 접안렌즈를 구매하고, 나머지는 모두 자체 제작했죠. 우연히 화성이 접근하고 있던 해여서 흰 극관極冠(화성의 두 극에서 얼음과 눈으로 덮여 있는 흰 부분)을 볼 수 있었습니다.

당시 도쿄에서 일상적인 교통수단은 버스와 도덴都電(도쿄도에서 운영하는 전차)이었습니다. 지하철 마루노우치선丸ノ內線은 이케부쿠로池袋와 오차노미즈御茶ノ水 사이밖에 연결되어 있지 않아서, 중앙선으로 가스미가세키霞が關에 출근하는 공무원들은 버스와 도덴이 아니라면 요쓰야四谷부터 걸어가는 수밖에 달리 방법이 없었던 것 같습니다.

1958년 6월부터는 1961년 12월까지 약 42개월간 지속된 '이와토岩戶 경기♦가 시작되어 일본 경제가 한층 더 성장합니다. 하지만 한편으론 1950년대 말부터 일본 시장의 자유화를 요구하는 목소리가 유럽과 미국 등 여러 나라에서 강해지고 있었습니다. 1959년 국제통화기금IMF과 관세무역일반협정GATT 총회에서 일본의 통화교환성(화폐의 자유 태환) 회복과 국내시장 개방을 요구했습니다.

♦이와토는 일본 선사시대 신화에 등장하는 인물이다. 즉, 이와토 경기는 '일본 건국 이래 최대 호경기'란 의미.

올라가기 힘든 계층사다리

1956년 저는 도립 히비야日比谷고등학교에 입학했습니다. 저희에게 이곳은 아서왕 전설에 나오는 궁전도시 캐멀럿이나 마찬가지였습니다.

입학식 날 "영국 이튼스쿨을 본보기로 삼아 제군들을 신사로서 대한다. 신사의 자각을 가지고 행동하라"는 교장 선생님의 훈사를 지금도 기억하고 있습니다. 실내화로 갈아 신지 않고 가죽신을 신은 채 교실에 들어가도 좋다는 규칙은 정말로 사소한 것이긴 하지만 신사로서의 자각을 크게 높여주었습니다. 창립기념일에 천황의 방문이 예정되어 있었지만 학생들이 반대해 결국 무산되었습니다.

2학년부터 반 편성은 학생이 주도했죠. 담임선생님도 학생들이 선택했습니다. 수업도 학생들이 돌아가면서 발표하는 방식으로 진행하고 선생님은 창가에서 졸고 계셨어요. 옆 반에서는 국어 선생님을 '무능하다'며 내쫓아버렸습니다. 역겹도록 건방진 학생 집단이었던 셈입니다. 1956년 헝가리 혁명이 일어났을 때는 소련에 항의하기 위해 헝가리로 반대표를 보내기로 결의했습니다(여비가 마련되지 않아 결의만으로 끝났지만).

경단련經團連 회장이었던 이시자카 다이조石坂泰三가 학교 축제에 와서 격문을 띄운 적이 있습니다.

"제군의 선배 중에 관공서 사무차관이나 대기업 사장이나 도쿄대학 교수가 지천(이라고 정말로 말했습니다)으로 많다. 그러나 사회에 이바지한 사람은 없다. 너희는 선배들을 결코 본받으면 안 된다."

메이지시대부터 일본의 국립대학이나 중앙 관공서는 문벌이나 부모의 자산이 아닌 학력만 보고 사람을 뽑았습니다. 그러니까 꼭 상류층 자제가 아니더라도 시험 성적만 좋으면 사회계층의 벽을 뚫고 더 높은 곳으로 사다리를 타고 올라갈 수 있었던 것입니다. "이런 기회를 기화奇貨(진귀한 기회)로 삼아라. 하지만 우쭐해지지 말라"고 이시자카는 말하고 싶었던 것일 테죠.

히비야고등학교와 같은 학교는 이미 일본의 어디에도 없습니다. 당시의 학교 건물도 이제는 없습니다. 제가 이 학교를 캐멀럿성에 비유한 것은 '일단 없어지면 다시는 중건할 수 없는 성지'라는 의미이기도 합니다.

학교 부근에 아카사카미쓰케赤坂見附역이 있었는데, 당시는 마루노우치선이 개통되기 전이어서 기차가 오지 않았습니다. 역은 지하 2층 건물이라서 여름엔 시원했죠. 히비야고등학교는 역 앞에서부터 이어진 언덕 위에 있었고, '지각 언덕'이라고 불린 그 언덕 옆에는 미군 가족 주택인 워싱턴 하이츠Washington Heights가 있었습니다. 기말 시험이 끝난 날에 학교 도서관에서 아베 지로阿部次郎의 「루체른의 봄」이라는 수필을 읽고 '이런 곳은 평생 갈 수 없다'고 생각했죠. 지금도 슈베르트 교향곡 제9번을 들으면 이 무렵 교실의 모습이 생생하게 떠오르고, 미래에 대한 불안과 꿈이 어우러졌던 복잡한 감회가 되살아납니다.

건설 중이던 도쿄 타워가 조금씩 뻗어 올라가는 것을 교실 창문을 통해 매일 바라보곤 했습니다.

전화가 있는 집은 아직 드물었고 근처에 전화가 있는 집에서 '호출해주는' 식으로 빌려 쓰는, 지금은 믿을 수 없는 방법이 흔하게 사용되고 있었습니다. 그래서 어떻게 전화를 걸어야 할지 모르겠다

건설 중인 도쿄 타워(1958년).
©아사히신문사／지지통신포토

는 사람이 동급생 중에 몇 명씩이나 있었습니다(일본전신전화공사日本電信電話公社 설립은 1952년). 참고로 저는 아직도 전화에 공포심과 혐오감을 지니고 있습니다.

장거리 전화는 신청 후 연결까지 몇 시간이나 걸립니다. 긴급 연락 시에는 전보를 사용했습니다(이 당시의 세태를 반영한 드라마에 나오는 "치치키토쿠. 스구카에레チチキトク. スグカエレ◆"라는 게 바로 그것입니다). 전화 연락이 이런 상태였기 때문에 남의 집이나 타사를 방문할 경우 예고 없이 불쑥 나타나게 되는 경우가 보통이었습니다. 누구나 휴대전화를 가지고 있는 오늘날엔 상상도 할 수 없는 사회였던 셈이죠. 여행 때 여관은 편지로 예약했을까요? 거래처와의 빈번한 연락이 필요한 비즈니스 등은 어떻게 했는지, 정말로 궁금하고 신기합니다.

1957년 10월, 세계 최초의 인공위성인 소련의 스푸트니크 1호가 발사되었습니다. 소식을 알게 된 것은 가을 소풍날이었습니다(쾌청한 날이었죠). 이 '사건'은 우리 세대에 심대한 영향을 주었습니다. 아카사카미쓰케역에서 지하철의 바퀴를 보면서 '세계는 물리학으로 움직이니 어떻게든 물리학을 공부해 세계를 움직여보고 싶다'고 흥분했을 때의 두근거림을 확실히 기억하고 있습니다. 나중에 「옥토버 스카이October sky」라는 영화를 보고 미국의 소년들도 완전히 똑같은 생각에 사로잡혔다는 것을 알게 되었습니다.

일본의 고교 진학률은 50퍼센트가량, 대학 진학률은 10퍼센트 정도였습니다(도표 1-2 참조). '공부할 시간이 있으면 집안일을 돕는

◆아버지 위독. 곧 돌아오라.

다'는 게 상식이었던 시절이었습니다. 공부하라고 하면 싫겠지만, 이 시대에는 공부 잘하는 게 엄청난 사치였던 셈입니다.

저는 그런 시대에 대학에 들어갔으니 10퍼센트 안에 들 수 있었고, 그것을 매우 감사한(문자 그대로 '있기 어려운', 곧 매우 얻기 힘든 기회) 일이라고 생각하고 있습니다.

출중한 능력을 지니고 있으면서도 가정 형편 때문에 대학에 진학하지 못한 또래가 주위에 즐비했습니다. 「옥토버 스카이」의 주인공도 그런 처지에 있었죠. 그는 운명적으로 아버지와 같은 탄광 노동자가 되어야만 했습니다. 하지만 어떤 기회를 잡고 미국항공우주국NASA의 로켓 기술자가 되는 길을 걸어갔습니다. 계층 사다리에 대한 사정은 미국에서도 마찬가지였던 셈입니다.

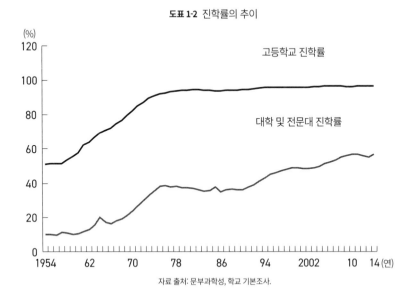

도표 1-2 진학률의 추이

자료 출처: 문부과학성, 학교 기본조사.

일반적인
전후 사관과
'1940년 체제'
사관

통설적 시각: 비전력화와 민주화를 통한 재건

1945년부터 1959년까지가 '전후 민주주의와 평화 국가 이념에 의한 일본의 재건기'라는 게 전후사에 대한 일반적인 견해입니다. 일본은 미국이 안보를 책임져준 덕분에 군사비의 중압에서 벗어나 고도 경제성장을 할 수 있었다는 견해죠.

 '집중배제법'에 따라 대기업이 분할되어 '기업 민주화'가 이루어졌다. 소니, 혼다 등 전후에 새롭게 탄생한 기업들이 일본 경제를 견인했다. 노동조합도 성장해 점점 기업 경영에 영향을 미치게 되었다. 노동조합과 경영의 양 측면에서 민주화가 이뤄져 기업의 생산활동이 더욱더 활발해졌다. 이 흐름을 추진한 부류가 미 점령군 중에서 '뉴딜파'라는 소리를 들은 사람들이다.

다만, 점령군의 방침은 도중에 바뀌었다. 일본의 비전력화非戰力化와 민주화를 추진하는 '뉴딜파'가 당초에는 우세했으나, 냉전의 진전으로 노선이 전환되면서 일본을 공산주의에 대한 방파제로 만드는 데 무게가 실리게 됐다. 그러기 위해서는 일본의 경제력을 강화할 필요가 있다고 하여 산업력 강화를 중요하게 여기게 되었다. 이 노선 변경은 GHQ의 '우선회右旋回(역코스Reverse course)'라고 불린다.

이상이 전후사에 대한 통설적인 관점입니다.

1940년 체제 사관:
전후 경제 부흥은 전시체제의 첫 성공

이에 대해 저는 다음과 같이 생각합니다.

GHQ는 일본 경제에 대해 거의 아는 게 없었다. 일본의 테크노크라트들이 점령군의 권위를 이용해 개혁을 실현했다. 농지개혁도 일본 관료들이 입안해 실행한 정책이었고, 일본 특유의 기업별 노동조합도 전시체제하에서 준비된 것이었다.

전후 부흥기에 가장 중요했던 것은 '할당 방식'에 의한 자금의 중점 배분이었다. 시장의 가격 메커니즘에 의해 자금이 배분된 게 아니라 중앙정부가 정책적 견지에서 자금을 배분했기 때문에 생산력이 회복되고 고도성장이 준비되었다. 이런 과정을 뒷받침한 것은 총력전을 위해 전쟁 시기에 만들어진 경제 시스템이었던 '1940년 체제'였다.

전쟁 중 확립된 체제는 다가올 총력전에 대비하고 전쟁을 수행하기 위한 경제체계였으나, 전후에 이르러선 군사력이 아닌 경제력, 특히 생산능력을 증강시키는 것으로 목적이 변경되었다. 목적을 실현하는 데 있어 '관료 중심의 전시체제'가 그대로 기능했다. 일본 경제를 이끈 주요 기업들도 전쟁기에 재편·형성된 기업군이었다. 즉, 전후 일본의 부흥을 뒷받침한 것은 전시하에서 확립된 제도였다.

이상이 저의 관점입니다. 이 견해를 저는 '1940년 체제 사관史觀'이라고 부르고 있습니다. '전후 경제 부흥'이란 전시하에서 확립된 '1940년 체제'가 이뤄낸 최초의 성공이며, 이어진 고도 경제성장기를 향한 중요한 단계였다고 말할 수 있습니다.

고도성장은
어떻게 가능했는가?

1960~1970

1

고도성장의
본격화

도대체 안보 투쟁이란 무엇이었는가?

1960년 7월 이케다 하야토 내각이 탄생했고, 간판 정책으로 '소득 배증倍增 계획'이 발표되었습니다. 이후 경제성장은 일본의 거국적 목표가 되었습니다.

그에 앞서 '미일 안전보장 조약'을 둘러싼 '정치의 계절'이 있었습니다.

1951년에 조인된 연합국 47개국과 일본 간의 평화조약 중에는 미군의 일본 주둔에 관해 규정한 '일본과 미합중국 간의 안전보장조약'이 포함되어 있었으며, 그에 따라 미군은 점령 종료(1952년 4월) 후에도 계속 일본에 주둔했습니다. 냉전하에서 미국이 소련, 중국, 북한 등 공산 세력에 대항하기 위해 꼭 필요한 조치였던 것입니다.

이 안보조약의 일부 조항이 1960년 1월에 개정되고, 미국을 방문한 기시 노부스케 수상과 드와이트 D. 아이젠하워 대통령에 의해 조인되었습니다. 그러나 기시가 귀국한 뒤에 열린 국회에서 일본 사회당이 안보조약 폐기를 내걸고 심의를 거절했죠. 그리고 1960년 5월 자민당의 강행으로 신조약의 승인이 가결되자 국회 밖에서도 안보조약 반대 운동이 시작되었습니다. 6월이 되자 전일본학생 자치회총연합(전학련全學聯) 등이 날마다 안보조약 반대 시위를 벌였습니다. 이것이 '안보 투쟁'입니다.

저는 이때 대학교 2학년이었죠. 학생 대부분이 데모에 참가했던 터라 강의도 중지되었고 교실에는 저를 포함해서 몇 명밖에 남지 않은 상태였습니다. 경찰이 뿌린 물에 흠뻑 젖은 친구들이 자랑스러운 듯 캠퍼스를 활보하고 있었죠.

강의실에 학생자치회의 위원이 나타나 "자네들은 의식이 낮다"고 눈앞에서 욕을 했습니다. 논란거리도 되지 않는 일방적이고 고압적인 비난과 규탄이었습니다. 고등학생 때 영어 부독본에서 읽은 조지 오웰의 소설 『동물농장』이 떠올랐는데, 독재자 나폴레옹을 호위하는 흉포한 개에게 물린 듯한 기분이 들었습니다.

수정된 안보조약은 일본에 유리한 방향으로 개정된 것이었기 때문에, 저는 그토록 소란을 피울 만큼 큰 문제는 아니라고 생각했죠. 1970년 안보조약 자동 연장 때도 반대 운동이 벌어졌습니다. 그러나 이러한 운동은 그 후 일본에 큰 영향을 남기지 않았다고 생각합니다. 그때의 소동은 도대체 무엇이었는가? 지금도 잘 모르겠다는 것이 저의 소회입니다.

고도성장으로 세계에서 존재감을 뽐내다

이케다 내각이 '소득 배증' 계획을 내건 이유는 국민의 눈을 정치에서 경제로 전환하기 위해서였습니다. 정치 운동은 그 이후로 동력을 잃고 국민의 관심은 경제성장으로 옮겨갑니다.

'10년간 소득을 갑절로 늘린다'는 소득 배증 계획은 지금의 감각으로는 믿을 수 없을 만큼 야심에 찬 목표로 보이죠. 그러나 당시일본 경제의 성장력으로 보면 오히려 소극적인 계획이었습니다.

일본의 명목 GDP(국민총생산)는 1955년부터 1970년에 걸쳐 5년마다 약 2배로 증가했습니다(1955년과 1960년의 명목 GDP를 비교하면 1.9배이며, 1960년부터 1965년까지 5년간을 봐도 2배 증가했습니다. 1965년과 1970년 사이에는 증가율이 2.2배에 이릅니다).

도표 2-1 실질 GDP 증가율 추이

자료 출처: 내각부

1955년에서 1970년까지 명목 GDP의 연평균 성장률은 15.6퍼센트나 됩니다. 도표 2-1은 실질 GDP 증가율 추이입니다. 1950년대 후반에서 1960년대 후반에 걸쳐 10퍼센트 정도의 신장률을 보였다는 걸 알 수 있습니다. 1955부터 1970년까지의 연평균 성장률을 계산하면 9.6퍼센트입니다.

인구도 증가하고 있었으므로 1인당 소득이 GDP만큼 성장한 것은 아니지만, 그래도 1960년부터 1966년까지 일본의 국민소득은 2.3배 늘어났습니다.

요컨대 일본의 '고도성장'이란 농업 사회가 공업화되는 과정이었습니다. 도표 2-2의 산업별 취업자 추이를 보면, 1950년에는 49퍼센트를 차지하고 있던 농림업 종사자의 비율은 1965년에 22퍼센트가 되어 절반 이상 낮아졌고, 1960년대 말에는 12퍼센트로 감소했

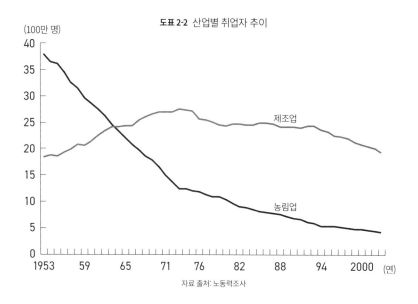

도표 2-2 산업별 취업자 추이

자료 출처: 노동력조사

습니다. 농림업을 대신해 증가한 산업은 제조업과 서비스업으로, 제조업 종사자의 비율은 1950년에는 18퍼센트였지만 1960년대 말에는 25퍼센트 이상이 되었습니다.

우리 세대는 이 시기에 사회에 진출하고 회사나 관공서에 취직하여 일본 경제의 행보와 함께하는 인생을 살아왔습니다. 종사한 분야는 여러 가지이지만, 보잘것없는 국가였던 일본이 급속히 존재감을 키워 세계를 제패해가는 모습을 어느 분야에서건 지켜보았습니다. 아니, 지켜보았다기보다는 생활의 모든 것을 경제 발전에 바치고 일본 사회라는 조직의 일원으로서 그 과정을 힘차게 밀고 나갔던 것입니다.

빠른 템포의 공업화

일본의 공업화 속도는 놀라울 정도로 빨라, 1960년대 민간 설비투자의 명목 증가율은 연평균 17.7퍼센트에 달했고 20퍼센트를 넘은 해도 세 차례 있었습니다. 제조업 출하액은 1950년부터 1960년까지 10년 동안 6.5배, 1970년까지 10년 동안 4.4배 증가했습니다.

일본 제조업의 성장을 단적으로 보여주는 예가 이 기간에 각각 5.3배, 5.7배 증가한 철강 생산량입니다. 일본의 철강 생산량을 미국과 비교하면, 1950년대에는 하찮은 수준이지만 1960년대 말에는 그다지 손색없는 양으로까지 늘고 있습니다(도표 2-3 참조).

제철소 건설 붐이 일면서 각지에 대규모 일관제철소—貫製鐵所◆가 탄생했습니다. 석유화학 콤비나트ₖₒₘᵦᵢₙₐₜ◆◆도 차례차례 건설되었습

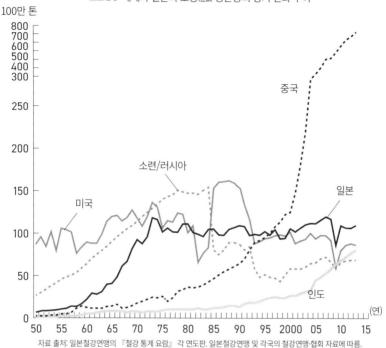

도표 2-3 세계와 일본의 조강粗鋼 생산량의 장기 변화 추이

자료 출처: 일본철강연맹의 『철강 통계 요람』 각 연도판. 일본철강연맹 및 각국의 철강연맹·협회 자료에 따름.

니다. 이것은 원유를 원료로 하는 여러 화학 제조업체의 공장이 복합적 파이프라인으로 연결된 거대 시설입니다. 이 시대는 일본 석유화학산업의 발흥기였습니다. 얼마 전 퇴직한 저의 한 친구는 "석유화학의 시작과 끝을 보았다"고 증언했죠.

일상적인 광경도 공업화에 따라 급속히 변해갔습니다.

◆제선·제강·압연의 세 공정을 모두 갖춘 제철소.
◆◆러시아어로, 기술적으로 연관이 있는 여러 생산 부문의 공장이나 기업을 한 지역에 모아 이룬 기업 결합.

우선 공업화의 진전에 따라 도시 인구가 급격하게 많아졌습니다. 1950년에는 시와 군의 인구 비례가 6:10이었는데 1965년에는 21:10으로 뒤바뀌었죠.

이에 따라 사회복지시설도 급속하게 정비되고, 교외의 알맞은 지역에 주택단지가 건설되고 도로 상황도 눈에 띄게 개선되었습니다. 포장도로 국도의 총연장은 1950년에 2000킬로미터 미만이었으나, 1965년에는 8배 늘어 1만6500킬로미터 이상이 되었습니다. 그때까지 포장도로는 간선도로밖에 없고 비포장도로가 더 일반적이었습니다. 비가 오면 웅덩이가 생기거나 질퍽거리는 진창이 되고, 건조하면 모래 먼지가 휘말려 올라갔습니다. 그렇지 않아도 자갈길이나 울퉁불퉁한 길이기 때문에 자동차가 원활하게 달릴 수 없었죠. 차와 함께 '흔들리면서' 가곤 했습니다. 관광지에 가려면 이런 길을 달리는 것이 예사였습니다.

철도 수송도 어지간히 개선되었지만 지금과 비교하면 천양지차입니다. 저는 대학에서 글라이더부에 소속되어 여름방학 때에는 센다이仙台에 자리한 자위대 가스미메霞目 비행장에서 연습하곤 했습니다. 왕복 야간열차가 매우 혼잡해서 바닥에서 잔 듯한 기억이 있습니다. 3학년 여름방학 때 나가사키에 있는 미쓰비시조선三菱造船(현 미쓰비시중공업)에 실습하러 나갔는데 나가사키까지 급행열차로 꼬박 24시간가량이 걸렸습니다. 푹푹 찌는 삼등석의 딱딱한 의자에 앉아 냉방이 완비된 특급열차가 앞질러 가는 광경을 부러워하며 배웅했죠.

1964년 10월에 도쿄올림픽 개최가 결정됨에 따라 도쿄에서는 도로와 지하철이 급속도로 정비되었습니다. 도쿄 전역의 도로가 파헤쳐진 듯했죠.

1964년에는 도카이도東海道 신칸센新幹線이 개업했습니다. 1968년에는 도메이東名고속도로의 도쿄-아쓰기 구간 등이 개통되었고 가스미가세키 빌딩도 완성되었습니다.

1961년에 우에노의 도쿄문화회관이 완공되었습니다. 그때까지는 음악회라고 하면 좁은 히비야 공회당에서 여는 수밖에 없었는데, 마침내 드넓은 무대에서 오케스트라를 들을 수 있게 되어 일본이 문화 면에서도 선진국과 엇비슷해졌다며 감격해 마지않았습니다. 그로부터 수십 년 후 오랜만에 도쿄문화회관을 방문할 기회가 있었는데, 건물이 허름하게 낡아 있는 모습을 보고 '이곳도 한 시대가 끝났다'고 느꼈죠.

왜 '쇼와 30년대'가 '현대 일본의 원점'일까?

매우 많은 일본인은 '쇼와 30년대'(1955~1965)에 강한 향수를 느끼고 있습니다. 2DK(방 2개, 주방 1개의 소형주택) 단지에서 가족이 테이블에 단란하게 둘러앉아 도란도란 이야기를 나누고 있고 옆에는 흑백 TV가 놓여 있습니다. 그런 사진을 보면 그 시대에 태어나지 않은 사람들도 "왠지 그립다"고 말하더군요. 실제로는 경험하지 않은 시대에 향수를 갖는 까닭은 무엇일까요?

그건 '쇼와 30년대'가 라이프스타일 측면에서 '현대 일본의 원점'이기 때문일 것입니다.

일본인의 생활수준은 이 시대에 비약적으로 향상되었습니다.

도쿄도 기타타마北多摩군에 조성된 히바리가오카 단지(1967년).
©아사히신문사／지지통신포토

1950년과 1965년을 비교하면, 수세식 화장실이 설치된 주택 수는 약 11만 채에서 143만 채로 늘어났습니다. 위생 상태의 개선에 따라 영아 사망률은 출생 1000명당 60명에서 18명으로 낮아집니다. 자가용은 3만4000대에서 170만 대로 50배나 늘어났습니다. 일반 가정에서도 자가용을 소유하는 시대가 시작된 것입니다.

당시까지 일본에서는 전쟁 전부터의 라이프스타일이 거의 변하지 않고 계속되고 있었습니다. 다다미와 샤부다이卓袱台(접었다 폈다 할 수 있는 다리가 낮은 밥상), 겨울에는 화로나 고타쓰炬燵(숯불이나 전기 등의 열원 위에 틀을 놓고 그 위로 이불을 덮는 난방 기구), 방석에 앉던 생활이 이 무렵부터 의자 생활 문화로 바뀐 것입니다. 새로 건설된 단지에 사는 게 보통 사람들의 낭만이자 동경이었습니다.

그 후 텔레비전은 흑백에서 컬러로, 브라운관에서 액정으로 바뀌었지만 영상을 화면에 비춘다는 기본 기능은 같습니다. 자동차도 성능은 향상되었지만 역시 기본은 바뀌지 않았습니다. 그러니 쇼와 30년대의 사진을 보면 '지금 생활의 오래된 것' '지금 있는 것의 조상'이라고 느끼는 듯합니다. 오늘날에 이르기까지 계속되고 있는 생활 방식이 시작된 시대가 이때였으므로, 사람들은 쇼와 30년대에서 자신들의 원점을 보고 강한 노스탤지어를 느끼게 된 것이겠지요. 그와 비교해 샤부다이와 화로는 현재는 사용하지 않게 되어버렸으므로 그러한 것들의 사진을 봐도 '그립다'는 정서를 갖지는 않을 거란 생각이 듭니다.

고도성장의 그늘 1: 탄광의 종말

날이 갈수록 일본은 풍요로워졌지만, 흐름에 뒤쳐진 분야도 있었습니다. 그 상징이 석탄산업입니다.

전후 부흥기와 경사생산방식이 적용되고 있던 시기에는 기본 에너지원이 석탄이었으며 모름지기 석탄산업은 기간산업이었습니다. 그러나 고도성장이 시작되자 산업용 에너지원은 석탄에서 중유로 재빠르게 전환되었습니다. 또한 철강 등 석탄이 필수적인 산업에서도 해외에서 수입되는 고품질 석탄이 사용되면서 국내 석탄에 대한 수요가 급감했습니다.

그리하여 각지의 탄광이 폐쇄되었죠. 이것이 사회주의 운동과 결부되어 수많은 노동쟁의를 낳은 것입니다. 그중에서도 1959~1960년에 일어난 '미쓰이 미이케三井三池 쟁의'는 널리 알려져 있습니다.

에도시대부터 이어져온 미이케 탄광은 후쿠오카현과 구마모토현에 걸친 탄광으로 미쓰이광산三井鑛山이 경영하고 있었습니다. 그러나 경영 악화에 따른 인원 감축을 계기로 장기 파업에 돌입하고 말았죠. 재계가 경영진을 지원하고 일본 노동조합총평의회(총평總評)가 노동조합 측을 지원해 사회적으로 큰 이목을 끌었습니다. 최종적으로는 경영자 측의 승리로 끝났습니다만.

하지만 폐광으로 일자리에서 쫓겨난 노동자들은 일본 경제가 급성장하고 있었던 덕분에 대부분 재취업할 수 있었습니다. 동시대의 영국 등과 달리 일본에서는 높은 경제성장률 덕에 산업구조를 큰 무리 없이 변혁한 것입니다.

고도성장의 그늘 2: 농업 낙후와 이중곡가제

또 하나 크게 낙후되었던 분야는 농업입니다.

원래 일본의 농업은 노동집약적이어서 면적당 수확량은 컸지만 노동생산성은 낮았습니다. 또한 전쟁 후 농지 개혁으로 소작농에게 농지를 나누어준 일도 있어, 토지 집약이 진행되지 않아 농업의 노동생산성은 좀처럼 향상되지 않았죠. 그리고 제조업이 발달함에 따라 상대적으로 농업 소득이 현저하게 낮아지고 있었습니다.

따라서 식량관리제도로 농가의 소득을 보상해주었습니다. 이는 1942년 제정된 식량관리법(식관법食管法)에 의거하여 쌀, 보리 등 식량의 가격과 공급을 정부가 관리하는 것입니다. 즉, 농가 보호 구조도 전쟁 중에 형성된 '1940년 체제'의 일환이었던 셈입니다.

전쟁 시기부터 전쟁 직후까지, 식관법은 농가에서 농산물을 강제로 공출하여 정부가 국민에게 배급하는 제도였습니다. 하지만 식량난 해소와 함께 이러한 공출제도는 폐지되고, 식관법은 정부가 농산물 가격을 통제하기 위한 제도로 변화했습니다.

다시 말하자면 전후의 식량관리제도는 농가로부터 매입할 때의 생산자 쌀값과 지정 업자에게 판매할 때의 소비자 쌀값을 별도로 책정하는 '이중가격제(이중곡가제二重穀價制)'를 채택하고 농가의 수입을 보장해주기 위해 생산자 쌀값을 소비자 쌀값보다 높게 설정했습니다.

농약·화학비료의 보급과 기계화의 진행 등으로 쌀 생산량은 해마다 증가했습니다. 1967년에는 쌀의 완전 자급이 이루어졌고 이후에는 생산 과잉이 일반화되었죠. 그 후 정부는 농가를 보호하기 위해 쌀을 계속 전량 수매하는 한편, 생산량을 억제하기 위해 보상금을 지불하고 작부作付(경작)를 제한(감반정책減反政策·농지 축소 정책)하게 되었습니다. 한편으로는 외국산 쌀의 수입도 인정하지 않았습니다.

일본 국민은 이러한 농가 보호 정책을 긍정적으로 받아들였습니다. 그로 인해 전후 일본에서는 소득 격차의 확대가 억제되어 사회적인 불안을 최소화할 수 있었습니다.

이는 '1940년 체제'가 갖는 사회주의적인 측면이 발휘된 결과입니다. 1940년 체제는 고도 경제성장을 뒷받침했을 뿐만 아니라 농업사회가 공업화하는 과정에서 불가피하게 발생하는 소득 격차 문제를 조정하는 데 있어서도 중요한 역할을 담당했던 것이죠.

고도성장의 그늘 3: 중소 영세기업의 하도급화

이 밖에 일본 사회는 '이중구조'라는 특징을 갖고 있다고들 많이 이야기합니다. 공업 선진국에서 개발된 최신예 자본 설비를 도입하여 생산성을 높인 대기업이 존재하는 한편 전통적인 생산방법을 사용하여 생산성이 낮은 중소·영세기업도 병존해, 양자 간에 자본 집약도·생산성·기술·임금 등에서 큰 격차가 있다는 지적입니다. 게다가 대기업은 중소기업을 하도급업체로 삼고 중소기업의 저임금을 비용 측면에서 악용해 경기 악화 시 완충 역할을 하게 했습니다.

1957년의 『경제백서』는 "일본 고용구조에서는 한쪽에 근대적

대기업, 다른 한쪽에 전근대적 노사관계에 기초한 소기업 및 가족 경영식 영세기업과 농업이 양극으로 대립하고 중간의 비중이 두드러지게 적다"면서, 중소기업이 "일본의 낙후 영역"이라고 지적했습니다.

그러나 경제가 고성장을 지속하면서 신규 취업자 등의 수급이 부족해지고 중소기업도 임금을 올려, 대기업과의 임금 격차는 상당히 축소되었습니다.

이 밖에 신칸센이나 고속도로가 건설되었지만 통근용 교통 인프라는 불충분한 상태였습니다. 이 기간에 수도권에서는 국철國鐵(일본국유철도日本國有鐵道)의 새로운 통근용 노선은 건설되지 않았습니다. 비록 도심부에서는 지하철이 건설되고 있었지만 교외로 뻗는 노선은 부족한 채로 방치되었던 것이죠. 이것이 1980년대 토지 문제의 중요한 원인이 되었다고 생각합니다.

2 대장성에서 목격한 '1940년 체제'의 실상

밑도 끝도 없이 "자네는 오늘부터 통산성 사람이다"

저는 공대에 진학해 응용물리학과에서 반도체를 연구했습니다. 지도 교수는 다나카 쇼지田中昭二 선생님으로, 초전도를 연구하여 노벨상 후보로 꼽히셨던 분이죠. 힘든 연구 생활에도 불구하고 학생들을 잘 돌봐주는 열혈한이셨습니다.

연구실에서 한밤중까지 실험하는 생활을 계속하다가 취업을 궁리할 시기가 제게 찾아왔습니다. 물론 과학 연구자가 되는 것은 논외였습니다. 그러기 위해서는 대학에 남아서 몇 년 동안 무급으로 연구를 계속해야 했기 때문이죠. 한부모 가족이었기에 그럴 여유가 없었습니다. 저뿐만 아니라 당시 연구자의 길을 목표로 삼을 수 있는 학생은 유복한 집안의 자제들뿐이었습니다. 경제학부에 진학한 고등학교 친구는 "공부를 열심히 해서 성적이 좋아지면 대학에 남으라고 하니 죽을 둥 살 둥 공부하지 않아"라고 말했을 정도입니다.

응용물리학과 졸업생의 진로라고 하면 히타치제작소, 도시바東芝, 야와타제철, 후지富士제철, 일본전신전화공사 등등이 있었습니다.

공대생들은 3학년과 4학년 여름방학 때 제조업체로 실습을 나갔습니다. 저는 4학년 실습 때 어느 전기 제품 대기업의 중앙 연구소에서 한 달가량 머물다가, 그 분위기가 싫어져 '시야가 더 넓은 일을 하고 싶다'고 생각하게 되었습니다. 그 후 대학원에 진학하면서 독학으로 경제학 공부를 시작한 것입니다.

경제학을 공부했다는 증거로는 공무원 시험을 보는 게 제일 좋을 것 같아서 1963년 초여름에 경제 부문 공무원 시험을 봤죠. 공무원이 될 생각은 없었는데, 필기시험 성적 발표 후 반 장난으로 통산성을 방문했더니 면접실에서 정면에 앉아 있던 사람이 벌떡 일어나 "자넨 오늘부터 통산성 사람이다"라며 저와 힘껏 악수해버린 것입니다.

그 사람은 사하시 시게루佐橋滋 특허청 장관이었습니다. 통산성의 '통제파' 수장으로 시로야마 사부로城山三郎의 소설 『관료들의 여름官僚たちの夏』(1975)에 '가자코시風越'라는 이름으로 등장합니다. 왜 통산성의 외국外局(독립관공서)인 특허청의 장관이 통산성 채용 인사를 관리하고 있었는가 하면, 통산성 내의 권력 다툼으로 인해 한때 본성本省◆을 떠나 있었기 때문입니다. 그러나 실제로는 인사권을 쥐고 있었더군요.

사하시의 왼쪽에 얼굴이 둥근 사람이 말없이 온화한 미소를 띠

◆하급 관청을 지배하는 중앙의 최고 관청, 한국의 부部에 해당.

고 있었습니다. 나중에서야 그 사람이 통산성의 가와하라 히데유키川原英之 비서과장이란 걸 알게 되었습니다(관청의 비서과장은 민간 기업의 인사과장으로, 채용 책임자입니다). 저는 입을 다물고 있는 가와하라 과장으로부터 매우 강한 인상을 받았습니다. 지금도 생각만 하면 가슴이 뭉클할 정도입니다. 이 사람은 사하시 군단의 간부 중 한 명으로, 『관료들의 여름』에 '아유카와鮎川'라는 이름으로 등장합니다. 현실의 가와하라는 이때부터 3년 후인 1966년, 통산성 관방장官房長◆으로 재임하던 중 갑자기 세상을 떠났습니다.

어쨌든 이날 저는 공무원이 될 요량이 아니었음에도 통산성에 얼굴을 내미는 바람에 눈 깜짝할 사이에 붙잡히고 만 것입니다. 그런데 이야기는 여기서 끝나지 않습니다.

대장성에 끌려들어가다!

그날 귀가하자마자 대장성에서 "빨리 오라"는 호출전화가 걸려왔습니다. 그래서 황급히 대장성으로 가자 대장성 채용 책임자인 다카기 후미오高木文雄 비서과장이 나타나 "자네를 채용하겠네"라고 일방적으로 선언했습니다.

다카기 씨는 훗날 대장성 사무차관이 되었다가 국철 총재까지 지낸 분입니다. 다카기 과장은 제가 공무원 시험을 보았을 때 집단 면접시험(10명 정도의 수험생이 주어진 주제에 대해 논의함) 담당관이었

◆관방은 각 성의 부국部局 중 하나로 장관에 직속되어 기밀·인사·관인 보관·문서·회계·통계 따위의 총괄적 사무를 분담한다. 관방장은 관방의 최고직.

습니다. 아마 그때의 제 모습을 기억하고 계셨겠죠.

　그러나 대장성에서 채용한다손 치더라도 저는 이미 통산성에 입성하겠다고 약속해버린 몸이었습니다. "실은 조금 전 통산성에서 사하시 장관과 악수하고 왔습니다"라고 말했는데, 다카기 과장은 태연하게 대답했습니다.

　"그런 건 걱정하지 않아도 되네. 내가 상의를 해보겠네."

　그는 또 이렇게 말했습니다.

　"지금 대장성 주계국主計局에 가서 통산성 업무를 맡고 있는 부서에 대해 들어보게나. 거기 가면 알 수 있겠지만, 통산성은 고작 대장성의 계係가 담당하고 있네. 국局의 하급 부서인 계가 취급하고 있단 말일세. 그런 통산성보다는 대장성이 더 낫지 않겠나."

　정말로 말도 안 되는 억지(혹은 근본적으로 이유라고 할 수 없는?)로 저는 불문곡직하고 대장성으로 끌려들어갔던 것입니다.

　이때 본 시험다운 시험이라고 하면, 독일의 본에 소재한 일본 대사관에서 갓 귀국한 관방성 조사과장이 참가한 면접뿐이었습니다. 이력서에 독일어 회화가 가능하다고 썼더니 독일어 능력을 테스트하겠다는 겁니다. 올림픽을 구경하려고 도쿄에 온 독일인에게 도쿄의 인상이 어떠냐고 물어보라는 문제였습니다. "Wee denken sie für Tokyo?"라고 입에서 튀어나오는 대로 아무렇게나 대답했더니 "아닐세. Was für ein Eindruck haben Sie über Tokio?일세. 독일인은 'Tokio(도쿄)'라고 말하기 때문이지"라고 정정해주었죠.

　그런데 다카기 과장은 실제로 통산성 측과 상의를 한 것 같아서, 저는 통산성에 아무런 양해도 구하지 않은 채 대장성에 들어가게 되었습니다. 저는 그 일을 계속 걱정하고 있었죠. 몇 년 후에 사와시 씨와 이야기할 기회가 있었지만 그때의 일을 기억하지 못하는 것 같아 안심했습니다(아마 자주 있는 일인 듯했죠). 또 하나. 통산성에 입성한 한 친구가 퇴직 후에 (사실인지 어떤지는 모르지만) "자네가 통산성을 그만두었기 때문에 내가 들어갈 수 있었어"라고 고마움을 표현했는데, 사실이라면 오히려 그 친구가 저를 구해준 셈이었습니다.

이렇게 해서 저는 상하 등급이 엄격한 일본의 '종적 사회'를 '횡적'으로 이동하게 된 것입니다.

저의 기묘한 취직은 대학에서 마찰을 일으켰습니다. 연구와는 아무런 관계도 없는 대장성으로 간다는 소식을 듣고, 다나카 선생님이 불같이 화냈던 것입니다. 대학 정문 앞 커피숍으로 끌려가 연일 몇 시간이고 잔소리를 들어야만 했습니다. 선생님은 심지어 제고등학교 친구들을 몇 명씩이나 불러 "어떻게든 노구치를 대학으로 데려오라"고 호통을 쳤습니다. 봉변을 잔뜩 당한 친구들이야말로 달갑지만은 않았을 테죠. 그러다가 다나카 선생님이 저의 대장성행을 허락해주신 것은 몇 년이 지나고 나서의 일이었습니다.

개성적인 대장성 입성 훈시

1964년 4월 대장성 입성식 날, 저를 포함해 신입생 동기 스무 명은 장관실로 끌려갔습니다. 모두가 가로줄로 정렬해 있자, 취임 두 해째로 45세였던 다나카 가쿠에이田中角榮 대장대신이 등장했습니다.

다나카 대신은 성큼성큼 걸어서 우리에게 다가와 대열 끝에서부터 한 명씩 "야아, ○○ 군, 잘해보게나"라고 크게 말하며 악수를 시작했죠. 메모도 보지 않고 비서관에게 묻지도 않고, 스무 명 모두의 이름을 정확하게 아무런 막힘 없이 불렀습니다. 그리고 대장대신의 훈시가 이어졌습니다.

"제군의 상사들 가운데에는 바보가 있을지도 모른다. 제군의 뛰어난 제안이 이해되지 않을 수도 있을 것이다. 그럴 때는 내가 들어줄 참이다. 주저하지 말고 대신실로 뛰어오라."

한순간에 처음 만난 사람들의 마음을 사로잡아버리는, 그 얼마나 멋진 인심 수람술收攬術이던지요(하긴 나중에야 알게 된 사실이지만 다나카는 대신실로 뛰어오라는 얘기를 여러 곳에서 한 듯했죠).

그런 뒤 별실로 옮겨 다카기 비서과장으로부터 신입 직원의 마음가짐에 대해 훈시를 들었습니다.

"제군의 선배 중 얼마 전 술에 취해 경찰관을 황궁의 도랑에 처넣은 자가 있었다. 여기까지는 저질러도 되네. 내가 떠맡아줄 테니까. 하지만 그 이상은 하지 마라."

정말로 구체적이죠. 해서는 안 되는 행동의 기준이 분명하게 나타나 있습니다.

이때로부터 20년이 지났지만 "그 이상은 하지 마"라는 선을 넘은 사람들이 대장성에서 나오고 말았죠. 결국 다카기 과장의 훈시를 지키지 못한 사람이 있었던 것입니다. 이것에 대해서는 제5장 3절에서 말씀드리겠습니다.

다니무라 히로시谷村裕 관방장의 훈시는 "제군을 헐값에 주웠다"였습니다(이건 훈시가 아니고 시세 예상이지만). '대장성에 대한 세간의 평가는 지금이 최저다, 더 이상 나빠질 리 없다, 이제부터는 평

가가 올라가기만 할 테니까 안심하라'는 뜻이었을 테죠. 유감스럽게
도 이 예상은 적중하지 않았습니다. 아직 대장성은 최저점을 찍지
않은 상태였습니다.◆

덧붙여 초봉은 월 1만7300엔이었습니다.

대장성 사람들의 일상

대장성 청사는 현재 외벽에 타일이 붙어 있지만, 제가 입성했을 때
는 콘크리트가 노출되고 아무 장식이 없는 무뚝뚝한 건물이었습니
다. 일본은행 건물이 벨기에 국립은행을 본떠 우아한 것과는 대조
적으로, 유랑 무사 집단의 거주지 같은 분위기와 어울리는 관공서
였습니다.

하지만 나무토막을 짜 맞춰서 만든 바닥은 아름다웠습니다(물론
바닥만 그랬습니다). 한참 뒤 도쿄대학 첨단연구소로 옮겼을 때 연구
실 바닥이 대장성 바닥과 완전히 똑같은 구조여서 대장성이 그립
다는 생각에 사로잡혔더랬죠. 둘 다 같은 시기에 생긴 건물이었더
군요.

◆2001년 1월 단행된 '중앙 성청 재편'에 따라 1부府 22성이었던 일본 정부 조직은 1부 12성 체제로
축소되었는데, 이때 대장성은 재무성과 금융청으로 분리되었다. 8세기 초 일본 최초의 법령에 등장
하는 대장大藏(오쿠라)은 원래 조정의 화폐, 금은, 공물 출납·보관 등을 맡았다. 메이지 원년(1868)에
정부 재정 운영을 맡는 조직으로 재출발하면서 세금을 거둬 국가 살림을 도맡다가 내각제가 도입된
1885년 이후 세입·세출은 물론 조세, 국채, 조폐에 은행까지 다루는 거대 부처로 성장했다. 돈줄을
거머쥔 대장성은 중앙 부처 위에 군림하면서 부처 중의 부처, 관료 중의 관료로서 관료 사회, 나아가
일본 사회를 오랫동안 지배했다. 하지만 전후 경제 부흥의 견인차였던 대장성은 권력이 쏠리고 비대
화하면서 부패해 거품 경제 붕괴를 자초한 원흉으로 지목받았다.

제가 대장성에서 배속된 부서는 국채 및 재정투융자 등을 취급하는 이재국理財局의 총무과였습니다. 2년 차부터는 이재국 자금과로 옮겨 재정투융자 업무에 종사했습니다(재정투융자에 관해서는 이장의 3절에서 자세히 기술하고 있습니다).

"재정투융자에 종사했다"고 말했지만, 사실 신입에게는 서류 운반이나 자료 청서清書(필사) 같은 심부름밖에 시키지 않았습니다. 당시에 회의 자료는 모두 등사謄寫 인쇄였고 계산은 수동 계산기로 했죠. 상사나 선배로부터 뭔가 분부를 받고 항상 부처 안을 뛰어다녔습니다. 야식 주문도 받았고 심야에 라면을 끓여본 적도 있습니다. 이것은 신입에게서 대졸이라는 프라이드를 지우는 과정입니다.

다만, 그사이에도 암묵적인 교육은 이루어지고 있었습니다.

가령 시급한 결재 문서를 가지고 돌아다니다가 과장 보좌, 과장 등의 결재를 받는 일이 종종 있는데, 내용에 대해 질문을 받기에 미리 공부를 하고 나갑니다(덧붙여서 이 무렵의 국장급들은 결재 문서에 인감을 찍는 것이 아니라 수결이라는 일종의 사인을 했습니다).

대장성 청사 안을 뛰어다니는 일은 신입이 자신을 알릴 절호의 기회였습니다. 또, 이쪽도 상대방을 평가할 수 있습니다. "결재를 받기 전에 국장이 어떻게 말하는지 듣고 오라"고 말하는 기회주의자도 있었습니다. '누가 일을 잘하는가?' '누구를 믿을 수 있을까?' '누가 나쁜가?' 등등 대장성에서의 인물 평가는 이러한 일상적 커뮤니케이션을 통해서 이루어졌고, 이는 모두에게 꽤 공통된 경험 지평이었기에 자연스러웠다고 생각합니다.

국의局議(국에서의 회의)에 출석하는 것도 허락받았죠. 발언할 순 없었지만 사안이 어떻게 논의되고 결정되는지를 직접 지켜보는 것만으로도 큰 도움이 되었습니다.

밤이 되면 국장의 비서가 퇴근해버리기 때문에 신입생이 대역을 맡게 됩니다. 차례차례 진정하러 오는 정치인을 내쫓는 게 일상다반사였죠. 지금은 공무원 쪽이 자료를 가지고 국회의원의 사무실로 설명하러 갑니다. 그때는 역학관계가 완전히 반대였던 셈이죠. 여름이 되면 방 입구의 철제 벽을 떼어내고 작은 목제 가림막으로 바꿉니다. 그래도 너무 더워서 여직원이 퇴근한 뒤 대야에 물을 떠 발을 담그고 일을 했어요. 예산 편성 기간의 크리스마스는 책상에서 업무를 보며 맞이했죠.

엘리베이터 담당자가 수동으로 움직이던 엘리베이터가 자동으로 바뀌고, 복사기는 습식濕式에서 대형 제록스 복사기로 교체되었습니다. 국장실 등의 개인실에는 에어컨이 설치되었습니다. 국장이 자리를 비웠을 때 몇 명이 함께 들어가 냉기로 잠시 피서를 즐긴 적도 있었습니다.

대장성의 만능 스피치 기술과 미시마 유키오의 결재 문서

대장성의 선배로부터 몇 가지 처세술을 전수받았습니다. 예컨대 "복도를 걸어갈 때는 꼭 서류를 챙겨라. 빈손으로 걸으면 무능하고 쓸모없어 보인다" "그러나 과장이 되면 서류는 부하가 들게 하고 절대로 직접 챙기지 말라" 등등.

대장성에는 심지어 '갑자기 발언해야 할 때를 위한 만능 스피치 기술'도 있었습니다. "세상은 씨줄과 날줄로 되어 있다"고 말하면 된다는 것이었습니다. 가령 세금에 대해서라면 "세금이라는 것은 세무서에 의한 '징세라는 씨줄'과 납세자의 '협력이라는 날줄'로 이루어져 있습니다. 이 두 가지가 서로 잘 도와야 비로소 적절한 조세체계가 완성되는 것입니다"라고 말해야 한다는 처세술입니다. '실'이라는 비유를 사용하면 누구에게나 직물을 연상시킬 수 있기에 "과연, 역시나"라고 수긍한다는 이야기이지요.

언젠가 창고에서 서류를 찾다가 옛 결재 문서 중에서 '기안자: 히라오카 기미타케平岡公威'라고 쓰인 달필의 문서를 발견했습니다. 히라오카 기미타케는 소설가 미시마 유키오의 본명이죠. 도쿄대학 법학과 졸업 후 1년도 채 안 되는 기간 동안 은행국에 근무했습니다. 나가오카 미노루長岡實 등의 동기입니다.

'슬쩍 빼내서 주머니에 넣어둘까'라는 생각이 들었지만, 역시 마음에 찔려 원래 위치에 그대로 내버려두었더랬죠. 지금도 그때 그 문서를 챙겨두지 않은 게 유감스럽습니다. 입성 1년 차 신인의 기안 문서 따위란 대장성 입장에서는 어떻게 되든 상관없을 터여서 나중에 다른 서류와 함께 처분되고 말았을 것입니다. 지금 갖고 있다면 가치가 엄청날 텐데요.

IMF·세계은행 총회에서의 허드렛일

1964년에는 IMF, 세계은행WB 도쿄 총회가 개최되었습니다. 이 총회도 올림픽도 '경제 부흥을 이룬 일본의 모습을 세계에 어필한다'는 목적으로 열렸다는 것은 의심의 여지가 없습니다.

저희도 도움을 주기 위해 파견되었습니다. '도와준다'는 것은 회의를 준비하고 회의 중 심부름하는 일을 가리킵니다. 프랑스 장관 발레리 지스카르데스탱(이후 프랑스 대통령)에게 서류를 가지고 간 적도 있습니다. 회의장은 데이코쿠호텔과 갓 생긴 오쿠라호텔이었는데, 2015년 가을부터 오쿠라호텔의 본관 해체가 시작된다고 해서 부득불 '한 시대의 시작과 끝'을 느끼지 않을 수 없었습니다.

도카이도 신칸센이 개업하기 직전이었지만 이곳은 세계은행의 융자로 건설된 건물이었기 때문에 세계은행 멤버를 개통 전의 신칸센에 태우고 교토까지 안내했습니다. 돌아갈 때는 보통 열차에 탑승했는데 신칸센과 수준이 너무 차이 나서 화들짝 놀랐죠.

2년 차에 옮긴 자금과는 아주 큰 과로, 과원은 50명이 넘었던 것 같습니다. 부서의 방 끝에 있으면 저쪽 끝은 담배 연기 속에 뿌옇게 흐려져서 내다볼 수가 없을 정도였죠.

매일 밤늦게까지 일하고 청사 지하에 있던 '영안실'이라는 방에서 선잠을 잤습니다. 아침 첫 전차 소리에 눈을 뜨고(이즈음은 도라노몬虎ノ門에 도덴 전차가 달리고 있었습니다) 다시 다람쥐 쳇바퀴 돌리듯 맡은 일에 진력하는, 지긋지긋한 공무원 밥벌이 생활의 연속이었습니다.

대장성에서 경험한 '1940년 체제'의 실상

제가 대장성 이재국 총무과에 있을 때, 전임지인 벨기에에서 귀국한 다케우치 미치오竹內道雄가 같은 이재국의 지방자금과 과장이었습니다. 이 업무가 그에게는 어딘가 불만스러웠던 모양입니다. 항상 책상 위에 발을 뻗고 낮잠을 잤어요. 얼마 후 다케우치는 자금과장이 되었고, 자금과에서 재능을 유감없이 발휘하면서 두각을 나타냈습니다.

저는 그 사람처럼 머리가 좋은 인재는 이전에도 이후에도 본 적이 없습니다. 아무리 복잡한 이야기도 찰나에 이해하고 어떤 문제든 예후까지 예견해 읽고 있었습니다. 대장성의 업무는 숫자가 따르기 마련입니다만, 그는 암산 속도가 굉장히 빨라 표를 보는 것만으로 "단가가 이쪽이 얼마이고 저쪽이 얼마이기 때문에 이쪽을 선택해야만 한다"는 등 즉석에서 계산을 척척 해냈죠. 어떤 사람은 제라르 필리프(프랑스 명배우)의 환생이라고 속닥거리고 어떤 사람은 그를 벨라루스계라고 말했는데, 저는 그가 화성인이라고 생각했답니다.

다케우치는 나중에 주계국장, 사무차관이 됩니다. 그의 후임으로 사무차관이 된 나가오카 미노루와는 도쿄부립제일중학교東京府立第一中學校 선후배 사이. 다케우치는 재학 중 여성 문제로(?) 정학 처분을 받는데, 복학한 날 조례로 교정에 늘어선 학생들의 선두에 서 있는 반장 나가오카 앞을 지나가다 "야아, 잘 있었나? 꼬마야!"라고 내뱉고 줄의 맨 끝에 가 섰다고 합니다.

입성 연차순으로 공무원들의 서열이 매겨진다는 사실은 많은 분이 아시겠지만, 제가 놀란 것은 대장성에서는 그 연차 서열에 끊어진 데가 없다는 점입니다. 사무차관 이하 관방장, 국장, 차장, 과장으로 끊임없이 이어지게 됩니다. 전쟁 전 그리고 전쟁 시기부터 문자 그대로 줄줄이 연속해 있었고 종전 이후에도 흐트러지거나 끊어지지 않았습니다. 대장성에는 '종전으로 인한 단절'이란 개념이 없었던 셈입니다. 이곳에는 '전후에도 있는 그대로 계속된 전시체제', 즉 '1940년 체제'가 실체로 존재하고 있었던 것입니다.

물리적인 측면에서도 그렇습니다. 무뚝뚝한 청사 건물은 전쟁 중에 지어졌는데, 도중에 물자가 부족했던 탓일 것입니다. 지하 회의실은 본토 결전을 상정해 만들어졌습니다. 도쿄만에 상륙한 미군을 이곳에서 맞아들여 육박전을 치를 요량이었던 것이죠. 옥상에는 소이탄을 저지하기 위한 두꺼운 방벽이 설치되어 있습니다(이 무게로 건물이 뒤틀려 이후에 철거된 것이죠).

1956년의 『경제백서』는 "이제는 더 이상 전후가 아니다"라고 선언했는데, 전후 부흥기가 끝났다는 의미였습니다. 하지만 대장성 내에서는 전쟁 중이든 전후이든 그 후의 세월이든 모두 긴 시간의 강속에서 흘러가는 물 한 방울에 불과할 뿐, 그 무엇도 크게 구별할수 없는 시간이 흘러갔던 것입니다.

『21세기 일본』과 공무원 사회의 잠재 규칙

경제 이론 연수 시기였던 대장성 3년 차 때엔 1년에 걸쳐 실무와는 떨어진 채 경제학 연수를 받았습니다. 모쪼록 시간이 생겨 고교 시절 친구와 함께 정부의 현상 논문 「21세기 일본21世紀の日本」을 작성하여 응모했더니 최우수 총리대신상을 받을 수 있었습니다. 이 논문은 1968년 도요게이자이신문사에서 같은 제목으로 출판되었죠.

내용은 '10배 경제사회'를 캐치프레이즈로 삼은 극도의 낙관주의였습니다. 그 무렵 일본에서는 누구나 '일본의 미래는 지금보다 반드시 좋아진다'고 믿고 있었습니다. '황금시대'라는 낱말이 있는데, 유럽에서는 과거의 영광을 뜻하는 관용어로 쓰이고 있습니다. 그것을 알고 기묘한 느낌을 받았지요. 1960년대의 일본인이라면 누구든 당연하다는 듯이 '황금시대는 일본의 미래'라고 생각하고 있었기 때문입니다.

지금은 '황금시대란 과거의 일'이라고 이해하고 있습니다. 미래에

『21세기 일본』 표창식. 오른쪽이 사토 에이사쿠 총리대신.

대한 감각이 당시와는 완전히 딴판이 되어버린 것이죠.

그런데 총리대신상 수상을 모든 사람이 축복해준 건 결코 아니었습니다.

친척 중 훗날 어느 성의 사무차관이 된 사람이 있는데, 그로부터 "이런 일로 이름이 나는 것은 공무원으로서 결코 좋은 일이 아니다. 상을 물려라"라고 핀잔을 들었습니다(그는 공교롭게도 때마침 총리부에 나가 있어 전형 경과를 알고 있었습니다). 물론 저는 사뭇 무시했지만, 역시 공무원 사회의 잠재 규칙이란 바로 그런 것임을 깊이 깨달을 수 있었지요.

3

고도성장의
메커니즘

고도성장에 대한 일반적인 견해

고도성장은 어떻게 가능했을까요? 보통의 견해는 다음과 같습니다.

먼저 전후 부흥기가 있었고 한국전쟁 특수로 부흥이 완료되었다. 그 후 본격적인 성장 시대를 맞이해, 소니와 혼다로 대표되는 전후 태생의 기업이 발흥하고 부지런하게 일하는 일본인의 노력이 축적되어 고도 경제성장을 실현했다. 「프로젝트 X—도전자들」이라는 NHK 방송 프로그램이 있었는데, 거기서 그려진 듯한 역사관입니다.

이러한 측면이 있었다는 걸 부정할 순 없습니다. 단, 냉정하게 보면 일본만이 특별한 존재였을 리 없습니다.

경제적 후진국이 선진국을 따라잡고 농업사회가 공업화·도시화되는 과정에서는 필연적으로 경제성장률이 높아집니다. 공업화에 필요한 기술은 이미 개발되어 있고, 사용법에 대해서는 선진국이라는 모델이 있으므로 흉내 내기만 하면 됩니다. 장래를 쉽게 예상할 수도 있기 때문에 산업구조 전환의 속도가 필연적으로 빨라지는 것입니다. 실제로 1950년대 후반부터 일본 경제의 급성장과 똑같은 고도성장이 1980년대 아시아 신흥국(신흥공업경제NIEs, 한국·타이완·홍콩·싱가포르)과 1990년대 후반 이후의 중국에서도 나타났습니다.

단, 일본의 경우 다음 몇 가지 고유한 요인이 공업화를 가속화했다고 볼 수 있습니다.

고도성장기는 국가 주도형 중화학공업 시대

일본의 고도 경제성장을 촉진한 외적 요인과 내적 요인이 있습니다.

외적 요인이란, 이 무렵의 시대 환경이 일본 경제에 유리했다는 것입니다.

첫째, 기술 방면의 환경이 '1940년 체제'에 적합했습니다. 당시에 첨단 분야는 철강, 전기, 조선, 석유화학 등 중화학공업이 중심이었습니다. 수직통합형 대기업이 높은 생산 효율을 발휘하는 부문입니다. 때문에 시장을 통한 협동이 아닌, 대조직 내부에서의 분담과 제휴를 통한 경제활동이 핵심이 되었습니다. 이는 개인 이익 추구보다 집단에 대한 봉사를 중시하는 '1940년 체제'가 가장 잘 작동하는 분야입니다.

이 시대에 유리한 경제체제를 가진 나라는 일본처럼 시장의 지위보다 조직(국가라는 대조직)이 우위인 서독과 소련이었습니다.

공산 국가인 소련에서는 공업화가 급속히 진행되고 있었죠. 공업화의 진전도를 나타내는 철강 생산량에서 1960년대 말 소련은 미국을 따라잡았습니다(도표 2-3 참조).

1970년 노벨경제학상을 받았고 미국을 대표하는 경제학자였던 폴 새뮤얼슨도 1960년대에 쓴 저서에서 소련 경제의 성장을 인정했으며, 새 판을 낼 때마다 소련 경제체제를 긍정적으로 표현하는 내용을 늘렸습니다. 시장경제를 신봉하는 새뮤얼슨조차 인정할 수밖에 없을 정도로 소련 경제는 순조로웠습니다. 당시가 소련형 경제체제에 유리한 중공업 시대였기 때문입니다.

기초과학 분야에서도 소련은 세계를 선도하는 실력을 갖추고 있었습니다. 저도 공학부 학생 때 양자역학이나 통계역학 분야에서 소련의 물리학자가 쓴 저서의 해적판을 탐독했죠.

마오쩌둥, 일본 고도성장의 은인

둘째, 당시의 국제적인 환경 또한 일본에 유리했습니다.

이 무렵 세계경제 속에서 일본은 중진국 위치에 있었습니다. 서양 선진국보다 낮은 임금을 무기로 공산품을 대량생산함으로써 선진국 시장을 석권했던 것입니다.

1960년대 말 미국으로 유학을 갔을 때, 저는 미국의 학생들에게 "일본 차도 성능이 점점 향상되고 있으므로 머지않아 미국의 프리웨이(고속도로)를 달릴 수 있게 된다"고 말해 크게 비웃음을 산 적이 있었습니다. 당시 일본의 소형차는 도저히 미국의 프리웨이를 달릴 수가 없는 제품이었기 때문이죠.

일본보다 임금이 더 낮은 중국이 이 시대에 공업화되어 있었다면 일본의 성장은 불가능했을 것입니다. 그런데 중국은 1970년대 중반까지 쇄국 상태에 있었습니다. '대약진운동'이라는 터무니없이 어리석은 정책으로 중국에 '쇄국 국가의 멍에'를 씌워버린 마오쩌둥이야말로 일본 고도성장의 은인입니다.

덧붙여 일본의 고도성장은 "수출이 견인한 외수外需 의존형 성장이었다"는 견해가 있지만 그것은 사실이 아닙니다.

일본 국내총생산에서 수출액이 차지하는 비율은 고도성장기 내내 15퍼센트 이하에 지나지 않았습니다. 아시아 신흥국의 수출 의존도(GDP 대비 수출 비율)가 한국 42.9퍼센트, 타이 58.1퍼센트, 말레이시아 73.1퍼센트, 홍콩 167.5퍼센트, 싱가포르 138.7퍼센트 등으로 매우 높은 수치를 보이고 있는 현재 상황과는 전혀 다른 경제 구조였던 것입니다. 외수 주도에 의한 성장은 일본에서는 2000년대 이후에나 볼 수 있었던 현상입니다.

1950년대부터 일본에서는 개인 소비와 공공투자가 증가하여 국내시장이 급속히 확대되고, 그에 대응하기 위해 설비투자가 증가했으며, 설비투자가 다른 설비투자를 낳는 순환으로 경제가 급성장했습니다. 수출이 늘어난 것은 국내시장의 확대에 따라 규모의 경제가 발생하여 경쟁력이 높아진 결과였습니다.

고도성장의 제도적 기반 1: 저금리와 자금 할당

고도성장을 떠받친 내적 요인이란, 이 책에서 반복해서 말하고 있는 '1940년 체제'입니다. 제1장에서 살펴봤듯이 이 체제는 전후 부흥과정에서 중요한 역할을 했는데, 고도성장 과정에서도 마찬가지로 긴요한 역할을 수행했습니다. 만일 '1940년 체제'가 없었다면 일본의 고도성장은 실현되지 않았을지도 모릅니다. 다만 그 내용이 전후 부흥기부터는 변화했습니다. 이에 대해 살펴보도록 하죠.

무역수지 흑자가 정착된 1964년 3월 말, 일본은 "국제수지 악화를 이유로 환율을 제한해서는 안 된다"는 규정을 받아들여 IMF 제8조국이 되었습니다. 이에 따라 제1장 3절에서 살펴본 외환·무역 관리제도가 개정되고 외화할당제도는 폐지되었습니다. 통산성의 절대 권한의 기반이었던 외화 할당 인가권이 그렇게 사라졌습니다.

그러나 이런 큰 변화에도 일본 경제는 타격을 입지 않았습니다. 그리고 외화할당제도가 철폐된 후에도 인위적 저금리를 기초로 자금 할당이 계속되었습니다. 바로 '재정투융자財政投融資'와 '은행 대출을 통한 자금통제'가 그 방식이었습니다.

첫째로 국외와의 자본거래는 외자법에 의해 여전히 제한되었고, 국내 금융시장은 해외 금융시장과 분리되어 있었습니다. 그리고 민간 기업은 여태까지와 같이 자본시장으로부터의 자금 조달이 기본적으로 금지되어 있었습니다. 기업들은 투자 자금을 확보하려면 은행 차입에 의존할 수밖에 없었던 것이죠.

게다가 금리 규제로 인위적 저금리가 유지되었습니다(일본에서 금리가 자유화된 것은 1980년대입니다). 직접금융 금지와 인위적 저금리로 인해 은행 자금에 대한 초과수요가 발생합니다. 제1장 3절에서 살펴보았듯이, 이렇게 해서 은행이 기업에 자금을 할당할 권한을 장악할 수 있게 된 것입니다.

산업계에 자금을 공급하는 역할을 담당한 주체는 일본흥업은행 등의 장기신용은행(장신은長信銀)과 미쓰비시三菱은행, 미쓰이三井은행 등의 시중은행이었습니다.

시중은행은 사람들의 예금을 원자原資(투자나 대출·융자의 기초가 되는 자금)로 삼아 기업에 융자합니다. 지방은행이나 신용금고 등도 개인예금을 받아들이지만, 이러한 금융기관은 대기업에 융자하지 않기 때문에 도시은행에 융자하거나 장기신용은행이 발행하는 금융채를 구매하는 식으로 자금을 운용하고 있었습니다. 장기신용은행은 '1940년 체제' 안에서 예외적으로 채권을 발행해 직접 자금을 조달하도록 허가받은 기관입니다. 그 특권을 활용해 모은 자금을 산업에 융자하는 것입니다.

이러한 금융 질서에서는 민간은행의 정점에 장기신용은행이 자리하고, 뒤이어 도시은행(대도시에 영업 기반을 두고 전국에 많은 지점망을 갖는 전국적 규모의 보통은행)이 있고, 그 아래에 지역의 중소 금융기관이 있습니다. 이 서열은 후술할 '호송선단방식'으로 고정되고, 대장성은 장기신용은행과 도시은행을 대상으로 행정지도를 함으로써 민간 기업에 대한 대출·융자를 간접적으로 통제했던 것입니다.

제1장 3절에서 서술한 전후 부흥기와의 차이는 민간자본이 축적되었다는 것입니다. 이 때문에 시중은행이 중앙은행인 일본은행으로부터의 융자에 의존하는 비율이 낮아져서 일본은행의 창구 규제 효력이 사라져갔습니다.

고도성장의 제도적 기반 2: 재정투융자

은행예금과 함께 사람들의 저축을 받아들이는 곳은 우체국이었습니다. 메이지시대에 우편 사업이 개시되면서부터 곧바로 시작되었으니, 우편저금의 역사도 오래되었죠.

고도성장기에 대장성의 자금운용부는 우편저금으로 모은 자금 외에도 공적 연금의 보험료 적립금을 이용하여 정책적인 투융자를 하고 있었습니다. 이것이 재정투융자(재투財投) 계획입니다.

이른바 '재투'는 도로나 공공 주택 등 사회자본 정비(도로공단, 주택 공단), 기간산업에 대한 저금리 융자(일본개발은행, 일본수출입은행), 영세기업을 비롯한 저생산성 부문 보조(중소기업금융공고中小企業金融公庫, 국민금융공고國民金融公庫) 등 다양한 영역에서 운용되었습니다.

재투를 통한 융자는 일반 은행 대출보다 금리가 낮았기 때문에, 당연히 크게 유리한 점이 있었죠.

그러나 정부의 일반회계예산에서는 정책금융기관에 대한 이자 보조금 등을 제외하고는 재투의 저금리 융자를 위한 지출이 없었습니다. 그럼 어떻게 보조금 없이 시중보다 낮은 금리로 융자해줄 수 있었을까요? 구조는 다음과 같습니다.

이 시기에 일본 정부는 기존 금융기관의 파산을 막고 새로운 금융기구의 진출도 허용하지 않는 방식, 즉 '호송선단방식護送船團方式'으로 금융기관을 관리하고 있었습니다. 은행 이익의 원천은 예금과 대출의 이율 차이입니다. 대출 쪽의 금리가 더 높게 설정되어 있어서 발생하는 이율 차이가 바로 은행의 돈벌이인 것입니다.

정부는 호송선단방식에 따라 두 금리(예금 금리와 대출 금리)를 모두 결정했으며, 체질이 약한 지역 금융기관도 경영에 무리가 없을 수준으로 금리의 차이를 정했습니다. 은행 규모에 관계없이 금리가 일정하기 때문에, 규모가 크고 경영 체질이 좋은 은행은 초과 이윤을 얻을 수 있었습니다. 다시 말해 필요 이상의 돈벌이를 할 수 있게 된 것입니다.

한편 우편저금 및 재투는 정부가 관리했기 때문에 초과 이윤을 얻기 위해 은행처럼 안달복달할 필요가 없었습니다. 따라서 금리 인하로 인한 손실을 초과 이윤으로 메울 수 있었던 것입니다. 이것이 재투의 정책적인 저금리 융자가 보조금 없이 가능하게 된 메커니즘입니다. 통제적인 금융체제하에서만 가능한 극히 교묘한 시스템입니다.

정부의 재정투융자 계획의 대부분 항목은 국회의 의결 대상이 아니었습니다. 즉, 대장성에서 독단적으로 결정을 내릴 수 있었죠. 이것이 바로 정치인들이 대장성 이재국에 발이 닳도록 진정하러 온 까닭입니다. 지역구나 후원자가 관련된 사업이 '재투'의 유리한 저금리 융자를 받을 수 있도록 바로 이 재투를 소관하고 있는 이재국을 뻔질나게 찾아온 것이지요.

대장성의 독주와 관청의 우승열패 역사

전후부터 고도성장기에 이르는 기간의 자금 할당을 살펴보면 관청의 우승열패 역사를 엿볼 수 있습니다.

우선 '일본은행 대 대장성'이라는 관점에서 본다면, 고도성장이 시작되고 나서 민간은행에 대한 일본은행의 창구 규제는 효력이 점점 더 약해진 데 반해, 은행에 대한 대장성의 행정지도, 즉 간접적인 통제는 존재했기 때문에 대장성의 승리라고 할 수 있습니다. 시로야마 사부로의 『소설 일본은행小說日本銀行』식으로 말한다면, 대장성의 이케다 하야토가 일본은행의 이치마다 히사토를 이긴 것입니다.

'통산성 대 대장성'의 시점으로 봐도, 통산성의 외화 할당 권한이 없어진 데 반해 대장성의 재정투융자 결정권, 즉 금융을 통한 통제권은 여전히 실현되었기에 역시 대장성의 승리입니다.

권한 다툼의 결과라기보다는 경제 정세가 바뀜에 따라 발생한 필연적인 변화였습니다.

정치 면에서 대장성의 권한 확대는 대장성과 인적 관계가 긴밀한 자민당, 그중에서도 대장성 출신의 이케다 하야토가 만든 정치 파벌인 '굉지회宏池會'의 힘을 강화했습니다. 굉지회는 이케다 하야토 이후 오히라 마사요시大平正芳, 스즈키 젠코鈴木善幸, 미야자와 기이치 등 네 명의 총리를 배출하고 이른바 '보수 본류'로 불리게 되었죠.

저생산성 부문에 '제2의 예산' 지원

재정투융자는 "제2의 예산"이라고도 불리며 일반회계예산을 보완하는 역할을 했습니다.

가령 방치하면 빈곤해질 농가에 소득을 이전해주는 방식은 예산 측면에서 식관食率제도로 쌀값을 유지해주는 것이 중심이었지만, 농림어업금융공고의 저금리 융자도 병행되고 있었죠. 거기에 재정투융자의 자금이 사용된 것입니다.

재투는 국민금융공고 등을 통해 영세 기업에게 자금을 대출해줘 경영을 뒷받침했습니다. 민간은행의 개인 주택 융자가 충분하지 않은 가운데 재투 자금에 기반한 주택금융공고의 주택 담보 대출은 자기 집을 꿈꾸는 서민의 구원투수가 되어주었습니다.

1960년대에는 물가가 계속 상승했고 대도시 주택지의 땅값이 눈에 띄게 올랐습니다.

은행 대출을 받아 땅을 사고 집을 지은 사람에게는 유리한 경제 환경이었죠. 토지로 돈을 번 건 대기업만이 아니었습니다. 주택 매입으로 크게 이득을 본 서민도 많았을 것입니다.

'재투'를 발명한 자는 누구일까?

재정투융자라는 매우 교묘한 구조를 고안해낸 사람은 도대체 누구였을까요? 한참을 조사했지만 결국엔 알아낼 수 없었습니다. 우편 저금 자체는 우편 사업을 개시한 메이지시대부터 있었지만, 그 자금은 전쟁 이전에는 주로 대장성 예금부가 발행한 국채로 운용되고 있었습니다. 재투 자금이 '재투 기관'이라 불리는 공적 기관을 통해 재정투융자를 하게 된 것은 전후의 일입니다.

재정투융자라는 시스템은 일반적으로 별로 친숙하지 않은 개념이지만, 고도성장기의 일본에서는 실로 중요한 역할을 완수했습니다. 우선 도지 라인 이후 고도성장기의 일본은 국채 발행에 의존하지 않는 균형재정을 유지했지만, 이는 재정투융자와 조합되어야만 실현될 수 있었습니다.

만약 재투가 없었다면 사회자본 정비를 위한 일반회계예산의 공공사업비가 늘어나 균형재정을 유지하기 어려웠을 것입니다. 예컨대, 도로를 정비할 경우 국도國道나 지방도로 건설에 대한 보조금은 일반회계예산에서 충당하죠. 그러나 그 자금만으로는 도로를 정비할 수 없습니다. 그래서 재정투융자를 통해 유료도로를 건설합니다. 재투와의 이런 절묘한 조합으로 국채 발행에 의존하지 않는 '작은 정부'가 실현될 수 있었던 것입니다.

많은 재투 기관이 재투 계획을 실행했으며, 이런 기관들은 대장성 직원 등을 시작으로 퇴직 공무원들이 '아마쿠다리天下り(낙하산 인사)'를 하는 목적지가 되었습니다. 물론 낙하산 인사는 크게 비판받습니다. 확실히 문제가 많은 건 사실입니다. 그러나 퇴임하는 관료들을 받아들이는 곳으로 기능하여 인사 순환을 가능하게 하고, 노인이 관청을 지배하지 못하게 하고 조직을 잘 통풍시키는 긍정적인 측면도 있었다는 것은 인정해도 좋다고 생각합니다.

대장성에서 예산을 다루는 주계국은 청사 1층에 있었고, 재투를 다루는 이재국은 3층에 있었죠. 때문에, 일반회계예산으로 편입시킬 수 없는 요구를 재투로 보충하는 것을 "3층으로 돌린다3階に回す"라고 표현했습니다. 그 경계가 반드시 명확한 것은 아니었기 때문에, 이재국은 일반회계로 감당할 수 없는 엉성한 사업을 주계국으로부터 강요당하는 경우를 무척이나 경계했죠.

대장성의 특이한 체질을 묘사할 때 흔히 "국局은 있고 성省이 없다"고 말하죠. 확실히 제가 보기에도 대장성 내에서 부部의 각 국끼리는 협력과 거리가 멀고, 서로 대립하며 불신을 품고 있는 경우가 많았습니다.

훗날 제가 주계국으로 옮겨갔을 때 "중요한 정보를 바깥에 말하지 말라"는 주의를 받고 깜짝 놀란 적이 있었습니다. 그때 문제가 되었던 '바깥'이란 '대장성 밖'이 아니라 '주계국 밖'이라는 뜻이었던 것이죠.

제2의 구로후네 사건과 특진법의 좌절

일본 경제의 성장과 함께 '1940년 체제'를 형성하고 있던 각종 규제도 서서히 폐지되었습니다.

1963년 일본은 GATT(관세 및 무역에 관한 일반협정) 11조국이 되었습니다. GATT 11조국은 국제수지상의 이유로 수입을 제한할 수 없는 나라입니다. 즉, 수입 자유화가 이루어진 것이죠. 이해에 일본의 수입 자유화 비율은 90퍼센트를 초과했습니다. 일본이 상품의 무역 자유화를 달성한 시점입니다.

다음 과제는 돈의 자유화, 즉 자본의 자유화였습니다.

그때까지는 1950년에 제정된 '외자에 관한 법률(외자법)'에 따라, 외국 자본이 일본 내에서 직접투자를 할 때 출자 비율을 50퍼센트 이하로 제한하고 "일본 국민의 소득 향상 및 고용 증진, 국제수지 개선에 이바지하는 투자에 한정해 인정"한다는 '원칙적 금지'를 실시하고 있었습니다.

그러나 OECD(경제협력개발기구)가 일본의 가입 조건으로 자본 외 거래와 자본 이동의 자유화를 의무화한 '자본 거래의 자유화에 관한 규약'에 가입해 자본 거래를 자유화할 것을 정부에 요구했습니다. 외자법을 철폐해 외국 자본의 일본 내 자회사 설립이나 주식 취득 등을 규제하지 않도록 하는 내용입니다.

OECD의 요구에 일본 경제계와 정부 내 일부 관료는 강한 위기 감을 느꼈습니다. "자본력이든 기술력이든 외국 기업은 압도적으로 강하다. 직접투자를 자유화하면 외국 기업이 일본에 진출하고, 일본 기업은 순식간에 지배당하고 만다. 일본의 자동차회사는 '빅3(미국)'에 매수되고 말 것이다. 자본 자유화 요구는 '제2의 구로후네黑船 사건'이다"라는 판단이었죠.◆

이러한 위기감을 배경으로, 기업을 합병·제휴시켜 생산에 집중하고 외자에 대항하는 것을 목적으로 하는 법안이 통산성으로부터 제출되었습니다. 바로 '특정산업진흥임시조치법特定産業振興臨時措置法'(줄임말로 특진법)입니다. "철강, 자동차, 석유화학을 대상으로 기업 간 합병이나 재편·투자를 조정해주고, 그 대가로 금융과 세제 방면에서 우대 조치를 보장해주겠다"는 내용이었습니다.

이 법안의 작성은 사하시 시게루와 가와하라 히데유키 등을 중심으로 하는 관료들이 추진했습니다. 다만 통산성 내에는 특진법에 의한 재편에 적극적인 '통제파(국내파)'와 재편에 반대하는 '자유파(국제파)'가 있었습니다. 이들의 대립이 시로야마 사부로가 쓴 소설

◆ 미국은 일본을 개항시켜 중국 무역과 북태평양 포경업을 위한 중간 보급 기지로 삼고자, 1854년 페리 제독이 이끄는 함대를 도쿄 앞바다에 보내 강제로 일본의 문호를 개방하고 미일 화친 조약을 맺었다. 당시 일본에서 서양식 배를 구로후네(검은 배)라고 불렀다.

『관료들의 여름』의 테마가 되었습니다.

특진법은 1963년 봄부터 1964년까지 세 번에 걸쳐서 국회에 제출되었지만, 이시자카 다이조가 이끄는 경단련은 '관료 통제'라고 여기면서 반발했죠. 금융계와 대장성도 강력히 반대해 최종적으로는 심사가 끝나지 않은 채 폐안廢案되고 말았습니다.

특진법이 폐안된 1964년은 제가 대장성으로 입성한 해입니다(이 장의 2절에서 당시 사와시 시게루가 특허청에 있었다고 했는데, 그것은 특진법이 폐안되었다는 사정 때문이었습니다).

1964년에 일본은 IMF 8조국이 되었고 동년 4월에는 OECD에도 가입했습니다. 그 후 일본은 점차 자본 자유화로 향했지만 그로 인해 일본의 산업계가 외자에 지배당하는 사태는 벌어지지 않았습니다.

통산성이 제출한 기업 재편 안건은 자동차 업계에 대해서는 도요타와 닛산을 축으로 하는 것으로, 만약 이 법안이 통과됐더라면 당시 신흥 세력이었던 혼다와 마쓰다는 존재할 수 없었을지도 모릅니다.

통산성은 외자에 지배당하는 것을 두려워했지만, 실제로는 이 무렵 일본의 민간 기업은 이미 국제 경쟁을 충분히 견딜 정도로 강해져 있었습니다. 오히려 정부에 의한 규제와 간섭이 민간산업 발달에 마이너스로 작용하는 단계였습니다. 특진법은 시대착오가 되어 있었던 셈이지요.

그리하여 민간 기업들은 정부 개입을 거부했습니다. 기업의 활력이라는 측면에서 말하자면 당시 민간 기업은 지금보다 더 강했다고 할 수 있습니다(앞으로 제6장 6절에서 살펴볼 테지만, 리먼 사태 이후 일본의 제조업은 정부 보조금을 노골적으로 요구하는 쪽으로 변화했습니다. 더욱이 에필로그에서 서술할 것처럼 정부의 개입도 반대하지 않게 됐습니다).

이상의 사실들로부터 이 책이 주장하는 '1940년 체제론'은 "통산성의 지휘하에 관민이 일치해 경제성장을 추구하고 실현했다"는 '일본 주식회사론'과 사뭇 다른 관점임을 알 수 있습니다.

이미 지적한 대로 민간산업에 대한 통산성의 권한이 강력했던 시기는 외화 할당을 실시하던 1950년대, 즉 고도성장기 이전입니다. 고도성장기에 통산성이 민간 기업의 활동에 강한 영향력을 끼치고 있었던 건 아니란 말이죠.

금융 통제는 비록 중요했지만, 대장성의 행정지도는 기본적으로 일본은행의 창구 규제처럼 개별 융자 안건에 개입하지는 않고 있었습니다. 당시에는 정부가 직접 민간 기업 활동에 지시를 내리지 않았던 셈이죠.

저는 나중에 대학으로 옮기고 나서 영미를 비롯한 해외 연구자와 공동으로 일본 경제를 연구할 기회가 많았는데, 적잖은 외국인 연구자는 위에서 말한 점을 오해하고 있었습니다.

야마이치증권을 구제한 일본은행과 '특별융자의 배신'

일본 경제의 고도성장과 함께 주식시장도 규모가 확대되어, 1950년대 후반부터 활황을 띠었습니다. 그중 노무라野村증권, 야마이치山一증권, 야마토大和증권, 닛코日興증권 등 4대 대형 증권회사가 시장

점유율을 부단히 높여왔습니다.

그러나 1961년 '이와토 경기'가 끝나자 주가는 내림세로 돌아섰고, 1963년 11월 케네디 대통령 암살을 계기로 대폭락했습니다.

이에 따라 각 증권사의 경영은 악화되었죠. 그중에서도 야마이치증권은 1963~1964년에 거액의 손실을 입고 경영 위기에 빠졌습니다. 그 배경에는 당시 증권사의 불투명한 판매 수법이 있었습니다. 증권사는 성장이 전망되는 기업을 선정하고, 특별한 우량 투자자에게 '성장주'로 추천해 판매합니다. 추천에 따라 매수세가 강해지고 주가는 오릅니다. 권장 기업의 주가가 어느 정도 오르면 증권사는 투자자로 하여금 그 주식을 매각하게 하여 수익을 확보하죠. 이때 그 증권사의 계열사에서 운영하는 투자신탁投資信託(투신)이 매각된 주식을 인수해 가격 폭락을 막습니다.

이런 구조는 투신을 이용해 일부의 거액 투자가에게 이익을 주는 것이기 때문에, 보통의 투자신탁 구매자를 속이는 배신행위입니다. 그러나 주가가 계속 상승하는 한 투신이 인수한 주식도 이익이 증가하기 때문에 투신에게 '이용당했다'는 측면이 꼭 들키거나 까발려지지는 않았습니다.

실제로 1960년에 도쿄증권거래소의 다우지수 평균주가가 1000엔을 넘었을 무렵부터 투신은 급성장하기 시작했습니다. "잘 가세요, 은행. 어서 오세요, 증권"이라는 선전 문구에 이끌려 많은 사람이 은행예금을 해약하고 투신을 구매한 것입니다. 그 결과 투신은 "연못 속에서 고래가 헤엄치고 있다"고 말할 정도의 규모로 부풀어올랐습니다.

투신을 구입한 사람들 중 상당수가 투자신탁은 이윤이 높고 은행예금처럼 '안전자산'일 거라고 생각하고 있었습니다. 하지만 일단 주가가 폭락하면 투신도 심하게 가격이 떨어져 원금 손실이 속출합니다.

안전자산인 줄 알았던 투자자들은 깜짝 놀라 해약을 시작합니다. 투신은 투자자에게 돈을 돌려주기 위해 보유하고 있던 주식을 팔고 그에 따라 주가는 한층 더 떨어지죠. 이렇게 되면 시장은 악순환에 빠지게 됩니다. 그리하여 야마이치증권의 위기가 심각해진 것입니다.

대장성은 1964년에 야마이치증권에 대한 검사에 착수하여 경영 상황을 파악하고 있었습니다. 그러나 이 문제에 관해서 대형 신문사에 보도 자제를 요청하고 있었죠. 그런데 1965년 5월, 보도 협정에 참가하지 않았던 지방지가 야마이치증권의 경영 위기를 특종 보도하고 말았습니다. 보도가 나간 다음날부터 야마이치증권 지점마다 투자 자금을 회수하려는 투자자들이 쇄도해 혼잡스러운 북새통을 이뤘습니다.

야마이치증권의 자금 융통이 위기에 빠진 5월 28일 밤, 흥업은행, 후지은행, 미쓰비시은행의 은행장과 일본은행 부총재, 대장성 간부가 일본은행 빙천료氷川寮에서 비밀회의를 열고 대책을 논의했습니다. 빙천료는 일본은행의 밀담용 시설입니다.

"지금 야마이치증권이 쓰러지면 주가는 폭락하고 본격적인 금융위기가 도래한다. 이 상황을 막으려면 일본은행 특별융자로 민심을 진정시킬 수밖에 없다"는 점에 출석자들의 의견이 대략 일치하고 있었습니다. 일본은행 특별융자란, 구舊일본은행법 제25조 "일본은행은 주무대신(대장대신)의 인가를 받아 신용제도의 유지 육성을 위해 필요한 업무를 해야 한다"를 근거로 금융 시스템의 신용을 유지하기 위해 자금 부족에 빠진 금융기관에 대해 일본은행이 대출로 자금을 지원해주는 것입니다.

그러나 그때까지 이 조항에 근거하여 융자가 이루어진 예는 없었습니다. 어떤 조건으로 또 어떤 규모로 실시해야 하는가, 융자 회수가 불가능해지면 어떻게 할 것인가 등을 둘러싸고 논란은 끊이지 않고 있었죠.

그때 공교롭게도 늦게 도착한 다나카 가쿠에이 대장대신이 '무담보·무제한 융자의 실시'를 결단했죠. 야마이치증권뿐만 아니라 넓게는 증권업계 전체를 대상으로 하는 무제한적인 '특별융자' 실시가 순식간에 결정되었던 것입니다.

5월 28일 심야에 다나카 가쿠에이 대장대신과 우사미 마코토宇佐美洵 일본은행 총재는 기자회견을 열고 "증권업계가 필요로 하는 자금은 일본은행이 무제한·무담보로 융자한다"는 취지의 내용을 발표했습니다. 이에 따라 대규모 예금 인출 사태가 수습되었습니다. 야마이치증권은 도산 위기에서 가까스로 구제되었고 그 후 증권 시황도 회복되어 4년 후인 1969년에 특별융자를 모두 상환했죠. 이 사건은 다나카 가쿠에이의 결단 속도와 강한 리더십을 드러내주는 에피소드로 널리 알려져 있습니다.

저는 이 조치 자체에는 이견이 달리 없습니다. 다만 일본은행의 특별융자 실시가 일본 경제사에서 일반적으로 거론될 정도로 중요한 것인지는 의문이라고 생각하고 있습니다.

특융特融으로 구제받은 결과, 경영 부실 증권사를 시장이 선별해내지도 못했고 고객에게 불이익을 줄지도 모르는 증권업계의 독특한 판매 관행도 없어지지 않았습니다. 구제받은 야마이치증권은 그후 1997년에 경영 파탄 탓에 스스로 폐업했습니다. 일본은행의 특융은 눈앞에 펼쳐진 당장의 위기에서 증권사를 구해냈지만, 대신 체질을 전환할 기회를 빼앗아버린 것이다! 저는 여전히 이렇게, 원래의 선의와는 무관하게 일본은행 특별융자가 배신을 저지른 거라고 판단하고 있습니다.

4

미국에서 본
일본의
진면목

백인이 육체노동을 하고 있다!

1965년 11월부터 1970년 7월까지 57개월 동안 지속된 일본의 경기 호황 현상을 '이자나기伊邪那伎 경기'라고 부릅니다. 이자나기는 일본 신화에서 일본 열도를 창조한 남신인데, 그만큼 오랫동안 이어진 장기 호황이라는 의미입니다. 이때 예전의 '세 가지의 신기'를 대신해 '3C'라는 용어가 등장했습니다. 바로 컬러 TV, 카(자동차), 쿨러(에어컨)를 가리킵니다. 일반 가정의 생활수준 향상을 상징하는 것들이었죠. 저희 집도 중고자동차를 구매했습니다. 그런데 이 무렵의 일본 승용차는 배터리가 자주 나가버렸습니다. 대설이 내려 주차장에 갇히면 확실하게 고장이 나버렸죠. 그러면 크랭크crank라고 불리는 레버를 엔진에 집어넣고 수동으로 출발시켜야만 했습니다.

1967년 저는 대장성에서 건설성으로 파견을 가게 되었죠. 건설성 청사는 준공 직후의 새 건물로 대장성에는 없었던 냉방장치가 설치되어 있었습니다. 관청 건물 전체가 냉방이 된 첫 사례였을 것입니다.

넓은 주차장이 마련되어 있어서 출퇴근할 때 차를 이용했죠. 지금은 일반 직원이 승용차로 출퇴근하는 것을 허락하지 않고 있겠지만요. 그 무렵부터 거리에 승용차가 많아져서 도쿄도에서 운영하는 노면 전차인 도덴이 생각대로 움직일 수 없는 사태가 빈발했습니다. 그래서 이 무렵부터 도덴 철거가 시작되었습니다.

1968년 9월, 저는 포드 재단의 장학금을 받고 미국으로 유학을 가게 되었습니다. 당시 해외로 나가는 것은 이례적인 일로, 영화 「남자는 괴로워」에서도 복권에 당첨되어 하와이 여행을 가는 도라寅를 위해서 온 마을 사람이 환송회를 열어줄 정도였습니다(제가 유학 가기 4년 전인 1964년 '미로의 비너스' 조각상이 프랑스에서 옮겨져 일본에 전시되었습니다. 도쿄에서는 우에노의 서양 박물관에 전시되었는데 우에노의 산을 두 바퀴씩이나 돌 만큼 긴 행렬이 생길 정도였습니다. 프랑스까지 보러 가는 게 불가능에 가까웠기 때문에 이 정도의 사람이 모여 북새통을 이뤘던 것이죠). 태평양 횡단 왕복 운임은 당시 제 월급의 반년 치였기에, 도중에 귀국할 생각은 추호도 없었죠. 견당사遣唐使가 된 각오로 바다를 건너갔던 것입니다.

하네다 공항의 오래된 국제선 터미널에서 관공서 사람들의 배웅을 받으며 출발했습니다. 미국에 가는 유학생은 결핵이 없다는 것을 증빙하는 큰 흉부 엑스레이 사진을 안고 있었습니다. 출국 수속을 마치고 탑승구로 향하는 도중에, 복도에서 터미널에 있는 배웅객과 마지막 작별 인사를 할 수 있는 큰 유리창이 있었습니다.

비행기는 초기의 제트 여객기 중 하나인 DC-8. 날짜변경선을 넘을 때 기장 등 승객 전원에게 '통과 증명서'가 배부되었습니다.

중간 급유지였던 하와이 비행장에서는 백인들이 일하고 있었습니다. 당연한 광경이지만 일본에서는 미국인이 육체노동에 종사하는 모습을 본 적이 없었기 때문에 매우 인상적이었습니다. 저보다 수년 전에 풀브라이트 장학금을 받고 미국에서 유학한 작가 오다 마코토 小田實도 『뭐든지 보자何でも見てやろう』에서 저와 같은 감상을 쓰고 있습니다.

유학을 간 곳은 로스앤젤레스 캘리포니아대학UCLA인데, 사실 저의 첫 번째 지망은 아니었습니다. 그렇게 된 것에는 제 경력이 관련되어 있습니다.

미국의 대학원 입학 여부는 주로 지도 교수의 추천장으로 결정됩니다. 그런데 저는 공대 출신이고 경제학은 독학으로 공부했기 때문에 추천서를 써줄 교수가 없었죠. 그래서 굉장히 고생했습니다. 상하 서열이 분명한 종적 사회를 횡적으로 움직이면 얽매임으로부터 벗어나는 자유를 누릴 수 있는 반면, 이러한 상황에 부딪히면 상당히 곤란해져 머리가 아프기 마련이죠.

눈이 부실 정도로 풍요로운 미국

대장성에서 근무하는 친구가 로스앤젤레스 일본 영사관의 부영사였는데, 공항에서부터 대학까지 차로 데려다주었습니다. 고속도로를 지난 후 차에서 내리자 캘리포니아의 햇빛 아래에 눈이 부실 정도로 풍요로운 풍경이 펼쳐져 있었습니다.

이 무렵의 일본은 중진국으로 발전해 있었지만, 경제력은 미국과 비교하면 아직 시시해서 말거리도 안 되는 수준이었죠. 게다가 UCLA 캠퍼스가 있는 로스앤젤레스 웨스트우드는 미국에서도 특히나 부유한 지역이었습니다. 대학 뒤편에 자리한 벨에어는 베벌리힐스를 넘어서는 고급 주택지이고요.

저는 대학 기숙사에 들어가는 절차를 밟지 않았기 때문에 시내에서 아파트를 찾아야 했습니다. 그런데 제일 싼 곳도 월 100달러. 환율은 1달러에 360엔이었으니까 일본 엔으로 계산하면 3만6000엔. 당시 제 월급은 한 달에 약 2만 엔이었어요. "세면용 물이 안 나와도 좋으니까 좀더 싼 곳은 없나요"라고 물으면서 숙소를 찾았지만 마땅한 곳을 마련할 수가 없었습니다.

로스앤젤레스는 전철이 다니지 않는 탓에 자동차가 없으면 꼼짝을 못 하는 도시였습니다. 저는 차를 살 수 없는 가난한 학생이었기 때문에 혼자서는 아무 데도 갈 수 없었죠. 무엇보다 미국의 대학원에서는 죽도록 공부를 시키기 때문에 매일 아파트와 강의실과 도서관을 다람쥐 쳇바퀴 돌듯이 오갈 뿐이었습니다. 가끔 거리에서 쇼핑하는 정도가 유일한 휴식이었고 차가 있다고 해도 관광이나 할 여유를 부릴 수가 없었습니다.

거리의 극장에서 비틀스가 OST를 부른 영화 「옐로 서브머린」이 개봉되자 영화관 주변이 인산인해를 이루었습니다. 그런 광경을 보고 '미국적인 풍경을 쉽게 구경할 수 있어서 좋다'고 생각했던 기억이 납니다. 자판기, 그레이프프루트(약간 신맛이 나고 큰 오렌지같이 생긴 노란 과일), 치즈케이크 등은 미국에서 처음 본 것들이었습니다.

경제학자 제이컵 마샥 교수의 강의를 듣고, 강의 이외에도 개인적으로 지도받을 기회를 얻었습니다.

그는 10월 혁명(1917) 전 러시아에서 태어난 유대인으로 계량경제학과 수리경제학의 앞길을 연 개척자입니다. 나중에 마찬가지로 유대인인 사회학자 대니얼 벨 교수와 이야기를 나눌 기회가 있었을 때 "마샥 교수님이 저의 지도 교수님입니다"라고 말했다가 "그는 10월 혁명 이후 조지아에 들어선 멘셰비키 정권의 부수상이었다"는 전언을 듣고 흠칫 놀랐습니다('멘셰비키'란 온건파 사회주의). 러시아 혁명 이야기는 수차례나 들었지만 부수상이었을 줄은 몰랐죠!

저는 한 해 동안 학업에 정진해 경제학 MA(석사) 학위를 취득했습니다. '동창회 최우수 학생상'이라는 걸 받았는데 시상식에서는 블랙 타이black tie(턱시도와 검은 나비넥타이)를 착용해야 했습니다. 빌려온 것으로 때웠는데, 대학에서 거리가 꽤 먼 식장 호텔까지 그 복장으로 가야 했습니다. 턱시도를 입고 버스에 올라타자 승객들이 저를 빤히 쳐다보는 쑥스러운 상황이 연출된 것이죠.

미시경제학 선생님이었던 잭 허슐라이퍼 교수께서 박사과정에 진학할 것을 강력히 권유했습니다. 물론 마샥 교수께서도 그랬죠. 그러나 일본 정부 기관이 파견한 유학생이라서 자유롭게 결정할 권한이 없다는 점, 1년 후에 다시 미국에 오려 해보겠지만 가능하다면 동해안에 소재한 대학에 진학하고 싶다는 점 등을 이야기했습니다. 마샥 교수는 조금 슬픈 표정을 지었지만 여름방학 기간에 연구실에서 저를 지도하고 추천서도 써주겠다고 약속했습니다(대학 기말고사는 6월에 끝납니다. 하지만 저는 일본에 귀국해야만 하는 9월까지 학교에 남을 수 있었습니다). 여름방학 때 부영사인 친구가 드라이브를 시켜주었습니다. 목적지는 샌프란시스코에서 남쪽으로 자동차를 타고 2시간 거리에 있는 카멜바이더시Carmel-by-the-Sea라는 휴양지. 예술가들이 모여 만든 꿈처럼 아름다운 거리입니다. 당시 일본인 관광객의 모습은 어디에서도 찾아볼 수 없었습니다.

그 얼마 전, 저보다 1년 먼저 대장성에 입성하고 훗날 공정거래위원회 위원장이 된 다케시마 가즈히코竹島一彦가 동부 볼티모어에 있는 존스홉킨스대학 유학을 마치고 일본으로 돌아가는 길에 로스앤젤레스에 들렀습니다. 제가 운전하고 부영사와 3명이 함께 차에 탔죠. 주유소에서 급유하려고 했는데, 영어로 '급유'를 뭐라고 말하는지 모르겠더라고요. 제가 아는 영어는 경제학 전문어뿐. 게다가 평소에는 차를 타고 다니지 않았기 때문에 이런 간단한 일상용어조차 몰랐습니다. '만땅滿タン'을 직역해 "풀 탱크full tank"라고 말했더니 두 사람이 너털웃음을 터뜨렸습니다(사실 영어로는 '필 잇 업fill it up'이라고 말합니다).

로스앤젤레스의 이웃 도시인 샌타모니카에 랜드연구소라는 싱크탱크가 있는데, 수리적 방법으로 군사나 경제 문제를 분석하는 시스템 분석 연구를 하고 있었습니다. 케네디 행정부에서 국방부 장관이 된 로버트 맥너마라가 이 기법을 도입해 만든 새로운 예산 편성 방식의 평판이 좋을 때여서, 저도 그것에 관심이 있었습니다. 랜드연구소에서 연구자의 이야기도 듣고, 일본에 돌아와서 『싱크탱크シンクタンク』라는 책으로 정리해 펴냈습니다(훨씬 후에야 어느 큰 회의에서 맥너마라와 함께할 기회가 생겨 "당신을 존경합니다"라고 마음을 전할 수 있었습니다).

일본에서 1년 근무한 뒤 예일대학으로

1969년 9월에 일본으로 귀국하여 1년간 건설성에서 근무했습니다. 해마다 『건설백서』 간행을 담당하는 부서였습니다. 저는 미국에서 화제가 되기 시작하던 환경 문제를 다루었지만, 공적인 간행물이 도시 환경 문제를 언급한 일은 일본에서 처음이었다고 생각합니다. 그 후 일본에서 도시 환경 악화에 대한 관심은 급속도로 높아졌습니다(1967년에 '공해 대책 기본법'이 공포되었지만 이는 '미나마타水俣병' 이나 '욧카이치四日市 천식' 등에 대처하기 위한 것이었습니다. 수질오염, 대기오염 등 일반적인 도시공해가 국회에서 논의된 것은 1970년 11월 '공해 국회'가 처음이었죠).

또 시스템 분석 조사실을 설치하는 데 필요한 예산을 제안했습니다. 이 요구는 끝내 관철되지 않았지만 이듬해에는 각 부·성·청에 우후죽순처럼 시스템 분석 조사실이 탄생했습니다.

귀국한 지 1년 후인 1970년 9월, 미국 동해안의 뉴헤이븐에 소재한 예일대학으로 유학을 갔습니다. 이번에는 세계 어느 대학에서나 한 번에 통과하는 마샥 교수의 추천서를 가지고 간 유학이었습니다. 이때는 생후 3개월 된 장남을 데리고 여행을 갔죠. 샌프란시스코에서 뉴욕까지는 취항 직후의 보잉747을 탔는데 높은 천장이 인상적이었습니다.

도착해서 보니 동해안의 거리가 서해안 거리보다 더 낡고 더러워 깜짝 놀랐죠. 오자마자 짐을 꾸려 돌아갈까 심각하게 고민했을 지경이었습니다.

1972년 여름까지 유학하여 경제학 박사학위를 취득했습니다.

UCLA에서 수강한 과정도 추가 학점으로 인정받았다고는 하지만, 2년 안에 박사학위를 받는다는 것은 무모하기 짝이 없는 계획이었습니다. 하지만 관공서로부터 그만큼의 기간밖에 주어지지 않았기 때문에 그렇게 해야만 했던 것입니다.

논문을 쓸 자격을 얻기 위해선 종합시험Comprehensive Examination을 통과해야만 하는데, 과목이 여섯 개 정도기 때문에 보통 2년이 걸립니다. 하지만 저는 머물 시간이 2년밖에 없었죠. 그래서 절반은 여름방학 전에, 나머지 절반은 여름방학 때 열심히 공부해 방학 후에 통과하고 가을부터 논문을 쓰기 시작하는 줄타기 곡예를 감행했습니다.

빌 클린턴과 힐러리 클린턴은 예일대 로스쿨 출신으로, 저와 재학 기간이 겹칩니다. 아마 캠퍼스 어딘가에서 엇갈렸을 테죠. 물론 당시에는 그런 건 몰랐지만요.

저의 박사논문을 지도했던 허버트 스카프 교수는 마샥 교수의 제자로 게임이론 전문가였습니다. 이분도 화성인처럼 비상한 두뇌의 소유자였죠. 한번은 제가 논문 집필 경과를 설명하던 중 칠판에 썼다 지워버린 공식을 공교롭게도 다시 써야 하게 되었는데, 기억이 나지 않아 서성거리고 있던 차에 스카프 교수가 일어나서 그 긴 공식을 칠판 위에 간단하게 재현했던 적이 있습니다.

베트남전쟁과 히피 시대에 대통령으로 추대된
마법사 간달프

제가 미국에서 유학하던 때는 냉전 시대였습니다. 미국의 대학에는 곳곳에 핵 셸터(핵 공격 때 폭풍이나 방사선으로부터 주민을 보호하기 위한 구조물)가 있었죠. 고속도로 휴게소에는 "갑자기 강한 빛이 보이면 은폐물에 몸을 숨겨라"라고 씌어 있었습니다.

미국이 베트남전쟁의 수렁에 빠져 허우적대던 시대이기도 했습니다. 대학생은 물론이거니와 대학원생도 징병되었습니다. 학생들은 언제 징집당할까 두려워했죠(놀랍게도 유학생도 징병 대상이었습니다).

하지만 캠퍼스 밖을 보면 전쟁을 치르고 있는 국가라고는 도저히 생각할 수 없었습니다. 이 나라는 인류를 달로 보내는 '아폴로 계획'을 추진하고 있었습니다.

아폴로 11호가 달에 착륙한 것은 첫 번째 유학이 끝날 무렵인 1969년 7월의 일입니다. 저는 마샥 교수의 자택에서 열린 티 파티에 초대되어 모인 사람들과 함께 텔레비전으로 그 장면을 보았죠. 착륙선 밖으로 나온 암스트롱 선장이 무언가를 중얼거렸습니다. 잘 알아듣지 못해서 옆 사람에게 물어봤더니 "이건 한 사람에게는 작은 발걸음이지만 인류에게는 위대한 비약이다"라고 나중에 유명해진 말을 알려주더군요.

1960년대 말에서 1970년대 초까지는 '히피' 시대이기도 했습니다.

히피는 미국 서해안에서 탄생해 전 세계로 널리 퍼져나간 청년 문화입니다. 비틀스도, 비치 보이스도 도중에 히피의 영향을 받았죠. 당시의 미국 학생들은 당연히 히피 문화에 물들어 있었습니다.

저도 수염을 기르고 맨발로 걷곤 했습니다. 이런 문화 현상은 캠퍼스도 그 주변 거리도 깨끗이 청소되어 있고 아무것도 떨어져 있지 않았기 때문에 생긴 것이었습니다.

맨발로 걷기만 해도 묘하게도 강한 유대감이 생겨납니다. 맨발로 걷고 있을 때 맞은편에서 맨발의 여학생이 오면, 평소라면 그냥 지나쳤을 텐데 서로 '동료'라는 생각이 들어 자연스럽게 말을 건네게 됩니다.

히피 운동은 '언제 징병될지 모른다'는 학생들의 위기감과 밀접하게 연결되어 있습니다. 이것은 뮤지컬 「헤어」에 강하게 드러나 있습니다. 원래는 뉴욕의 오프브로드웨이에서 공연했지만 뉴헤이븐 거리에도 공연단이 와서 보러 갔습니다.

당시 미국 대통령은 공화당의 리처드 닉슨으로, 1969년 대통령에 취임했고 두 번째 임기의 대통령 선거가 1972년에 열렸습니다. 닉슨이 대승했는데 이때 민주당의 대항마가 조지 맥거번이었습니다.

히피 문화에 물든 젊은이들은 민주당 성향이었지만 급진파인 맥거번으로도 만족하지 못하고 간달프를 대통령으로 하자는 운동을 일으켰습니다. 간달프는 영국 작가 J. R. R. 톨킨의 장편 판타지 소설 『반지의 제왕』◆에 나오는 마법사입니다. 1960년대 미국에서 베스트셀러가 된 『반지의 제왕』은 서점 앞에 산더미처럼 쌓여 있었습니다. 이러한 책이 대히트한 까닭은 현실에서 도피하고 싶다는 젊은이들의 소망 때문이었을 테죠.

저는 유학을 마치면 일본에 돌아가기로 계획된 채 미국에 머무

◆1937년과 1949년 사이에 창작되었지만 제2차 세계대전 발발로 인해 1954년과 1955년에 세 권으로 출판.

르고 있었습니다. 말하자면 '캡슐' 안에서 미국 사회를 보았던 셈입니다.

당시의 일본과 미국은 풍요로움이 하늘과 땅만큼 차이 났습니다. 어느 날 뉴욕의 존 F. 케네디 공항에 갔는데, 우연히 그곳에 머무르고 있던 일본 항공기를 보고 "일본 비행기도 여기까지 오는구나!"라며 감개무량했던 적이 있습니다.

미국은 왜 이렇게 일본보다 풍요로운지 신기했어요. 일본인은 모두 열심히 일하고 있다. 그리고 일본인과 미국인 사이에 능력의 차이가 있다고는 생각되지 않는다. 그런데도 일본은 미국보다 훨씬 가난하다. 왜일까?

캘리포니아에서 국경을 넘어 멕시코로 들어갔을 때도 같은 의문을 느꼈습니다. 샌디에이고의 국경 거리를 지나 멕시코에 들어가면, 바로 그 순간 거리도 사람도 삽시간에 극단적으로 가난해져버립니다. 미국과 멕시코는 이토록 가까이 있으면서 왜 이렇게 다른지 궁금했습니다.

한 국가의 풍요로움을 결정하는 것은 당최 무엇인가? 이것은 저에게 있어서 지금까지도 확실한 대답을 얻을 수 없는 문제입니다.

열악한 정보 환경으로 인해 너무나 머나먼 일본

그 무렵에는 미일 간의 정보 단절이 컸기 때문에, 미국에서 살고 있으면 일본에 대한 정보가 거의 들어오지 않았습니다. 일본에서 신문을 보내주었지만 배편으로 모여서 왔던 터라 순서가 꼬여 스토리를 따라가지 못하는 경우가 많았죠. 경위도 모른 채 갑자기 대형 사건의 기사를 읽게 되니 당황하기 일쑤였습니다.

TV를 보다 화면에 도쿄대학 야스다 강당이 나오기에 놀란 적이 있습니다. 심지어 강당에 물을 방류하고 있는 겁니다. 전공투全共鬪 운동권 학생들이 야스다 강당을 점거하고 경시청이 그들을 해산시키기 위해 최종 단계까지 간 모습이었지만, 미국에서는 자초지종이 전혀 보도되지 않았기 때문에 저는 사태를 파악하지 못했던 것입니다.

1971년 '닉슨 쇼크' 때 일본 주가가 폭락하여 도쿄 증권거래소의 사진이 신문에 실린 적이 있었습니다. 여름이었는데 사진에 찍힌 모든 증권 샐러리맨이 똑같은 흰 셔츠를 입고 있는 모습을 보고 '왜 모조리 같은 복장이지?' 하며 기이하게 생각했습니다.

1970년 전후로 일본에서 소설가 미시마 유키오가 자위대의 궐기를 호소하다 할복자살한 사건이나, 연합적군連合赤軍이 인질을 붙잡고 가루이자와輕井澤의 휴양 시설에 틀어박힌 '아사마淺間 산장 사건' 등이 있었습니다. 그러나 저는 당시 일본 사회가 이러한 사건들을 어떻게 받아들였는지는 거의 모릅니다.

비록 전화로 연락할 순 있었지만 국제통화는 요금이 비싼 탓에 논외였고, 아내는 아이를 낳기 위해 일본으로 돌아가 있었기에 맏딸의 출생 소식을 전보로 알게 되었죠.

"A girl born, Both fine(딸 순산, 모녀 모두 건강)"이라는 전보문을 지금도 또렷하게 기억하고 있습니다. 메일로 쉽게 연락을 취할 수 있는 지금과 비교하면 믿을 수 없을 정도로 정보 환경이 열악했던 셈입니다.

제 3 장

일본 기업들,
석유파동을 이겨내다

1971~1979

1

닉슨 쇼크와
변동환율제로의
이행

앵글로색슨형 경제가 뒤처진 이유

1970년대 초에 국제금융체제가 크게 바뀌었습니다. 1971년 8월 닉슨 쇼크Nixon Shock◆가 일어났고, 그 뒤를 이어 변동환율제로의 이행이 시작된 것입니다.

제2차 세계대전 이후 국제금융체제는 달러를 기축통화로 삼고 그 밖의 통화가 달러화에 대해 일정한 환율을 유지하는 '고정환율제'였습니다. 금과 달러의 교환율은 '온스당 35달러'로 정해져 있었죠. 또한 환시세 안정을 위해 환율에 개입할 자금을 각국에 융자하

◆미국 닉슨 대통령이 발표한 달러 방어 정책으로 인해 발생한 충격이다. 1960년대 말부터 미국은 베트남전을 포함하여 대외 원조 및 군사비 지출이 증가함에 따라 국제수지 악화, 달러 가치 하락, 금 보유고 감소를 겪었다. 그래서 닉슨은 금과 달러의 교환 정지, 10퍼센트의 수입과징금 실시 등을 포함하는 달러 방어 정책을 내놓았다. 특히 대미 수출 의존도가 높은 한국, 일본, 중남미 등에 큰 충격을 주었고, 고정환율제가 변동환율제로 바뀌는 전환점이 되었다.

는 국제통화기금IMF을 설치하고, 달러와 각국 통화의 환율 변동 폭을 1퍼센트 이내로 유지하기로 했습니다.

이 금융 시스템은 1944년 7월 미국의 뉴햄프셔주 브레튼우즈에 연합국 측 44개국이 모인 회의에서 결정되었기에 '브레튼우즈 체제'라고 불립니다. 일본은 1952년 IMF에 가입하고 이 금융체제에 가담하여 환율이 달러당 360엔으로 고정되었습니다.

그러나 브레튼우즈 체제는 시간이 지남에 따라 서서히 문제를 드러냈습니다. 미국은 냉전 시기에 군사력을 증강했고 1960년대에 베트남전으로 전쟁 비용이 불어나 재정이 악화되었습니다. 또한, 미국과 일본·독일 간 경제 발전 형세에 현저한 차이가 생겨 국제수지가 적자로 전락했고, 1950년대부터 1970년대에 걸쳐 대량의 달러가 해외로 유출되었습니다. 미국의 금 보유량은 제2차 세계대전 종전 때엔 세계에서 절대적으로 많았으나 그 후 20년 동안 큰 폭으로 감소했습니다. 이러한 결과, 달러 발행액이 금 준비고Gold reserve를 크게 초과하여 달러와 금의 교환을 보증할 수 없게 되어버렸죠.

한편 서독은 1949년부터 1958년까지 눈부신 경제성장을 이룩했습니다. 1950년부터 10년 동안 서독의 공업 생산은 약 3배 늘어났습니다. 같은 시기의 일본도 고도의 경제성장을 실현해 경제 규모에 있어 서독은 세계 제2위, 일본은 제3위의 지위를 획득했습니다.

하지만 미국은 국제수지 적자가 계속되었기 때문에 달러화와 마르크화 및 엔화 사이에서 고정환율을 유지하기도 어려워졌습니다. 수입국이 대금으로 지불하는 통화는 수출국에 건네지고, 수출국은 건네받은 대금을 자국 통화로 환전합니다. 따라서 외환시장에서는 무역 흑자국(정확히 말하면 서비스수지와 소득수지를 더한 경상수지 흑자국)의 통화에 매수세가 몰리고 적자국 통화에 매도세가 몰리기 마련입니다.

고정환율제 아래에서는 외환시장이 미치는 영향을 상쇄하기 위해 중앙은행이 외환시장에 개입할 수 있습니다. 구매하고 있는 통화를 중앙은행이 팔고, 판매되고 있는 통화를 중앙은행이 사서 안정적인 환율을 유지합니다. 하지만 이러한 조작에도 한계가 있습니다.

서독의 국제수지는 1951년 이후 항상 흑자였기 때문에 외환시장에서 달러 매도·마르크 매입 압력이 높아져 미국과 독일 모두 차츰차츰 환율 개입을 유지할 수 없게 되었습니다.

1961년 3월, 당시까지 달러당 4마르크로 정해져 있던 고정환율이 재검토되어 마르크화 가치가 5퍼센트 절상되었습니다. 그러나 그 후에도 일본과 서독이 경상 흑자국, 미국이 적자국이라는 상태는 계속되었습니다.

이에 따라 엔화와 마르크화가 다음에도 절상될 거라고 예상되었죠. 1969년경부터는 그런 예상하에 엔화와 마르크화에 투기 자금이 쇄도합니다. 서독은 1970년 가을 달러화에 대해 마르크화를 9퍼센트 조금 넘게 평가절상했습니다.

한편, 영국은 '영국병'이라고 불린 만성적인 경제 침체에 시달리며 국제수지도 계속 적자를 면치 못하고 있었기 때문에 1967년 달러화에 대한 파운드화 가치를 14퍼센트 평가절하했습니다.

이처럼 미국, 영국 등 전승국의 경제적 지위가 낮아지면서 패전국이었던 서독과 일본의 지위가 상승하게 된 것입니다. 이는 영·미의 앵글로색슨형 경제체제에 대해 일·독의 비非앵글로색슨형 경제

체제가 우위에 섰다는 것을 의미했습니다.

영·미와 일·독의 경제체제는 바로 시장을 대하는 자세에서 큰 차이가 있습니다. 영·미의 앵글로색슨형 경제체제는 시장의 작용을 최대한 존중하고 정부의 관여는 최소화하는 시장자유주의 경제입니다.

이에 반해 일본이나 서독의 경제체제는 시장 원리를 기본으로 삼고 있긴 하지만 전적으로 그것에 의존하지는 않습니다. 대기업에 공적 역할을 요구한다든지, 기업 안에서의 노사 협조를 중시한다든지, 정부가 시장을 강력하게 규제한다든지 하는 정부 통제적인 경향을 가진 경제입니다. 이러한 경제체제의 차이가 영·미의 경제적 조락과 일독의 약진을 가져왔다고 생각합니다.

제2장 3절에서 언급했듯이, 당시의 선진국 경제는 중공업 중심이었기 때문에 대기업에 의한 수직통합형 생산방식의 효율이 높아지는 경향이 있었습니다. 대규모 수직통합형 생산방식을 살리는 데 있어서는, 완전히 시장에 맡기는 영미형 경제체제보다 일본이나 서독과 같은 시장과 정부 통제의 혼합형 경제체제가 적합합니다. 이 결과 일본과 서독이 무역수지 흑자국이 되고 기축통화국인 미국은 적자국이 되는 구도가 생겨났습니다.

미국의 경상수지 적자는 두 차례에 걸친 마르크화 절상 이후에도 계속되었고, 자본의 해외 유출로 금준비가 줄어 결국 달러화와 금의 교환율을 유지하기가 더욱 어려워졌습니다.

엔화·마르크화 강세를 어떻게 조율해야 하는가?

이러한 상황에서, 1971년 8월 15일 미국 대통령 리처드 닉슨이 '금과 달러의 교환 정지' 성명을 발표했습니다. 미국 의회에도 미리 알려지지 않았을 정도로 갑작스러운 발표였기 때문에 일본을 포함한 전 세계에 큰 충격을 주었죠. 이게 바로 '닉슨 쇼크'입니다.

사실 이 성명 전에도 금과 달러는 사실상 태환되지 않고 있었습니다. 그렇다고 닉슨의 성명 자체가 경제활동에 직접적인 영향을 준 것은 아닙니다. 경제 측면에서 영향이 컸던 것은 닉슨 쇼크에 이어 실시된 달러와 타국 통화 간의 환율 변경이었습니다. 특히 마르크화와 엔화의 절상입니다.

다만 금과 달러의 교환 중단은 제2차 세계대전 이후 국제금융의 기본 틀이었던 브레튼우즈 체제의 종언을 고했다는 의미에서 중요했습니다. 미국의 막강한 군사력 아래 고정환율을 유지하고 자유무역을 추진하는 체제가 끝났다는 상징적인 의미에서 닉슨 쇼크는 중요한 사건이었던 셈입니다.

달러를 기축통화로 하는 고정환율제라는 국제통화제도를 유지할 수 없게 된 이상, 이어지는 문제는 그것을 대체할 새로운 체제를 어떻게 구성하느냐 하는 것이었습니다. 구체적으로 말하자면, '마르크화와 엔화가 달러와 파운드보다 강세인 현실을 어떻게 조율할 것인가?'라는 과제를 풀어야 하게 된 것입니다.

변동환율제 이행과 엔고에도 일본 경제가 더 강해진 시대

닉슨 쇼크 이후, 국제통화체제는 고정환율제에서 변동환율제로 이행하게 됩니다. 다만 변동환율제로 즉시 이행한 것은 아니었고, 그 경위가 복잡했습니다. 도중에 '스미소니언 체제'라고 불리는 과도기적 단계가 있었습니다.

1971년 12월 미국의 수도 워싱턴에 자리한 스미소니언 박물관에서 국제회의가 열렸습니다. 이때의 합의를 '스미소니언 협정 Smithsonian agreements'이라고 부릅니다.

이 합의에서는 즉각 변동환율제로 이행하지 않고, 금과의 태환을 정지한 달러를 기축으로 고정환율제를 유지하고, 각국은 정해진 환율에 대해 이전보다는 약간 넓은 폭인 상하 각각 2.25퍼센트 이내에서 자국 통화의 가치를 유지하기로 했습니다.

이때 달러화는 다른 통화의 가격에 비해 평균 7.89퍼센트 절하되었습니다. 반면 엔화는 달러 대비 16.88퍼센트 절상되어 달러당 360엔에서 308엔이 되었고, 마르크화는 13.58퍼센트 절상되어 달러당 3.22마르크가 되었습니다. 그러나 그 후로도 일본과 독일의 경상 흑자와 미국의 적자 구도는 변하지 않았고, 외환시장은 계속 동요했습니다.

1972년에 이르러 서독의 경상 흑자를 보고 마르크화의 절상을 예상한 투기 자금이 마르크화 매입에 몰려들면서, 서독의 연방준비은행은 고정환율을 유지하기 위해 달러를 계속 매입할 수 없게 되었습니다.

이 무렵 저는 예일대학에서 유학 중이었는데, 국제경제학 강의 시간에 누군가가 "Mark is floating!(마르크가 변동하고 있다!)"이라고 외쳤던 때를 기억하고 있습니다. 고정환율제가 변동환율제로 변해가는 국제금융의 대변동이 시작되고 있다는 이야기였죠.

각국의 통화 당국은 시장 자금 흐름의 압력에 대처할 수 없게 되었고, 결국 1973년 2월에 일본이 변동환율제로 이행했으며 3월에는 EC(유럽공동체) 국가들도 변동환율제로 이행했습니다. 이에 따라 스미소니언 체제는 붕괴되었고 1976년 1월 IMF 잠정위원회에서 변동환율제가 정식 승인되었습니다.

도표 3-1에 나타난 것처럼, 브레튼우즈 체제 붕괴 후 엔화 환율은 거의 일관되게 엔고 방향으로 움직였습니다.

환율은 스미소니언 협정으로 달러당 308엔이 된 후 당분간

도표 3-1 1970년대 이후 달러 대비 엔화 환율 변화의 추이

자료 출처: 일본은행

그 가까운 수준에 머무르고 있었지만, 1976년 통화체제가 정식으로 변동환율제로 이행하자 급격하게 엔고가 진행되어 '달러당 220~250엔'가량으로 내려갔죠. 이런 환율이 일정 기간 유지되다가 1980년대에 들어선 이후 한층 더 엔고가 진행된 것입니다.

즉, 엔화는 날로 강세를 보였습니다. 변동환율제로 이행하자, 일본 민관이 두려워한 것은 엔고가 진행되면서 수출이 줄고 일본 경제가 타격을 입지 않을까 하는 점이었습니다.

우려했던 일은 실제로 터지지 않았고, 일본 경제는 엔고가 계속 유지되었음에도 고성장을 이어갔죠. 오히려 1980년대 들어와 무역흑자가 증가하고 주가도 상승하는 등 일본 경제는 엔고에 의해 오히려 더 강해졌습니다.

2

석유파동으로
인한
세계경제 충격

일본에서 받은 '데지메'라는 문화 충격!

1972년 여름 저는 두 번째 유학을 마치고 미국에서 귀국하여 대장성으로 돌아왔습니다. 증권국 업무과에 배속되어 과장 보좌로서 증권회사를 감독했죠. 업무과장으로부터 "일본에서도 드디어 시가발행時價發行(기업이 자금 조달을 위해 증자할 때 주식을 액면가가 아닌 시가로 발행하는 것) 증자가 시작되었다"는 것을 배웠습니다.

전쟁이 끝난 후 일본에서는, 주식으로 자금을 조달하는 경우 액면 금액par value으로 주식을 발행하는 '액면발행에 의한 증자'가 주류였습니다. 그러나 1968년에 일본악기(현재의 야마하)가 처음으로 시가발행을 인정받고 이후 점차 시가발행이 증자의 주류가 되어갔습니다.

이른바 '1940년 체제'하에서 은행으로부터 자금을 빌리는 간접금융밖에 인정되지 않았던 일본 기업에도, 드디어 전쟁 전처럼 주식이나 사채를 발행해 시장으로부터 자금을 조달하는 직접금융의 길이 열렸던 것입니다. 다시 말해, 일본에서도 영미형 시장 메커니즘을 따르는 금융이 시작되었던 것이죠. 그 소식을 듣고 '일본도 드디어 여기까지 왔구나' 하는 감회에 젖었더랬습니다.

다만, 그 후 시가발행 증자가 기업의 자금 조달 수단으로서 순조롭게 성장해갔는가 하면, 반드시 그렇지만은 않습니다. 1980년대 후반의 거품 경제기에는 주가가 상승해 시가발행 증자가 급증했지만, 거품 경제가 붕괴하고 주식시장이 침체되자 시가발행 공모 증자는 사실상 행해지지 않게 되어버렸죠.

증권국 업무과에서 제가 담당한 상대는 노무라증권, 야마이치증권, 닛코증권, 야마토증권이라는 4대 증권회사와 외국계 증권사였습니다.

각각의 금융기관에서는 대장성과의 절충을 맡은 포지션을 나중에 'MOF(모프) 담당'이라고 부르게 됩니다. 대장성의 영문명인 'Ministry of Finance'의 약칭이 MOF인데, 그 담당자라는 뜻입니다. 당시에는 아직 'MOF 담당'이라는 말이 없었지만, 이때의 저는 각 증권사 MOF 담당의 상대역이었던 셈입니다.

저에게 4대 증권사를 담당하라고 한 까닭은 그 회사들이 경영에 큰 문제가 없었기 때문입니다. 대장성이 '아무것도 모르는 아마추어라도 어떻게든 할 수 있을 것이다'라는 판단을 내렸다고 생각합니다.

그때 각 회사의 담당자는 노무라증권이 스즈키 마사시鈴木政志, 야마이치증권은 요코타 요시오横田良男로 모두 훗날 사장이 된 분들이었죠. 노무라의 스즈키 씨는 말주변이 좋은 사람이었습니다. 요코타 씨는 대조적으로 태연하고 어른스러운 분위기였습니다. 저의 책상 앞에 있는 의자에 요코타 씨가 앉으면, 흡사 교장 선생님을 앞에 두고 있는 듯한 기분이 들었죠.

이 무렵, 야마이치증권은 이미 일본은행의 특별융자로 받은 대출금을 완제完濟(모두 갚음)한 후였고 경영도 순조로웠습니다. 하지만 그로부터 25년 후에 경영 파산을 하게 됩니다. 이에 대해서는 제5장 1절에서 언급하겠지만, 야마이치증권이 도산한 원인은 '영업특금'이라고 불린 것이었습니다. 이는 고객에게 이익을 보증한 다음 주식거래를 일임받는 구조로, 야마이치에게 치명타가 되었습니다. 나중에 "야마이치증권사에서 영업 특금을 시작한 사람은 요코타 씨였다"는 말을 듣고, 저는 '그 요코타 씨가?'라고 생각하면서 도저히 믿을 수 없었습니다. 지금에 와서도 아직 믿기지 않고요.

당시의 대장성은 '행정지도'라는 명분으로 증권사의 세부적인 경영까지 참견하고 있었습니다. 지금 생각해보면 지극히 뻔뻔스럽지만, 가령 증권사 임원의 급여명세표를 가져오게 하고 "급여가 너무 높다"고 불평하는 등 저도 이른바 '호송선단護送船團 행정(정부의 금융기관 보호 감독)'의 한몫을 맡고 있었죠. 증권사 사람들은 아마도 '이 애송이 놈은 아무것도 모르는데'라고 생각했을 터입니다. 실제로, 경제 이론 박사학위를 가지고 있었지만 증권사의 실무 따위는 전혀 몰랐습니다.

샐러리맨 사회의 일부에서는 어떤 업무가 매듭지어지면 리더의 구령하에 모두가 구호와 함께 장단을 맞추어 손뼉을 치는 '데지메手締め'라는 습관이 있는 듯합니다. 증권사에서는 무슨 일이 있을 때

마다 이 의식을 치르고 있었는데 저는 아무래도 익숙해지지 않았습니다. 미국으로 갔을 때는 아무런 문화 충격을 받지 않았지만 일본에 돌아와서 받은 셈입니다. 증권사뿐만 아니라 일본 사회 전반에서 문화 충격을 받았다고 해도 좋을지도 모릅니다.

그러한 문화에 대한 방벽으로서 『미국경제평론American Economic Review』이라는 학회지를 도서실에서 빌려와 책상 위에 수북이 쌓아놓곤 했죠. 어쩌면 MOF 담당자들은 저에 대해 '어쩜 이렇게 이상한 놈이 왔을까'라고 생각했을지도 모르겠습니다.

당시 대장성 증권국 공무원이 증권사의 접대를 받는 것은 지극히 예사로운 일로 "가구라자카神樂坂(도쿄 신주쿠의 번화가) 호텔에서 출근한다"는 뒷담화를 들은 사람도 있을 정도였지만, 저는 한 번도 접대를 받은 적이 없습니다. 아마 학회지의 방벽이 주효했던 것 같다고 생각합니다.

증권국에서 한 해를 근무한 후 주계국 조사과로 옮겼는데, 이동하기 직전에 미국 출장을 갔죠. 제가 담당했던 증권사(미국에서는 '투자은행'이라고 합니다)를 시찰하고 조사했습니다.

제가 일본에서 상대한 외국계 증권사 가운데 퍼스트 보스턴First Boston이라는 투자은행(당시 미국 제일의 투자은행. 현재 크레디 스위스Crédit Suisse) 사람들과는 죽이 잘 맞았는데, 뉴욕에서 동행으로부터 '접대'를 받았던 적이 있습니다. 맨 위층에 있는 다이닝룸 저녁 식사에 초대받은 것입니다. 이게 제가 받은 유일한 접대입니다. 그들은 저를 "Director of American Division, Ministry of Finance(대장성 미국부장)"라고 소개했는데, 비록 마음속으론 '그런 부서는 없는데'라고 생각했지만 특별히 정정해야 할 이유도 없을 터여서 그냥 어물쩍 넘어갔습니다.

대장성의 조급한 '효율 제일주의' 문화

1973년에 대장성 주계국으로 옮겼을 때 주계국 차장은 나가오카 미노루로, 훗날 대장성 차관이 된 분이었습니다.

"일본에도 재정계획 제정이 필요하다." 나가오카 차장의 이 지시로, 서독의 중기 재정계획을 모델로 재정의 중기적 전망을 작성하기 위한 기초 조사를 하게 되었습니다. 보람 있는 일이었죠.

1970년대 들어 사회보장제도가 급속히 정비된 것이 배경이었습니다. 특히 1972년 7월에는 자민당 총재가 된 다나카 가쿠에이 수상이 '복지 원년'을 선포해, 1973년도 예산에서 노인 의료비의 무료화, 물가 연동 연금제 도입 등이 이루어졌습니다.

한편, 일본의 인구가 고령화되는 추세가 두드러졌습니다. 이는 장차 사회보장비를 급증시킬 게 분명했죠. 하지만 사회보장비에 대한 장기 전망은 전혀 없었습니다.

일본의 예산은 '연도주의'로, 보통 1년 치의 예측밖에 세우지 않았습니다. 장기적인 전망이 없는 구조였던 셈이죠. '이러면 앞으로 문제가 불거진다'라는 게 나가오카 차장의 생각이었고 저도 똑같이 느끼고 있었습니다.

우리의 머릿속에 또 하나 더 떠오른 것은 중기적인 재정계획 작성을 통해 예산을 수리적인 방법으로 통제할 수 없을까 하는 점이었습니다.

캘리포니아대학에서 공부할 때 시스템 분석에 흥미를 갖고 랜드 연구소에 이야기를 들으러 갔다고 앞에서 말했지만, 저는 일본에서도 미국과 마찬가지로 수량적·과학적인 예산 관리법을 정부의 예산 편성에 도입할 수 없을까 생각하고 있었습니다. 나가오카 차장도 저와는 별개로 그런 문제의식을 갖고 있었던 것이죠.

바로 그 무렵, 니혼게이자이신문사가 '닛케이니즈日經NEEDS'라는 서비스를 시작했습니다. 이것은 타임셰어링time sharing◆이라는 기법을 활용해, 전화선으로 연결된 단말기로 대형 컴퓨터를 조작하는 시스템입니다(타임셰어링이란 한 대의 대형 컴퓨터를 복수의 단말기가 시간 분할로 사용하는 구조인데, 당시에는 아직 전자적 디스플레이는 없었고 텔레타이프teletype로 화면을 출력했습니다). 상당한 이용료가 들었지만, 나가오카 차장에게 부탁하자 두말없이 도입을 허가해줬습니다. 이를 통해서 예산 편성 작업을 기계화하려고 한 것입니다. 그러나 직후에 석유파동이 일어났습니다. 그 대응에 애쓰느라 예산 편성 작업의 합리화에 신경 쓸 겨를이 없어진 건 매우 유감스러운 일이었죠.

하여간 관공서 일이란 건 너무 형식적이고 비현실적이라고 생각하시는 분이 많을 겁니다. 하지만 주계국은 그 반대로, 오히려 매우 바쁘고 조급합니다. 가령 국장이 불러서 자료 작성을 지시했다고 가정합시다. 복도를 걸어 방으로 돌아오니 책상 위의 전화가 울립니다. 수화기를 들어보면 국장이 "자료는 완성되었는가?"라고 묻죠.

◆하나의 처리 장치에 두 가지 이상의 처리를 시간적으로 교차·배치하는 컴퓨터 시스템 조작 기법. 빠른 속도 때문에 여러 작업을 동시에 처리하는 것과 같은 효과를 가지므로, 한 대의 컴퓨터를 여러 사람이 이용하는 경우나 다중 통신에 응용된다.

혹은 밤 10시경에 자료 작성을 지시받았는데, "급하지 않으니 오늘 중으로"라는 어처구니없는 말을 듣기도 합니다.

국의 회의인 국의局議만 하더라도, 보통 사람은 '대장성은 형식주의 관청이니까 국장이 의젓하게 앉아 있고, 차장이 있고, 과장이 있고, 수십 명이 모여 웅장한 회의를 하고 있을 테지'라고 상상할지도 모르겠습니다. 하지만 실제로는 담당 차장과 예산 담당 주사主査, 둘이나 셋이서만 회의해야 할 때가 많습니다. 어쨌든 바쁜 탓에 일일이 형식에 얽매여 있을 수는 없는 '효율 제일주의'입니다. 대장성 입성 때에 배속되었던 이재국도 엇비슷했습니다. 재정투융자 계획을 제정하는 일과 예산 편성 작업은 사실 똑같은 업무였던 것입니다.

대혼란을 가져온 '일본 침몰론'

중기 재정계획과 예산 편성 작업 합리화를 추진하려던 참에 그것을 무마한 대사건이 일어났습니다. 바로 오일 쇼크(석유파동)입니다. 직접적인 원인은 1973년 10월 발발한 제4차 중동전쟁입니다. 아랍 산유국들이 원유를 전쟁 수단으로 이용해 이스라엘 지원국에 석유 금수와 유가 인상을 선언한 것입니다.

전쟁 개시 열흘 후인 10월 16일에 석유수출국기구OPEC 회원국 중 사우디아라비아, 쿠웨이트 등 페르시아만 6개국이 배럴당 3.01달러였던 원유 공시가격을 5.12달러로 한꺼번에 70퍼센트나 인상하겠다고 발표했습니다. 이어 아랍석유수출국기구OAPEC 국가들은 이

스라엘이 점령지에서 철수할 때까지 미국을 비롯한 이스라엘 지지국에 석유 금수를 선언했습니다. 12월에는 아랍 산유국들이 원유 가격을 11.65달러로 추가 인상하겠다고 발표하기도 했죠(도표 3-2 참조).

국제 유가의 급격한 상승으로 인해 전 세계가 대혼란에 빠졌습니다. 관공서는 조명을 꺼 어둑어둑해지고 엘리베이터도 멈추었습니다. 잡지는 쪽수가 줄어들고 텔레비전도 심야 방송을 멈추는 등, 동일본 대지진 직후의 절전과 비슷한 상황이 더 오랜 기간에 걸쳐 계속된 것입니다.

일본 전체의 분위기도 일변해 그전까지의 낙관주의는 자취를 감추고 종말론적인 견해가 세상을 뒤덮었습니다. 1973년의 베스트셀

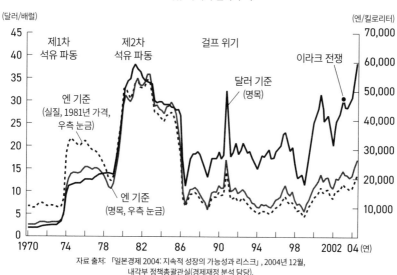

도표 3-2 석유 가격의 변화 추이

자료 출처: 「일본경제 2004: 지속적 성장의 가능성과 리스크」, 2004년 12월,
내각부 정책총괄관실(경제재정 분석 담당).

러는 고마쓰 사쿄의 소설 『일본 침몰』, 고토 벤의 소설 『노스트라다무스의 대예언』 따위입니다. '일본이 침몰한다'는 두려움을 많은 사람이 실질적으로 느꼈던 것입니다.

오일 쇼크 직전, 일본 경제가 급발전을 이어가고 있을 무렵에 "뒈져버린 국민총생산くたばれGNP"이라는 말이 유행하고 있었습니다. 경제 대국의 일그러짐을 검증하기 위한 아사히신문의 연재 기사 제목입니다. 1970년대 초는 공해의 사회문제화 등을 배경으로 경제성장 지상주의가 비판받는 동시에 대기업에 대한 사회의 시선도 곱지 않은 시기였습니다.

그런데 경제 우선주의에 대한 날선 비판은 석유파동으로 일거에 날아가버렸습니다. 경제가 기울면 일본이 침몰해버릴 것이며 확실히 경제와 생산이야말로 생명줄이라는 쪽으로 일본인의 인식이 크게 전환된 것입니다.

유가가 4배나 뛰었기 때문에 휘발유와 등유 가격도 당연히 올랐습니다. 그뿐만이 아니라 이에 편승하여 전기나 식료품 등 다양한 물건과 서비스의 가격이 단번에 상승했습니다(도표 3-3 참조). 화장지나 세제가 매점매석되어 매장에서 자취를 감추거나, 종합상사가 상품을 사재기하여 인플레이션을 부추기고 있다는 비난을 받기도 했습니다.

1974년에는 전년 대비 소비자물가 상승률이 23퍼센트에 달해, 당시 후쿠다 다케오福田赳夫 대장상은 이를 '광란 물가'라고 형용했죠.

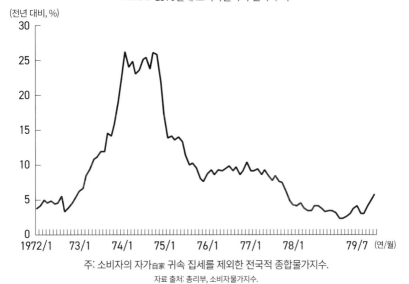

도표 3-3 1970년대 소비자물가의 변화 추이

(전년 대비, %)

주: 소비자의 자가自家 귀속 집세를 제외한 전국적 종합물가지수.
자료 출처: 총리부, 소비자물가지수.

다나카 가쿠에이의 '일본 열도 개조론' 속사정

다나카 가쿠에이 수상의 지론이었던 '사회복지 원년' '일본 열도 개조론' '소득세 대감세'에 기초해, 애초의 1974년 예산에는 많은 액수의 사회보장비와 공공사업비를 계상하고 소득세도 감세한다는 지극히 확장적인 적극 재정이 계획되어 있었습니다.

이른바 '일본 열도 개조론'이란 자민당 총재 선거를 앞둔 1972년 6월 다나카 가쿠에이의 저서에서 발표된 지방 개발 정책입니다. "일본 전역을 고속도로와 신칸센 등 고속 교통망으로 연결해 지방 공업화를 추진, 지방 과소와 대도시 과밀 문제를 동시에 해결한다"는 것입니다.

그러나 같은 해 7월에 다나카가 자민당 총재 선거에서 승리하고 수상이 되자 개발 후보지로 거론된 지역에서 일제히 토지 매점이 시작되어 땅값이 급격히 상승했습니다. 물가에도 영향을 미쳐 연 10퍼센트가 넘는 인플레이션이 발생하게 되었죠.

이에 따라 1973년 4월, 공정이율公定利率(공정금리) 인상이 선포되었습니다. 공정이율은 중앙은행인 일본은행이 시중의 민간은행에게 대출해줄 때 적용하는 기준금리입니다. 현재는 민간은행의 예금·대출 금리가 자유화되어 시장이 금리를 결정하지만, 당시에는 법률이 민간은행의 금리는 반드시 기준금리와 연동하도록 규제하고 있었습니다. 이 때문에 일본은행은 공정금리를 조작함으로써 시중금리를 움직일 수 있었던 것입니다. 공정금리 인상은 통화팽창, 즉 인플레이션에 대한 강력한 대책이었습니다.

1972년 10월에는 석유파동에 의한 고유가가 더해져, 인플레이션이 한층 더 가속되었습니다. 그에 대응하여 우선적으로 실행된 것은 공정금리 인상에 의한 금융긴축이었습니다.

공정이율, 즉 기준금리는 1973년 한 해 동안 다섯 차례에 걸쳐 인상되었고 같은 해 12월 22일에는 9퍼센트라는 미증유의 수준에 이르렀습니다(도표 3-4 참조).

재정정책도 180도로 방향이 전환되었습니다. 1973년 11월에 아이치 기이치愛知揆— 대장대신이 급사해, 다나카 수상은 후임 대장대신에 총재 선거에서 자신과 맞붙었던 후쿠다 다케오를 기용했죠. 후쿠다 대장상은 재정 긴축에 의한 인플레이션 억제 정책을 내세웠고, 그리하여 1974년도 예산은 총수요 억제 노선으로 급선회했습니다.

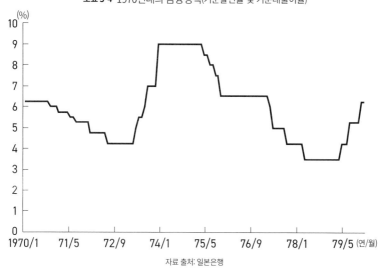

도표 3-4 1970년대의 금융정책(기준할인율 및 기준대출이율)

자료 출처: 일본은행

공공사업 관련 비용은 큰 폭으로 압축되고 '일본 열도 개조론'도 방치되어버렸죠. 그러나 사회보장예산은 연금제도를 중심으로 제도를 확대한 직후라서 축소할 수 없었습니다. '소득세 대감세' 또한 다나카 총리의 강한 의향에 따라 취하되지 않았습니다.

월 300시간 초과 근무

앞서 말한 바대로 저는 중기 재정계획을 제정하려 준비하고 있었지만, 석유파동이라는 대사건의 발생으로 국회에 제출할 답변 작성에 내쫓기게 되었습니다.

모르는 분도 있겠지만, 대신大臣(장관)이 국회의 질의응답에 답변하는 내용은 관할 관청의 공무원이 작성한 초고에 근거하고 있죠. 국회 예산위원회 등에서 야당 의원이 장관에게 질문을 신청하면, 문서과의 직원이 질의할 예정인 의원의 사무실에 가서 질문 내용을 듣고 옵니다. 그것을 관련 부서로 보내고 담당자가 답변 초고를 써 줍니다. 질의 당일이 되면 장관은 그 초고대로 답변하는 것이지요.

대장성의 경우에는 대장상의 답변 초고만 준비하는 게 아닙니다. 왜냐하면 주계국의 예산 편성 작업은 모든 관공서와 관련되어 있기 때문입니다. 그래서 대장성은 다른 부처가 작성한 답변을 미리 검토하고, 그중 대장성의 입장에서 불편한 내용이 있으면 수정하도록 요구하는 작업을 거쳐야만 하는 것입니다. 전체 부처의 답변을 검토하는 만큼 엄청난 시간과 노력이 들어갑니다.

무릇 각 부처의 질의 탐문 담당자가 미리 국회의원실에 가서 질문을 듣기 시작하는 것은 밤이 되어서부터입니다. 연이어 질문들을 관련 부서에 나누어주면 답변 초고 작성이 시작됩니다. 사실 이런 공무는 엄청난 시간이 소요될 뿐만 아니라 어처구니없을 만큼 쓸데없는 일이기도 했죠.

가령 '현 물가상승에 대한 대책이 있습니까?'와 같은 질문에는 어떻게 답변했을까요? 이미 기억나지 않지만 어쨌든 무엇인가를 썼습니다. 하지만 쓰고 있는 자신조차 '이런 것으로 인플레가 수습될리가 없다'고 생각하고 있기에, 여하튼 보람이 없는 공무였습니다. 그걸 밤을 새워가면서 준비해야 하는 겁니다.

답변 초안뿐만이 아닙니다. 국회 위원회에서 장관이 답변할 때 숫자를 묻는 등 추가 질문이 있으면 대장대신은 뒤에 있는 주계국장을 돌아봅니다. 국장도 덩달아 고개를 뒤로 돌려 저를 보죠. 하지만 제가 뒤돌아보면 벽밖에 없습니다. 그래서 저는 어떤 질문에도 즉답할 준비를 하고 위원회실에 동행하는 것입니다. 이 준비에도 많은 시간이 걸립니다.

집에는 거의 못 가죠. 한 달에 초과 근무 시간(근무 시간이 아닙니다. 초과 근무 시간입니다)이 300시간을 넘었습니다. 당시에 저의 아이들은 아직 어렸는데 제대로 얼굴도 본 적이 없었습니다. 느닷없이 집에 가는 상황이었기 때문에 아이들은 '가끔 이상한 사람이 온다'고 생각했던 것 같아요. 제가 집을 나갈 때엔 "또 와줘요"라는 인사말을 들은 적도 있습니다.

'오야붕·꼬붕' 관계로부터 자유로워진 시기

1974년에 저는 문부성으로 이동한 뒤 사이타마대학의 조교수가 되었습니다(대장성을 사직한 게 아닙니다. 국립대학으로 파견을 간 것이죠. 다시 '대장성으로 파견'이라는 사령이 떨어지면 대장성으로 돌아가게 됩니다. 많은 사람이 오해하고 있는 것과는 달리 국가공무원에게는 '본적'이 따로 없고, 현주소가 본적인 것입니다).

물론 관공서의 일이 싫어진 건 아니었지만, 시간을 너무 많이 빼앗기는 상황에서 하고 싶은 일은 많았기 때문에 어떻게든 시간을 확보하고 싶다고 생각했습니다.

나가오카 미노루 주계국 차장은 전부터 '대장성과 대학의 인사 교류가 있어서 좋다'고 생각하고 있어 '대학으로 옮기고 싶다'는 저의 소망을 이해해주셨을 뿐만 아니라, "좋은 일이니까"라면서 지지까지 해주셨습니다.

다만 "지금 당장 가지 말고, 앞으로 1년간 주사로서 예산 사정 업무를 해보면 어떨까"라는 조언이 있었습니다. "주사를 하면 시야는 훨씬 넓어진다. 나중을 위해서도 유익한 경험이 될 것이다"라는 친밀한 제안이었습니다.

저는 "유감이지만 시간이 없습니다"라고 거절했지만, 고맙게도 그 점도 이해해주셨습니다.

제가 채용될 때에 책임자였던 다카기 후미오 씨는 이때 주세국장이 되어 있었지만, 역시 저의 희망을 이해하여 "이의 없다"고 말해줬습니다. 이것도 굉장히 고마웠죠. 인사 책임자는 자신이 채용한 사람이 제멋대로 일을 하면 성省 내부에서 비판받을 수도 있습니다. 보통 회사나 관공서의 채용 담당이라면 그런 상황을 두려워해서 "그럼, 일을 그만두게"라고 말하는 게 상례였죠. 그러나 다카기 주세국장은 좁은 도량의 소유자는 아니었습니다. 저는 그래서 상사에게 큰 은혜를 입었다고 생각합니다.

이리하여 저는 서열이 엄격한 일본의 종적 사회에서 다시 횡적으로 이동하게 되었죠. 저번은 대학의 공대에서 전문 분야가 다른 직장(대장성)으로 이동했고, 이번에는 관공서에서 대학이라는 별세계로 옮겨갔던 것입니다.

미국 유학 때 적당한 추천서를 받지 못한 것처럼 종적 사회를 횡적으로 움직이면 여러 불편함이 있습니다. 하지만 한편으론 장점도 있습니다. 저에게 있어서 가로로 이동한 것의 최대 메리트는 '종적 사회의 규정에 속박되지 않은 것' '오야붕·꼬붕親分子分(두목·부하)이라는 신분관계로부터 자유로워진 것' 등이었습니다. 일본 학계의 경우 가르침을 받은 은사는 오야붕으로 평생 따라다녀야 할 존재입니다. 좋은 오야붕도 있지만 그렇지 않은 오야붕도 있어요. 오야붕이 문제가 있는 사람이라면, 꼬붕은 평생 그에게 휘둘리며 살아야 하죠. 제게 그런 오야붕이 없었다는 건 매우 다행스러운 일이었습니다.

게다가 저는 대장성 주계국의 살인적인 근무 여건 아래에서 그럭저럭 시간을 쪼개 예일대학에서 쓴 박사 논문을 바탕으로『정보의 경제 이론情報の經濟理論』이라는 책을 출간했습니다(어떻게 집필 시간을 낼 수 있었는지 지금 생각하면 신기할 정도죠). 이 책은 앞서 언급한 두 권의 단행본처럼 도요게이자이신문사에서 출판되어 다행스럽게도 1974년 '닛케이 경제도서문화상'을 받을 수 있었습니다. 단지 유감스럽게도 주위 사람들은 누구도 이 상의 의미를 이해해주지 않았고, 축하한다고 말해준 사람은 단 한 명도 없었습니다. 이것도 종적 사회를 횡적으로 움직인 자의 비애입니다. 하지만 별로 대수롭지는 않았습니다.

큰 조직의 정보처리 특권을 깨닫다

대학으로 근무처를 옮기자마자 깨달은 점은 정보처리 특권을 빼앗겼다는 것이었습니다. 대장성 주계국에 있을 때는 마음대로 사용했던 닛케이니즈의 타임셰어링 시스템을 이제 사용할 수 없게 되었죠. 대학에는 컴퓨터 센터가 있지만, 계산을 신청하면 오랜 시간 기다리게 되는 데다 결과가 대량의 인쇄물로 나왔습니다. 어쩔 도리 없이 종이 더미가 연구실을 점거해버렸죠. 닛케이니즈를 통하면 쉽게 얻을 수 있는 경제 데이터도 일일이 통계 월보 등을 참조해야만 얻을 수 있었습니다. 당시 제 연구실에 있던 도서의 절반 정도는 통계 월보나 마찬가지였습니다.

1974년 미국 회사 휼렛패커드가 세계 최초의 프로그램 가능 계산기 HP65를 발매했습니다. 이전에 사용되던 계산기와는 달리 계산 프로그램을 기억하고, 나중에 입력한 데이터를 그것에 따라서 처리할 수 있는 계산기입니다(이러한 계산기를 '프로그램 내장형'이나 '폰 노이만형'이라고 부르고 있습니다). 이것은 그때까지 대형 계산기만 가졌던 기능으로, 전자계산기 크기의 기계가 그런 기능을 갖게 된 것은 그야말로 획기적인 일이었습니다. "컴퓨터를 혼자서만 쓸 수 있다!" 저도 매우 흥분했습니다. 계산 결과를 쉽게 알 수 있으므로 정책 효과의 시뮬레이션 분석 등을 간단히 할 수 있었죠. "연구 대상을 HP65에 맞춘다"는 다소 본말이 전도된 일까지 생겨날 정도였습니다.

1960년대까지의 대형 계산기 시대에 정보처리 능력은 소속 조직에 의해 결정되었죠. 가령 대장성처럼 크고 막강한 조직에 있으면 최첨단 타임셰어링 시스템을 사용할 수 있었습니다. 그러나 그곳에서 나오자마자 시스템을 사용할 수 없었습니다(예일대학 때의 지도 교수였던 스카프는 연구실에서 타임셰어링 시스템을 사용하고 있었지만, 사용 가능한 대학은 극히 예외적이었습니다). 대학은 컴퓨터가 비치되어 있기에 물론 괜찮지만 그것도 학교마다 상당한 차이가 있었습니다. 그리고 개인이 자기 마음대로 사용할 수도 없고요.

정보처리 능력은 조직에 의해 정해진다. 큰 조직은 강하고 작은 조직이나 개인은 약하다. 나는 종적 사회를 횡으로 움직였기 때문에 이 엄연한 사실을 절실히 깨달았습니다. 그러나 그 상황을 HP65가 깨기 시작했죠. 제가 흥분한 이유는 바로 그것이었습니다.

그리고 PC의 등장에 인터넷 보급까지 더해져 변화는 가속되었습니다. 일본 경제제도의 기본적인 문제는 이러한 대변혁(정보통신혁명)에 대응하지 못했다는 것입니다. 이에 대해서는 제6장 3절에서 다시 이야기하겠습니다.

석유파동 이후의 오일 머니와 세계경제

대학으로 옮기고 나서는 외국으로 나갈 기회도 많아졌습니다. 1970년대 세계경제의 가장 큰 문제는 석유파동이었습니다. 이 때문에 중동의 산유국으로 몇 차례나 조사하러 간 적이 있습니다.

한 조사단에 참가해 비행기를 타고 중동으로 날아가다가 상공에서 사막을 보고 '이런 곳에 엄청난 원유를 묻다니 하느님도 대단히 불공평하다. 일본인은 이토록 성실하게 일하는데'라고 생각했던 것을 기억하고 있습니다.

아랍에미리트와 카타르 등 페르시아만의 산유국에도 가본 적이 있습니다. 고유가로 인해 돈을 엄청나게 많이 번 그 나라들에서는 사막 한복판에 홀연 초근대 도시가 출현했습니다. 궁전이라고 착각할 만한 건물들이 사막을 등지고 늘어선 광경은 흡사 신기루 같았습니다.

오일 머니(산유국이 원유를 팔아 벌어들인 달러)가 세계를 석권하던 시기의 영국은 산유국과는 대조적인 광경이었습니다. 런던에는 야밤의 번화가에서도 셔터를 내린 사무실이 많고 여기저기에 아랍어 간판이 걸려 있었습니다. 영국의 경기 침체 때문에 사무실이 한꺼번에 매물로 나와 오일 머니에 팔려버린 것입니다.

지방 도시에 가면 대영제국 시대에 지어진 호화로운 석조 시청이 중심가에 자리하고 있었습니다. 그러나 거리에는 인적이 없고 먼지만 흩날렸습니다. 건물은 눈이 휘둥그레질 정도로 훌륭한데 그 앞 거리는 쓰레기투성이여서 아무렇게나 뒤죽박죽인 상황이었죠. 이 무렵 영국은 경제적으로 최악의 상황이었어요. 경상 적자가 고착되면서 파운드화가 약세인 와중에 석유파동으로 큰 경제적 타격까지 입었던 것입니다.

저는 얼마 후에 영국의 경제학자들과 공동연구를 했는데, 한 영국인 연구자가 "영국 전역이 대영박물관이 되어버렸다"고 탄식하더군요. 영국은 이제 과거의 유물만 모아놓은 나라라는 의미였습니다. 당시 영국은 그 표현이 딱 들어맞는 상태였죠.

저는 1976년 4월에 경제기획청의 객원 시스템 분석 실장으로 취임했습니다. 1969년 건설부에서 예산 신청을 제출한 지 7년 후에 실제로 시스템 분석을 실행할 수 있게 된 것입니다. 하지만 시스템 분석실은 경제연구소에 배속되어 있었기에, 예산 편성 실무에는 관여할 수 없었고 단지 실증적 연구를 맡았을 뿐입니다. 이때의 일을 정리한 간행물(공저)로 마이니치신문사의 이코노미스트 상을 받기도 했습니다.

'어둠의 장군'과 오일 머니가 뒤집은 경제학 이론

제가 대학으로 옮긴 이듬해인 1975년 4월, 남베트남의 수도 사이공이 북베트남군의 공세로 인해 함락되고 드디어 베트남전쟁이 종료되었습니다(이 무렵 뉴욕 공항에서 탄 택시의 운전사는 원래 남베트남군의 장교였다고 하더군요. 사실인지는 모르겠지만). 이미 미국은 베트남전쟁에서 손을 떼고 있었습니다. 하지만 그 상처는 오랫동안 미국을 괴롭히게 됩니다.

1976년 2월에는 미국 항공사 록히드의 비행기 판매와 관련해 일본 정계에 많은 뇌물이 건네졌다는 록히드 사건이 터졌죠. 같은 해 7월에 뇌물 수수 혐의로 다나카 가쿠에이 전 총리가 체포되면서 전면적인 정치 무대에서 자취를 감췄습니다. 하지만 그는 그 후로도 정계에 계속 영향력을 행사해 '어둠의 장군闇將軍'이라 불렸습니다.

1979년에는 이란 혁명을 계기로 제2차 오일 쇼크가 발발하여, 1978년 배럴당 12달러대였던 유가가 1980년에는 배럴당 40달러대로 올랐습니다. 오랫동안 배럴당 2달러 정도였던 전후 시대와 비교하면 20배나 상승한 것이죠.

그동안 값싼 원유에 의존해온 선진국 경제는 유가 상승으로 큰 타격을 입었습니다.

OECD 회원국의 연평균 실질경제성장률을 보면, 제1차 석유파동 전인 1963~1973년(11년 동안)에는 5.0퍼센트였던 반면 제1차 석유파동부터 제2차 석유파동에 걸친 1974~1979년(5년간)에는 3.1퍼센트로 저하되었습니다. 실업률은 제1차 석유파동 전 평균 3.0퍼센트였으나 제1차 석유파동 이후 4.9퍼센트로 높아졌고, 소비자물가 상승률은 4.5퍼센트에서 10.0퍼센트로 악화되었습니다. 즉, 석유파동 이후 물가는 상승했지만 경제성장률은 떨어지고 실업률은 높아지는 현상이 생겨난 것입니다.

그때까지의 경제학에서는 '호경기로 경제성장률이 높을 때엔 인플레이션율도 높고 실업률은 낮다. 실업률이 높을 때에는 인플레이션율이 낮다'고 여겨져왔습니다. '필립스 곡선Phillips curve'이라는 실증에 근거한 분석입니다. 그런데 석유파동에 의해 그 기본 인식이 무너져버린 셈입니다. 이 현상은 '스태그플레이션'이라고 불립니다. '정체'라는 뜻의 스태그네이션stagnation과 물가 상승을 의미하는 인플레이션inflation이 합쳐진 조어로 '경제적 침체와 인플레이션이 공존하는 상태'라는 뜻입니다.

석유파동은 선진국 경제를 일제히 악화시킨 셈이지만, 다른 한편으로 산유국들은 원유 수출로 거액의 자금을 손에 넣었고 이후 오일 머니는 국제 금융시장에서 중요한 역할을 차지하게 되었죠.

3

석유파동과 변동환율의 의미

가격이 고정된 시대에서 변동하는 시대로

변동환율제로의 이행과 두 차례에 걸친 석유파동에는 어떤 역사적 의미가 있었을까요?

변동환율제로의 이행은 일반적으로 '전후 세계경제의 기본 틀인 브레튼우즈 체제와 팍스 아메리카나(미국에 의한 평화)의 종료'로 받아들여지고 있습니다.

맞는 말입니다. 단지 저는 더 넓은 차원에서 '가격이 고정되었던 시대에서 변동하는 시대로 옮겨갔다'고 파악하는 게 중요하다고 생각합니다. 여기서 '가격'이라는 것은 통화 대 상품, 통화 대 통화의 교환 비율을 말합니다.

이때까지 가격이 고정되어 있던 금이나 가격이 안정되어 있던 원유 등 '상품'과 달러라는 '통화' 사이의 교환 비율이 크게 변동했습니다. 더욱이 다른 통화 간의 교환 비율, 즉 환율도 크게 변동했죠.

닉슨 쇼크와 제1차 석유파동 전에는 모든 가격이 고정 가격(혹은 사실상의 고정 가격)이었습니다. 닉슨 쇼크로 달러와 금의 교환 비율이 바뀌었고, 이어서 스미소니언 체제의 붕괴와 석유파동이라는 사건을 거치면서 모두 변동 가격으로 바뀌었습니다. 고정되어 있던 것이 고정될 수 없게 되었다는 것입니다.

환율에 대해서 말하자면, 고정환율 시대에도 각국의 경제 발전 정도가 달랐기 때문에 기존의 교환 비율을 유지할 수 없게 되어 특정 통화가 절상 혹은 절하된 적이 몇 번인가 있었습니다. 이러한 단속적인 가격 변화가 점차 빈번해져 최종적으로 연속적인 변화, 즉 변동환율제로 이행해갔던 것입니다. 이렇게 보면 '고정에서 변동으로'라는 변화는 시대적 필연이었음을 알 수 있습니다. 각국 간 펀더멘털fundamental(경제의 기초조건)이 다르면 환율이 변동하는 것은 당연합니다(따라서 2002년 출범한 유로체제는 서로 다른 펀더멘털을 가진 나라들의 통화를 하나로 통합해버렸다는 의미에서 근본적인 문제를 안고 있습니다).

'통화 대 상품' 관계에도 똑같은 필연이 존재했습니다. 닉슨 쇼크 이전에 금 가격은 온스당 35달러로 고정되어 있었습니다. 그런데 1970년대에 들어서면서 그때까지 고정되어 있던 가격을 유지할 수 없게 되어버렸죠. 미국의 경상수지 적자가 직접적인 원인이었지만 그것뿐만이 아닙니다. 세계경제가 성장하고 교역량도 확대되면서 필요한 통화의 양이 빠르게 늘어난 데 비해 통화 가치의 지표로 자리 잡은 금은 유통량이 조금씩밖에 늘지 않습니다. 달러화와 금의 태환이 정지되고 금본위제가 붕괴한 진짜 원인은 거기에 있습니다.

상품이라는 의미에서 금과 원유는 같은 것입니다. 원유의 경우 이전까지는 석유회사가 지속적으로 유전을 개발하고 생산을 조정하여 가격이 낮게 유지되었습니다. 현대의 모든 산업을 지탱하는 기본적인 에너지원인 원유를 싼 값에 넉넉히 사용할 수 있는 경제 여건 덕분에 중공업을 중심으로 한 경제성장 시대가 계속되었던 것입니다.

그런데 석유파동으로 유가의 고정 상태(저유가)를 유지할 수 없게 되면서 달러화와 원유의 교환율도 통화 간의 환율과 마찬가지로 시장에 의해 결정되는 변동제로 이행한 것입니다.

오일 쇼크는 직접적으로는 중동에서의 정치적 분쟁, 특히 중동전쟁으로 인해 불거진 사태입니다. 그러나 전쟁은 '고정 가격에서 변동 가격으로'라는 변화를 일으킨 계기에 불과합니다. 사건의 저류에는 더 이상 고정 가격 체계가 유지될 수 없게 만든 경제 조건의 변화가 있었습니다. 그것이 전쟁을 계기로 표면화된 것이죠.

원유의 가격 변동을 일으킨 것은 선진국 경제의 발전과 그로 인한 원유 수요의 증가입니다. 끊임없이 발전하는 세계경제 속에서 원유의 유한성으로 인해 가치의 변동이 일어났고 세계는 그것을 받아들일 수밖에 없었습니다. 그동안의 유가가 너무 쌌던 겁니다.

1970년대 초반의 짧은 기간 동안 달러와 원유, 달러와 금, 달러와 다른 통화 간에 똑같은 현상이 나타났습니다. 사실상의 고정 가격 제도가 붕괴하면서 시장에서 가격이 변동하게 된 것입니다. 이 상태는 현대에 이르기까지 계속되고 있습니다.

가격이 변동하는 시대가 왔다는 것은 정말로 중요한 변화입니다. 시장의 기능이 좋든 나쁘든 경제 전체의 퍼포먼스에 결정적인 영향을 미치게 되었기 때문입니다.

환율과 원유 가격 다음으로 변동제로 이행해야만 했던 것은 '금리'였습니다. 그러나 제4장 3절에서 기술할 것과 같이 일본은 금리 자유화에 실패했고, 그것이 시장의 폭주를 일으켜 거품 경제를 불러오게 됩니다.

한편 미국과 영국에서는 신자유주의의 영향력이 커져, 민영화나 규제 완화 등 시장의 기능을 최대한 이용하려는 방향으로 정책이 기울어집니다. 이것이 1990년대에 일본 경제의 정체와 영미 경제의 활성화를 야기하게 됩니다. 다만 제4장에서 다룰 시대보다 나중의 일입니다.

일본을 경제 우등생으로 만든 일본식 노조

일반적으로 "오일 쇼크는 자원 소국인 일본에게 국난이자 시련이었다"고 받아들여지고 있습니다. 또한 일본이 석유파동을 극복할 수 있었던 것은 "에너지 절약 기술을 개발해 에너지의 사용을 최소화한 것, 즉 국민의 노력과 기술적 궁리의 결과였다"고 여겨집니다.

그런 측면이 있었던 건 사실이죠. 그러나 그뿐만이 아닙니다.

우선 오일 쇼크가 '국난'이라는 시각에 대해 말해보죠. 석유파동으로 일본 경제가 심각한 영향을 받은 건 사실이지만, 객관적으로 보아 그 영향이 다른 선진국만큼 크지는 않았습니다.

영국 경제는 석유파동 이후 장기 침체 상태에 빠져버렸습니다. 한편, 일본은 두 차례의 오일 쇼크 이후 1980년대에 눈부신 경제발전을 이루어냈습니다. 사후적 관점에서 보면 일본은 석유파동 대응에 있어 우등생이었던 셈입니다. 특히 영미권 경제와 비교했을 경우 확연했죠. 어떻게 일본은 영리하게 석유파동을 극복했을까요? 무엇이 그걸 가능하게 했을까요?

첫 번째 요인은 환율입니다. 석유파동 이후 인플레이션을 극복하는 데 있어서 엔고가 큰 역할을 했습니다. 엔고로 수입 물가가 떨어지면서 원유가격의 급등세도 완화된 것입니다. 인플레이션 극복의 또 다른 중요한 요인은 임금 결정에 있어서 일본적 메커니즘이 긍정적으로 기능했다는 것입니다.

유럽과 미국의 경우, 기업과 노동조합 간에 체결되는 임금 협정에는 대부분 인플레이션 연동 조항이 있습니다. 물가가 오를 경우 임금도 거기에 따라 오른다는 조항입니다. 본래 노동자의 생활을 지키기 위한 조항이지만, 임금이 오르면 기업의 생산비가 올라 상품과 서비스 가격의 인상이 필요하다는 문제를 안고 있습니다. 즉, 통화팽창 시에는 '인플레이션→임금 상승→생산 비용 상승→가격 인상→인플레이션 항진'이라는 악순환이 생기고, 그로 인해 비용 인상 인플레이션cost-push inflation이 가속되어버립니다.

그런데 일본에서는 제1차 석유파동 직후인 1974년의 물가상승률은 확실히 높았지만, 인플레이션이 그 후에도 가속되지는 않았습니다. 노동조합이 임금 인상을 자체적으로 억제했기 때문이죠.

일본의 노동조합은 기업별로 조직되어 있습니다. 임금은 개별 기업의 실적에 연동되는 면이 강하며, 임금의 인플레이션 연동 조항이 없는 기업도 많습니다.

기업의 실적이 나빠지는 상황에서 노조가 인플레이션을 이유로 임금 인상을 요청하면 생산 비용이 올라 기업이 경쟁에서 불리해지고 경영 위기에 빠질 수 있습니다. 회사가 망하면 직원은 일자리를 잃게 됩니다. 그래서 노동자 측에 '경영자도 노동자도 같은 배를 타고 있다. 위기를 극복하기 위해서는 우리도 참고, 너무 과격한 임금 인상을 요청하지는 말자'는 의식이 작용합니다.

석유파동 때, 일본의 노동조합은 경영진과 하나가 되어 임금 인상보다 '회사의 존속'을 우선시했습니다. 그로 인해 급격한 임금 인상이 억제되어 일본은 비용 인상 인플레이션의 악순환에 빠지지 않을 수 있었습니다.

유럽, 미국과 같이 직종별로 노동조합이 형성되고 임금 인상도 업계 전체에서 일제히 이루어지는 시스템에서는 임금 인상이 기업의 경쟁력에 직접적인 영향을 주지 않습니다. 따라서 '임금을 인상하면 회사가 망하고 노동자도 일자리를 잃는다'는 발상은 하지 않습니다. 그 결과 유럽과 미국에서는 노조가 인플레이션을 이유로 임금 인상을 계속 요구했고 그것이 새로운 인플레이션의 원인이 되어버렸습니다. 불황임에도 임금이 오르고 인플레이션이 멈추지 않은 것이죠. 다시 말해 경기 침체와 물가 상승이 동시에 나타나는 스태그플레이션 현상에 빠져버린 것입니다.

물론 영국에서는 임금 상승률을 생산성 상승률의 범위 내에서 억제하는 것을 목표로 삼았습니다(이것을 '소득정책'이라고 합니다). 하지만 순조롭진 않았죠. 그런데 일본의 노동조합은 정부의 강제 없이 자발적으로 그것을 실시했습니다. 그게 일본과 영국의 큰 차이점입니다. 일본 기업에서 인플레이션의 악순환을 끊는 이런 움직임이 생긴 이유는 노동조합이 기업별로 조직되어 있었기 때문입니다. 이미 설명했듯이 '전시경제체제' 속에서 생겨난 유산입니다.

총수부터 현장까지 모두가 하나의 목적을 향해 일치단결해 협력한다는 '1940년 체제'의 이념이 석유파동 위기에서 그 진가를 발휘한 셈입니다. 그로 인해 일본은 석유파동 이후에도 경제 우등생이 될 수 있었습니다.

'1940년 체제'는 1950년대, 1960년대의 자원·자금 부족 국면에서 전략적인 산업 부문에 자원이 우선적으로 배분될 수 있게 해 전후 부흥과 공업화를 촉진했습니다. 그리고 1970년대에 석유파동이라는 외부 위기에 일본 경제 전체가 최적으로 대응하도록 크나큰 기능을 발휘했습니다.

"세계에서 으뜸가는 일본의 석유파동 대응은 '1940년 체제'가 가져다준 승리였다. 일본이 석유파동 대응의 우등생이 될 수 있었던 것에는 일반적으로 거론되는 에너지 절약 기술보다 더 본질적인 요인이 있다." 이것이 저의 견해입니다.

이렇듯 '1940년대 체제'는 1950년대, 1960년대에 이어 1970년대에 일본이 세 번째 경제 성공을 기록하도록 도왔습니다. 오일 쇼크를 타국보다 먼저 극복한 것은 다음 장에서 이야기할 '1980년대 도금鍍金 시대'로 연결됩니다.

1940년 체제라는 '멍에'

하지만 지금 돌이켜보면, 이때 일본형 경제 시스템에 대한 과대평가가 정착돼버리고 만 게 아닌가 하는 생각이 듭니다. '일본은 거국일치 체제로 무역 자유화, 자본 자유화, 고유가 대응도 모두 성공했다. 일본적인 기업 일가—家 구조, 모두가 한배를 타고 있다는 1940년 체제는 어떤 경우에도 뛰어난 성과를 달성하는 만능 체제다.'

그렇게 생각하는 사람이 많아진 게 이 무렵부터였다고 여겨집니다. 즉 석유파동은 전시체제를 온존시켰을 뿐만 아니라 사고 측면에서도 이를 더욱 강화한 것이지요. 1980년대 후반부터 1990년대에 걸쳐 세계경제의 기본적인 조건이 전환될 때, 전시적인 체제에 대한 무조건적 예찬이 일본 경제가 거대한 환경 변화에 적절히 대응할 수 없었던 원인을 만들었다고 생각합니다.

그뿐만 아니라 이 시기에 만들어진 '일본 예찬=1940년 체제 예찬'론은 아직도 뿌리 깊게 남아 일본 사회의 구조적 대전환을 가로막고 있습니다. 1940년 체제라는 '일본 경제의 멍에'는 1980년대와 1990년대뿐만이 아닌 21세기의 일본에서도 경제 발전을 계속 저해하고 있는 것입니다.

도금 시대처럼
겉만 휘황찬란했던 호황기

1980~1989

1
재팬 애즈 넘버 원 = 세계 제일의 일본

미국을 제치고 세계 제일이 되다

1980년대는 세계경제에서 일본의 지위가 비약적으로 높아진 시대입니다.

자동차가 그 상징이죠. 일본의 자동차 생산 대수는 1980년에 미국을 제치고 세계 제1위가 되었습니다(도표 4-1 참조). 오일 쇼크로 가솔린 가격이 급등해 사람들이 연비가 나쁜 미국 차에서 연비가 좋은 일본의 소형차로 갈아탄 게 순위 역전의 직접적인 발단입니다. 다만, 1950년대 이후 미·일의 생산 대수를 비교하면 일본이 조만간 미국을 앞지를 거란 점은 이미 예상된 바였습니다.

일본의 반도체산업도 약진해 D램(컴퓨터의 주력 메모리로 사용되는 반도체 기억소자의 일종) 생산에서 일본이 세계 1위를 차지했습니다(도표 4-2 참조). 이것도 1970년대 초반에는 미국이 세계의 생산

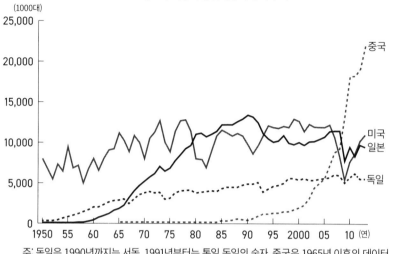

도표 4-1 주요국 자동차 생산 대수의 장기 추이

(1000대)

중국

미국
일본

독일

주: 독일은 1990년까지는 서독, 1991년부터는 통일 독일의 숫자. 중국은 1965년 이후의 데이터.
자료 출처: 일본자동차공업회 『주요국 자동차 통계』『세계 자동차 통계 연보』, 일본자동차공업회 및 각국의 자동차공업회 조사.

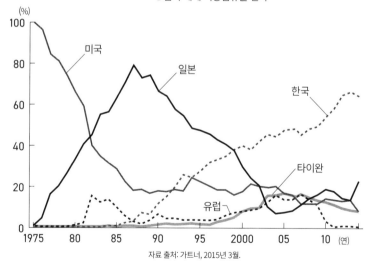

도표 4-2 D램의 세계 시장점유율 변화

(%)

미국

일본

한국

타이완

유럽

자료 출처: 가트너, 2015년 3월.

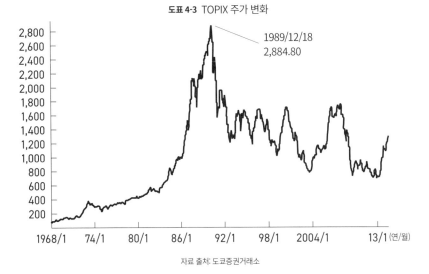

도표 4-3 TOPIX 주가 변화

1989/12/18
2,884.80

자료 출처: 도쿄증권거래소

을 독점하던 제품입니다. 그런데 1970년대 후반부터 미국의 시장 점유율이 낮아지고 일본의 시장 점유율이 높아졌죠. 그리고 일본이 미국을 제치고 세계 제일의 D램 생산국이 된 것입니다.

1982년에는, 닛폰전기NEC가 개인용 컴퓨터인 PC-9801를 발매했습니다. 일본어를 지원하는 독자적 사양의 PC로, 일본에서는 '국민기國民機'라고까지 불릴 정도로 보급되었죠. 세계의 표준이던 IBM의 PC와 호환 되지 않는 NEC나 후지쓰富士通 등 일본 회사가 생산한 일본 독자 사양의 PC가 일본 시장에서 높은 점유율을 차지하게 되었습니다.

1984년 1월에는 도쿄증권거래소의 다우존스평균주가가 1만 엔을 돌파했습니다(도표 4-3 참조. 이 도표에는 도쿄증권거래소의 주가지수인 토픽스TOPIX가 표시되어 있습니다).

석유파동을 극복한 일본 경제의 실적은 세계의 이목을 끌게 되었고, 저도 이 시기에 종종 미국에서 일본 경제에 대해 강연할 기회가 있었습니다.

미국의 지방 도시까지 나가 일본 경제를 설명하는 강연장에는 많은 청중이 몰려와 있었고, 강연 후 질의응답에서도 질문하는 손이 많이 올라와 일본에 대한 관심의 고조를 흠뻑 느꼈더랬죠. 강연이 끝난 뒤 "일본 주식을 사고 싶은데 어느 종목을 선택하면 좋을까요?"라며, 투자 상담을 하러 온 사람까지 있었습니다.

일본에 대한 관심을 높인 건 주식 투자만이 아닙니다. 선진국 청년들 사이에서도 '이제는 일본이다'라는 생각으로 일본어를 공부해 일본 회사에서 근무하고 싶다는 사람이 많아졌습니다. 저는 1978년에 히토쓰바시대학으로 옮겼는데, 저의 세미나 반에도 "일본어를 공부해 일본과 관계된 회사에 취직하고 싶다"는 오스트레일리아 출신 학생이 있었습니다.

세계 제일의 제품을 생산한 일본형 경영

당시의 베스트셀러로 미국의 사회학자 에즈라 보걸이 1979년에 출간한 『세계 최고의 일본Japan as Number One』이 있습니다. 전후 일본 경제의 고도성장을 분석해 일본형 경영의 뛰어난 점을 높이 평가한 책입니다.

1980년대 말에 발표된 비슷한 책으로는 마이클 L. 데르토우조스, 리처드 K. 레스터, 로버트 M. 솔로 등 매사추세츠공과대학 연구자들이 공저한 『메이드 인 아메리카Made in America』가 있습니다. 일본 어판의 부제 '미국 재생을 위한 미·일·유럽 산업 비교'가 보여주 듯이, 이 책은 '미국의 제조업은 왜 약체화되었는가'를 주제로 일본 회사가 미국 회사보다 경영과 생산이 효율적이라고 주장하고 있습니다.

또한 실리콘밸리의 IT 기업 대표로 애플을 손꼽으며 그 성과를 소니 등 일본의 전기 제품 회사와 비교하고 있습니다. 그리고 "실리콘밸리의 미국 기업은 일본 기업을 본받아야 한다"고 결론짓고 있습니다. 지금의 애플과 일본의 전기 제품 회사를 보면 격세지감을 느낍니다.

이처럼, 이 시기에는 일본의 공업 생산량이 증가했을 뿐만 아니라 일본형 기업 경영 방식이 세계적으로 높은 평가를 받았습니다.

일본 경제가 약진한 반면에, 미국 경제의 쇠락이 눈에 띄게 두드러졌습니다. 1980년대에 미국은 반도체, 전기 등의 첨단산업 분야에서 일본에 밀리고, 그때까지 독점적인 지위를 누리고 있던 자동차 생산에서도 자국 시장이 일본 차에 석권당하는 상황에 빠져 있었습니다.

이 무렵 미국 캔자스시티에서 열린 강연회에서 일본 경제를 이야기한 적이 있습니다. 중개인은 미국 자동차 제조사인 제네럴모터스의 전 부사장이었습니다. 강연 후 그는 저에게 "제 차로 비행장까지 바래다주고 싶습니다"라고 말했습니다. 그의 차는 캐딜락이었죠. 그런데 그 고급 차가 시동이 좀처럼 걸리지 않는 것입니다. 그는 "일본 자동차라면 이런 일은 없었을 텐데요"라고 다소 자조적인 어투로 말했습니다(몇 번의 시도 끝에 시동이 걸렸고, 공항까지의 드라이

브는 쾌적했습니다. 자동차 카세트 녹음기에서 흘러나오던 곡은 모차르트 바이올린 소나타 제27번 K379. 질주하는 캐딜락에서 이 곡 첫머리의 긴 아다지오를 듣는 건 정말로 어울리지 않았지만, 그가 "아름답지 않나요Isn't it pretty?"라고 곡을 평한 게 신기한 표현이라고 생각했던 기억이 납니다).

저는 당시에 이탈리아 밀라노에 있는 보코니대학에서 집중 강의를 한 적도 있는데, 그곳의 교수도 "피아트가 움직이지 않는 탓에 교차로 한가운데 놓고 왔다"고 하더군요. 그리고 그도 "일본 차라면 이런 일은 없었을 테죠"라는 말을 내뱉었습니다.

즉, 세계의 누구든지 간에 일본 차의 성능이 우수하다는 점을 인정하게 된 거죠. 값싸다거나 연비가 좋다는 이유만으로 일본 자동차가 늘어난 건 아닙니다.

불편했던 해외 통신과 어깨에 메는 전화

1980년대에 저는 해외 연구회에 자주 참석했습니다. 당시의 연락 수단은 기본적으로 우편이었는데 서신이 상대방에게 도착할 때까지는 대략 일주일이 소요됐죠. 아무리 긴 문서나 이미지라도 이메일로 순식간에 보낼 수 있는 지금과 비교하면 믿기지 않을 정도로 '느린 세계'였습니다.

물론 긴급한 용무라면 전화를 걸었지만, 통화료가 비싼 탓에 그다지 길게 이야기를 나눌 수는 없었습니다. 호텔 예약은 전화로 했지만 날짜 등이 제대로 전달되었는지 늘 걱정했습니다.

비즈니스를 할 때도 해외와 연락하기가 그리 쉽지 않았다고 생각합니다. 단순한 용무라면 전화로 연락할 수 있었지만, 문서나 대량의 데이터 등을 송수신하는 일은 결코 간단하지 않았습니다.

1980년대 말경에는 PC 통신을 사용할 수 있게 되어 국내에서의 연락이 상당히 편해졌습니다. 그러나 해외에 접속하는 건 겨우 가능했습니다.

불편했던 것은 비단 해외와의 통신뿐만이 아닙니다. 히토쓰바시 대학의 연구실과 도내의 전화 연락은 교환원을 통해야만 했죠. 따라서 팩스 송수신도 쉽지 않았습니다. 너무 불편해서 일본전신전화공사의 이동전화를 샀어요. 오늘날 휴대전화의 조상 격이라고도 할 수 있습니다. 숄더 폰shoulder phone(어깨에 메는 전화)이라고 불렸는데, 혼자 들기에는 힘이 부칠 정도의 무게였습니다(자동차에 탑재해서 사용하는 것입니다).

"후대는 우리 세대와 같은 풍요를 누릴까?"

미국 작가 스티븐 킹의 작품으로 『스탠드』(미국에서의 초판 출간은 1978년)가 있습니다. 군대의 세균병기 연구소에서 실험 중이던 바이러스가 유출된 탓에 전염병이 미국 전역에 만연해 사회가 붕괴한다는 줄거리의 장편 SF 소설입니다. 이야기의 첫머리에 나오는 텍사스의 시골 마을에는 공장이 두 개 있었지만, 아시아 수입품에 밀려 하나는 도산하고 다른 하나는 몹시 난감한 지경에 빠집니다. 그리고 계산기 공장에서 근무하고 있던 주인공이 실직해버렸다는 설정이 나옵니다. 작품 줄거리 전체에 종말론적인 분위기가 무겁게 감돌고 있습니다. 현실에서도 이 무렵의 미국은 그런 비관적인 분위기가 가득 차 있었습니다.

미국 사람들은 '후대의 아이들이 우리 세대만큼 풍요를 누릴 수 있을까?'라고 심각하게 걱정하고 있었던 것이지요.

1978년 5월 나리타 국제공항이 개항했습니다. 미국에서 귀국했을 때 나리타에서 리무진 버스로 도쿄도에 돌아와서는 '도쿄는 정말로 아름다운 거리구나'라고 감탄한 적이 있습니다. 도쿄역 야에스구치八重洲口에서 버스를 내리면 도로에 쓰레기가 하나도 없었죠.

당시 뉴욕을 비롯한 미국 대도시는 어디나 심하게 황폐해져 있었습니다. 제너럴모터스의 본사가 있는 자동차 생산 중심지 디트로이트에도 간 적이 있는데, 도심은 마치 전쟁으로 폭격당한 뒤의 폐허 같았습니다. 일본에서 미국으로 건너와 그 풍요로움에 경탄했을 때로부터 10여 년이 지나자 반대로 미국에서 돌아와 일본의 풍요로움에 놀라는 시대가 된 거죠.

이 무렵의 일본에 활기가 넘쳤다고 느낄 수 있었던 원인 중 하나가 인구구조입니다. 65세 이상 인구가 총인구에서 차지하는 비율은 1980년에 9.1퍼센트였습니다. 과거와 비교하면 상승한 비율이었지만 아직 총인구의 10퍼센트 미만이었습니다(2013년에는 25.1퍼센트).

외국에서 돌아와서 일본에는 고령자가 적다는 것을 절실하게 느꼈습니다. 특히 휴양지에서 그랬습니다. 영국 등의 휴양지에는 고령자들뿐이지만 일본에는 젊은 사람이 많았습니다. 그러하기에 일본의 휴양지는 꽤 들떠 있었지만, 전 그것대로 장점이 있다고 생각했습니다.

유학생들이 일본인 마을을 형성한 까닭

1980년대에는 일본에서 미국으로 유학을 가는 학생들이 급증했고, 특히 경영대학에서는 일대 세력이 되었습니다. 일본 기업들이 앞다투어 미국 대학으로 사원을 파견했기 때문입니다. 회사에서 유학 비용 전액을 부담했죠.

미국의 대학원 진학에는 추천서가 필요합니다. 많은 학생이 저에게 의뢰해서 유학 추천서가 쇄도했습니다. 한 사람이 여러 학교에 지원하기 때문에 여러 통을 써야 했습니다. 추천서 작성은 힘든 작업이라서 목소리를 높인 적도 있었던 것으로 기억해요. 당시는 그만큼 일본에서 미국으로 가는 유학생이 많았습니다. 해외로 유학을 가는 학생이 격감하고 있는 지금과는 너무나 다릅니다.

유학처에서 학생들은 일본인끼리 뭉쳐, 현지의 미국인이나 다른 나라에서 온 유학생들과 어울리려고 하지 않아 빈축을 사곤 했습니다. 왜 일본인끼리 뭉쳐 있었을까요?

'비즈니스스쿨에 유학 온 일본인은 장래에 일본으로 돌아가 회사의 간부가 된다. 친분을 터서 늦기 전에 인맥을 쌓아놓으면 나중에 꼭 도움이 된다'는 생각 때문이었습니다. 미국인을 아무리 많이 알더라도 그 인맥이 훗날 도움이 될 거라고는 생각하지 않기 때문에 미국인과는 사귀지 않았다는 겁니다. 그 이치가 그럴듯하게 여겨질 정도로 '이제는 미국이 아니고 일본'이라고 믿는 사람이 많았습니다.

이 무렵에는 학자 지망생들도 미국 대학에 일자리를 얻으려고 하지 않았어요. 일본 대학의 연봉이 더 높았기 때문입니다. 제가 처음 캘리포니아대학에 유학했던 1960년대에 미국 일류 교수의 연봉은 일본인이 보기에 깜짝 놀랄 정도로 높았습니다. 일류 교수들은 "연봉 3만 달러의 전문가"라고 일컬어지고 있었는데, 1달러에 360엔이라는 당시 환율로 계산하자면 3만 달러는 1000만 엔 이상이었습니다. 그 무렵의 일본 학자에게는 도저히 상상할 수 없을 정도로 높은 급료였습니다(제 연봉은 30만 엔에도 못 미쳤으니까요).

그런데 1980년대에 이르러서는 "미국에 남아도 연봉이 높지 않다"면서 일본으로 돌아가버리는 연구자가 많아졌습니다. 이러한 이유로 1980년대에는 일본인뿐만 아니라 온 세상 사람들이 '일본이야말로 미래 세계경제의 중심이 된다'고 생각하고 있었습니다. 일본형 경제 시스템이 영미형 경제 시스템보다 우월하다고 여겨졌기 때문입니다. 이른바 일본형 경제체제란 시장 중심의 경쟁 사회가 아니라 조직(회사) 중심의 협조 사회라는 의미입니다. 그 바탕은 '1940년 체제'였습니다.

도금 시대와 시바 료타로의 섣부른 미국관

미국 작가 마크 트웨인이 쓴 『도금鍍金 시대Gilded Age』라는 제목의 소설이 있습니다. 미국에서는 1870년대부터 1900년대까지 공업화가 급속하게 진전되었습니다. 석유 광맥이 개발되어 대륙 횡단 철도가 동해안과 서해안을 연결했습니다. 철강업 등 중공업이 발전하고 대기업이 잇따라 탄생하며 록펠러, 카네기, 밴더빌트 등 대부호가 생겨났죠. 그리고 독점 자본이 형성되어 빈부격차가 커진 시대였습니다. 미국의 이 시대를 마크 트웨인은 '도금 시대'라고 불렀습니다.

'Gilded'는 겉면에만 금을 입힌 '금도금'을 가리킵니다. 일본에서는 '1980년대'가 '도금 시대'에 해당할 것입니다. 이 시대에는 일본 경제가 세계를 제패했다는 생각이 일반적이었습니다. 하지만 그 시대를 살았던 제 눈에 1980년대 일본의 약진은 '금도금'으로밖에 비치지 않았습니다. 이윽고 벗겨질 물거품의 번영일 뿐이라고요.

왜 그렇게 느꼈을까요? 이유는 두 가지가 있습니다.

첫째, 1980년대에도 미국의 대학은 일본의 대학과 비교해 압도적으로 강했습니다. 적어도 경제학 분야에서는 그랬습니다(분야에 따라 차이는 있을지도 모릅니다. 가령 제 전공인 응용물리학과의 동급생은 이 시대에 "일본이 전 세계 학계를 이끌고 있다"고 말했습니다).

둘째는 앞서 말한 디트로이트 거리입니다. 저는 이때 교외의 호텔에 묵었는데, 주변은 현대적인 건축물이 즐비한 아주 아름다운 거리였어요. 폐허가 되어 있던 곳은 디트로이트의 중심부였던 것입니다. 부유한 사람들이나 새로운 사무실이 도심부에서 교외로 빠져나가기 시작하는 건, 미국의 도시들에서 정도의 차이는 있지만 공통적으로 볼 수 있는 현상입니다.

그런데 일본인 여행객은 교통수단이 없기 때문에 교외로 나가지 않습니다. 그리고 도심부의 황폐화를 보고 "미국은 이제 틀렸어"라는 섣부른 결론을 내리게 되는 거죠. 교외에서 미국의 새로운 발전의 맹아가 자라나고 있는 걸 몰랐던 셈입니다. 그러니 필라델피아의 거리를 보고 "기능을 잃은 도시는 예사로운 폐품과 같다"고 한 시바 료타로司馬遼太郎(일본의 국민작가)의 감상(『아메리카 소묘アメリカ素描』)은 그런 섣부른 미국관의 전형이라고 말할 수밖에 없습니다.

일본 산업의 급속한 약진은 미국과의 무역 마찰을 격화시켰습니다.

전쟁이 끝난 후 10년 정도까지는 미일 간 경제력에 압도적인 차이가 있었지만, 1950년대 중반에 일본의 고도성장이 시작되자 차이가 조금씩 좁혀져 1965년에는 미일 간의 무역수지가 역전되었습니다. 미국의 대일 무역수지가 적자로 전락하고 말았죠. 그 후 일본의 흑자와 미국의 적자라는 무역구조가 정착되었습니다. 미국에서는 "일본산 수입품이 미국의 산업을 망친다"는 견해가 퍼져 무역 적자가 큰 품목을 둘러싸고 무역이 정치 문제가 되었습니다.

처음 문제가 된 건 섬유제품이었죠. 1955년 미국이 섬유제품 관세를 인하한 게 계기가 되어 일본으로부터의 섬유제품 수입이 급증한 것입니다. 섬유제품에 대한 무역 마찰은 1970년대 전반까지 계속되었고, 그에 관한 미일 간의 대화는 '미일 섬유 교섭'이라고 총칭되고 있습니다.

다음으로 정치 문제가 된 부문은 1970년대 후반부터의 철강입니다. 도표 2-3에 나타난 철강 생산량의 추이를 보면, 일본의 생산량이 1960년대에 급속히 증가하여 1970년대 전반에 연간 1억 톤을 돌파하고 있습니다. 그에 반해 미국의 생산량은 약 1억 톤으로 제자리걸음이었습니다. 일본에서는 열효율이 좋은 연속주조법이 도입되는 등 생산 공정의 효율이 좋아져 1960년대에는 생산 비용이 미국을 밑돌게 되었습니다. 저비용으로 생산된 강재와 강판이 미국에 수출되어 무역 마찰을 일으켰던 것입니다.

1980년대에는 컬러 TV와 VTR(비디오테이프 녹화기)을 비롯한 전자제품이나 반도체, 자동차 등에서도 무역 마찰이 불거졌습니다. 후진국이 섬유제품처럼 노동집약적인 산업으로 선진국을 따라잡고 앞지르는 것은 경제의 발전 단계에서 자연스러운 일입니다. 그러나 1980년대 무역 마찰의 대상은 제조업 분야에서 반도체와 자동차 등 첨단적인 분야로 옮겨갔습니다. 미국 자동차 업계의 '빅3'(GM, 포드, 크라이슬러)는 정치력이 강했기에 자동차 무역 마찰이 미·일 간의 큰 문제로 비화되었죠.

한편, 일본의 금융·자본시장은 1980년대에 들어서도 여전히 외국에 대해 폐쇄적이었습니다. 물건은 수출하지만 일본에 대한 투자는 인정하지 않는 기조는 해외로부터 강한 비판의 대상이 되었습니다. 이러한 비판을 피하기 위해 일본은 1980년대 이후 금융제도를 점차 자유화하고 무역 흑자 축소를 경제정책의 목표로 삼게 되었습니다.

1985년, 미국의 강경한 대일 압력에 대처하려는 목적으로 나카소네 수상의 사적 자문기관인 '국제 공조를 위한 경제구조 조정 연구회'가 발족해 1986년 4월에 보고서를 제출했습니다. 이 보고서는 연구회의 좌장이었던 마에카와 하루오前川春雄 전 일본은행 총재의 이름을 따 '마에카와 보고서'라고 불리고 있습니다. 보고서는 미일 무역 마찰 해소를 위해 "내수 확대, 시장 개방, 금융 자유화로 경상수지 불균형을 시정하고 국민 생활의 질 향상을 추구해야 한다"고 주장했습니다.

1989년에는 무역 불균형 시정을 목적으로 한 '미·일 구조 협의'가 시작되어 일본의 유통구조 및 상업 습관까지도 문제시되었습니다.

플라자 합의로 파생된 엔고 현상

1980년대에 '역逆 오일 쇼크'이라고 불리는 사태가 발생했습니다. 1986년대 초 배럴당 30달러 가까운 수준이던 원유 가격이 그 후 반년 동안 약 10달러까지 폭락한 것입니다. 나중엔 회복되었지만 급등하는 일은 없었고 1999년까지 20달러 전후로 계속 유지되었습니다(도표 3-2 참조).

물론 유가 인하는 석유 수입국에 큰 경제적 이익을 가져다주었습니다. 인플레이션이 억제되어 경제성장이 촉진되고 국제수지도 개선된 것입니다. 특히 일본에서 효과가 컸죠. 도표 3-2에서 알 수 있듯이 엔고가 엔화 기준 유가를 더욱 하락시켰기 때문입니다.

1985년 9월 뉴욕의 플라자 호텔에서 선진 5개국 장관과 중앙은행 총재의 국제회의 G5가 열렸습니다. 이때의 성명은 '플라자 합의'라고 불립니다.

이는 국제 협조적으로 외환시장에 개입하여 환율을 '엔화 강세, 마르크화 강세, 달러 약세'로 유도하려는 5개국 간의 합의입니다. 미국이 무역 적자를 떠안은 덕분에 일본과 서독이 경제성장을 계속하면서 무역 흑자를 내고 있다는 구도가 배경이었죠. 상황이 이러하니 일본과 서독이 기관차가 되어 세계경제를 견인해야만 한다는 생각 때문에 플라자 합의가 제창된 것입니다.

2015년은 플라자 합의로부터 30년째가 되는 해입니다. 그사이 변화한 일본 경제의 지위에 재차 금석지감을 깊이 느끼지 않을 수 없습니다.

플라자 합의는 발표 직후부터 환율에 큰 변동을 가져왔습니다.

1985년 9월 24일 일본은행이 플라자 합의에 따라 달러 매도 개입을 시작하자 달러 환율이 급락했고 시장은 대혼란에 빠졌습니다. 전날까지 달러당 235엔이었던 엔·달러 환율이 24시간 만에 20엔이나 떨어졌습니다. 이에 기업의 본점과 지점 간 통화가 급격히 증가하여 시외 통화가 2시간이나 마비된 것으로 알려져 있습니다.

그 후에도 엔고가 계속 유지되어 달러에 대한 엔의 가치가 1년 동안 6할이나 상승했으며, 1986년 7월에는 환율이 달러당 150엔까지 떨어졌습니다. 그리고 1987년에는 120엔대가 되어 1989년까지 이 정도의 수준이 이어졌습니다(도표 3-1 참조). 1980년대에는 8퍼센트대였던 전년 동월 대비 소비자물가지수가 1983년에 2퍼센트대로 떨어졌고 1986년에는 1퍼센트 미만 혹은 마이너스가 되었습니다.

자발적 금융완화에서 헤어나지 못하다

급격한 엔고 현상으로 일본의 수출 증가세가 둔화되었기 때문에, 금융완화에 대한 요구가 커졌습니다. 사실 1980년 8월 일본중앙은행의 공정금리(기준이율) 인하 이래 6년 가까이 금융완화정책이 실행되고 있었습니다. 공정금리는 1980년 8월의 9퍼센트에서 다섯 차례 인하되었고, 1983년에는 5퍼센트까지 내려갔죠(도표 4-4 참조).

일본은행은 금융완화를 한층 더 진행했습니다. 기준금리는 1986년과 1987년 사이 5회에 걸쳐 인하되었고, 1987년 2월에는 2.5퍼센트로 전후 최저치까지 내려갔습니다. 그 결과 통화공급량의 증가율은 두 자릿수에 달했습니다. 2013년부터 실행된 '이차원異次元 금융완화'로 인한 통화공급량 잔액 증가율이 2~3퍼센트 정도밖에 되지 않았던 것과 비교하면 천양지차입니다.

그리하여 저유가, 엔고, 금리 저하라는 세 가지 조건이 갖추어진 것입니다. 이는 당시에 '트리플 메리트triple merit(삼중 우세)'로 불렸죠.

하지만 실질 GDP 성장률은 곧바로 높아진 게 아니라 1985년 6.3퍼센트에서 1986년 2.8퍼센트로 오히려 낮아졌습니다. 엔화 강세로 수출이 감소했기 때문입니다. 그러나 소비지출의 증가세가 견고했기 때문에 1987년, 1988년의 GDP 성장률은 높아져갔습니다 (도표 2-1 참조).

"달러 강세 시정을 위한 각국의 협조·개입이 외환시장에 미친 영향이 과도하다"는 목소리가 높아지면서, 1987년 2월 파리의 루브르

도표 4-4 1980년대의 금융정책(기준인하율 및 기준대출이율)

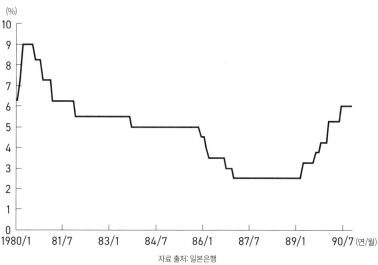

자료 출처: 일본은행

궁전에서 선진 7개국의 재무장관·중앙은행 총재 회의 G7이 개최되었습니다. 참가자들은 달러 약세에 제동을 걸기 위해 협조·개입하기로 동의했죠. 이것은 '루브르 합의'라고 불립니다. 하지만 달러 약세와 엔 강세는 멈추지 않았습니다.

1987년 10월 19일 뉴욕 주식시장에 '블랙 먼데이'(암흑의 월요일이라 불리는 주가 대폭락)가 찾아왔습니다. 하락률은 1929년 '블랙 서스데이'(암흑의 목요일)의 12.8퍼센트를 크게 웃도는 22.5퍼센트에 달했습니다. 이것이 각국의 거래소에 연쇄적으로 영향을 주어 전 세계에서 동시 주가 하락이 일어나고, 도쿄 증권거래소의 주가도 14.9퍼센트나 대폭 하락했죠.

미국의 무역 적자가 확대되고 있다는 점, 그럼에도 루브르 합의에 따라 달러화 약세 방지를 위한 금융긴축 조치가 예상된다는 점 등이 주가 폭락의 주요 원인으로 제기되었습니다.

그 무렵 일본에서는 이미 땅값이 상승할 조짐이 있었는데요, 이 때문에 금융완화정책에서 벗어나 금리를 올려야 할 상황이었습니다. 그러나 금리를 올리면 달러화 약세를 가속시켜 미국 경제에 부정적 영향을 미칠지도 몰랐습니다. 일본발 세계 공황을 일으킬 수도 있다는 우려 때문에 일본은행은 금리 인상을 보류했습니다.

기준금리는 1987년 2월부터 1989년 5월까지 2.5퍼센트로 매우 낮게 내려갔습니다. 이렇게 방치된 비정상적인 금융완화 상태가 거품 경제를 불러온 것입니다.

2

자유주의 사상의 복권

분단 독일에서 실감한 동서 냉전

1980년대 전반은 동서 진영의 냉전으로 특히 긴장이 고조되던 시기였습니다. 1979년 소비에트 연방이 아프가니스탄에 군사 개입한 것을 이유로 미국, 일본, 서독이 1980년에 열린 모스크바 올림픽 참가를 보이콧했죠.

저는 그 얼마 전에 기차로 서독을 여행한 적이 있습니다. 역에 정차한 열차에는 전차들이 실려 있었습니다. 더 이동해보니 한없이 드넓게 펼쳐진 밭을 탱크가 휘젓고 다녔고 상공에는 제트기들이 굉음을 내며 날고 있었습니다. 군사훈련이었습니다.

그 광경을 보고 냉전의 현실을 실감했습니다. 일본에 있으면 냉전이라는 말은 알고 있어도 그것을 사실적으로 느낄 기회는 거의 없습니다. 하지만 분단 독일에서 냉전은 일상생활의 일부였습니다.

냉전이 눈앞에 뚜렷이 보이는 곳은 베를린이었습니다. 이 도시는 제2차 세계대전 후 연합국의 공동 통치하에 놓였지만, 미소 관계가 악화되자 소련은 동베를린을 봉쇄했습니다. 1961년 8월에는 미·영·프 3개국 점령지와의 경계에 장벽이 세워지면서 동서 베를린을 자유롭게 왕래할 수 없게 되었죠.

베를린에는 브란덴부르크문이라는 유명한 개선문이 있습니다. 동서 베를린을 가르는 장벽은 바로 그곳의 서쪽이었습니다. 서베를린 쪽에는 관람대가 있고 계단을 오르면 장벽 너머로 브란덴부르크문이 보였습니다. 문 바로 옆에는 소련 탱크가 승전 기념으로 놓여 있었습니다. 문 주위에는 아무런 인적도 없었고요.

하루만이라면 외국인은 비자 없이도 동베를린에 갈 수 있었기 때문에 저도 전철로 여러 번 간 적이 있습니다. 동쪽에서 보면 브란덴부르크문 너머에 장벽이 서 있고, 자유로운 세계는 그 장벽 너머에 있습니다. 동베를린 사람들은 그러한 환경에 갇혀 있었던 것입니다.

베를린에서 포츠담에 이르는 길

몽펠르랭 소사이어티Mont Pelerin Society라는 단체가 있습니다. '공산주의와 계획경제에 반대하고 자유주의를 확장한다'는 목적으로 1947년에 설립된 연구 단체로, 자유주의의 기수인 경제학자 밀턴 프리드먼, 오스트리아 경제학자이자 정치철학자 프리드리히 하이에크 등이 이끌던 자유주의자들의 모임입니다.

저는 1982년에 이 학회 총회에서 연구 보고를 한 적이 있습니다. 베를린에서 회의가 열렸죠. 자유주의 진영의 경제 번영 성과를 동쪽의 공산권 진영에 과시하려는 의도가 있었을 것입니다.

학회의 '소풍 프로그램'에 따라 베를린에서 30킬로미터가량 떨어진 포츠담에 갔습니다. 포츠담은 제2차 세계대전 때 일본의 무조건 항복을 요구한 포츠담 선언으로 유명한 도시이지만, 원래는 프로이센 왕국의 수도로 번창했던 땅입니다.

동독 영내에 있는 도시였기 때문에 서베를린에서 가려면 국경을 통과해야 했습니다. 여러 대의 버스에 나누어 타고 갔는데 국경에서 장장 2시간 가까이 기다려야만 했어요. 나중에 들은 이야기로는 프리드먼과 하이에크가 있었기 때문에 괴롭힘을 당한 게 아닌가 하는 추측이 나돌았다고 합니다.

독일 재통일(1990) 후 베를린에서 전차를 타고 포츠담에 간 적이 있는데 30분도 안 돼 도착했습니다. 그렇게 가까운 마을인데도 1980년대 초반까지 서베를린에서부터 포츠담으로 가는 길은 매우 멀었던 것입니다.

저는 소련 영토도 몇 번 밟은 적이 있지만 단지 공항에만 머물렀을 뿐입니다. 냉전 시기에 소련은 외국 항공사의 영공 통과를 허용하지 않았습니다. 이 때문에 일본에서 유럽으로 가는 항공편은 알래스카 앵커리지에 착륙해 급유한 후 북극을 넘어 유럽으로 향했습니다. 그러나 어느 순간부터 모스크바 셰레메티예보 공항을 경유하는 항공편도 생겼습니다.

공항 로비는 어두컴컴하고 아무런 장식이 없는 살벌한 공간이었죠. 매점도 좁고 허술했으며 덩치가 크고 무서운 얼굴을 한 여성이

동베를린에서 본 브란덴부르크문. 바로 앞쪽이 베를린 장벽.
부근에는 아무런 인적이 없다.

손님들을 노려보고 있었어요. 총을 든 다수의 군인이 로비를 행진하고 있어 '이런 쓸데없는 짓에 젊은 사람들을 고용하는 국가가 오래 존속할 수 있을까'라고 생각했습니다.

1980년이 되자 모스크바 올림픽을 위해 셰레메티예보 공항이 확장되어 제2터미널 빌딩이 건설되었습니다. 새로운 터미널 빌딩은 근대적이고 밝은 건물이었고, 면세점은 크게 확장되어 서측에서는 신용카드를 사용할 수 있게 되었습니다. 매장에는 눈이 번쩍 뜨일 정도로 아름다운 러시아 여성들이 있었습니다.

기능 부전에 빠진 소련과 중국

모스크바 올림픽을 앞둔 무렵, 서방을 향한 소련의 얼굴은 겉만 부드럽게 바뀌었을 뿐 내부는 위기 상태였습니다.

고령화된 지도자들이 돌아가며 정권을 차지하고 경제 면에서는 생산성이 마이너스가 되었습니다. 즉, 투자한 원자재의 가치보다 제품의 가치가 더 낮은 경제가 되어버린 것입니다.

미국 역사학자 마틴 말리아에 따르면, 1967~1970년 평균 5.1퍼센트였던 소련의 연평균 성장률은 1981~1990년에 제로로 곤두박질치고 말았습니다. 소련의 성장률 숫자는 2퍼센트포인트 하향해서 보는 게 적당하다고 생각되므로 1980년대 소련 경제는 마이너스 성장을 거듭한 셈이 됩니다(『소비에트의 비극: 러시아 사회주의 역사The Soviet Tragedy: A History of Socialism in Russia, 1917~1991』).

소련의 내부 혼란상은 바깥에서 볼 때도 차츰차츰 분명해졌습니

다. 1983년 9월에 소련 방공군 전투기가 대한항공 여객기 보잉747
을 격추한 사건이 일어났습니다. 승무원, 승객 등 총 269명이 모두
사망했고 소련은 국제 여론의 따가운 비판을 받았습니다. 저는 마
침 워싱턴 교외에서 열린 회의에 참석하고 있었는데, 참가 예정자
였던 미국의 슐츠 국무장관이 헬리콥터로 회의장에 나타나 소련의
잔학한 행위를 강한 어조로 비난했죠.

1986년 4월에는 체르노빌(현재는 우크라이나 영토) 원자력 발전소
가 폭발 사고를 일으켜, 대량의 방사성 물질이 대기 중에 분출되었
습니다. 이 무렵 소련은 더 이상 국내 경제활동을 통제할 수 없었습
니다. 저는 사건 직후 베를린에 있었죠. 우산을 안 들고 외출했는데
공교롭게도 비가 내려 방사능이 무서워서 건물에서 나올 수 없었
던 적이 있습니다.

1988년 캘리포니아대학 버클리캠퍼스에서의 연구회 때 비행장에
서 탄 택시의 운전사는 망명한 에스토니아인이었고 시애틀에서 탄
택시 운전사는 망명 러시아인이었습니다. 1989년의 밴쿠버 공항에
서는 영국이 홍콩을 중국으로 반환(1997)하기 전에 캐나다로 이주
하려는 홍콩인들이 입국 심사장에 장사진을 이루고 있었습니다.

중국에서는 마오쩌둥, 저우언라이가 병석에 눕고 장칭江青 등 4인
방이 실권을 잡았습니다. 하지만 그들은 1976년 마오쩌둥 사망으
로 실각했습니다. 그 후에도 중국공산당 주석에 취임한 화궈펑華國
鋒과 군의 지지를 받은 덩샤오핑과의 정치투쟁 등이 잇따르면서 중
국 국내 혼란이 계속됐습니다.

1980년대는 누가 봐도 사회주의 국가의 기능 부전이 분명해진
시기였던 것이죠.

구舊 동서 베를린 경계의 지뢰밭. 주행 중인 전차 안에서 '결사'의 각오로 촬영했다.
사진 중앙에 순찰 중인 두 명의 병사가 보인다.

대처·레이건·고르바초프의 시장주의와
존재한 적 없는 공산주의

한편 서방세계에서는 정치사상 측면에서 큰 변화가 일어났습니다.

영국에서는 1979년에 마거릿 대처가 수상으로 취임해 규제를 완화하고 시장의 조정력을 중시하는, 이른바 '대처리즘Thatcherism'이라고 불린 신자유주의적 경제정책을 추진하면서 여러 개혁을 실행했습니다. 그동안 국영이었던 전화, 철도, 항공 등의 사업을 민영화하고 노조의 파업에 강력하게 맞섰습니다. 금융 부문에서는 규제 완화로 외국 자본의 진입을 인정하는 빅뱅(금융 대개혁) 정책을 도입했습니다. 세제에서는 소득세를 감세하는 한편 부가가치세를 증세하는 개혁을 단행하면서 국민의 자립을 재촉했습니다.

대처의 수상 취임 2년 후인 1981년 미국에서는 공화당의 로널드 레이건이 대통령이 되어 대처와 같은 자유주의적인 개혁을 진행합니다. 산업계를 활성화하겠단 의도로 소득세 감세를 추진하고 시장규제를 완화했습니다. 이런 일련의 정책은 소위 '레이거노믹스Reaganomics'라고 불리고 있습니다.

이렇게 해서 1930년대 세계 대공황 이래 케인스주의적인 정책, 즉 시장의 경제활동에 대한 정부의 개입을 중시하는 정책이 퇴조하고, 시장을 중시하는 시대가 부활했습니다.

이 무렵 앞서 기술한 몽펠르랭 소사이어티 총회가 영국 케임브리지대학에서 개최되었죠. 그때 저는 국영기업 민영화 세션에서 일본의 3개 국영 회사 민영화 사례보고를 했는데, 다른 보고가 지극히 추상적이고 철학적이어서 적잖이 당황했습니다. 이 총회가 케임브리지대학에서 열린 까닭은 '하이에크의 자유주의가 마침내 케인스주의를 무너뜨렸다'는 사실을 과시하려는 회원들의 생각에 따른 것이었습니다(케인스는 케임브리지대학 교수였죠).

저녁 식사 후 하이에크의 자유 세미나가 열렸는데, 대학 라운지의 어슴푸레한 불빛 아래서 많은 사람이 그를 둘러싸고 강의를 들었습니다. 이 세미나도 지극히 철학적이고, 추상적이고, 난해한 내용이었습니다. 게다가 하이에크는 이야기에 열중하다 어느새 영어에서 독일어로 바꿔 말해버렸습니다(하이에크는 오스트리아 태생).

소련에서는 1985년에 미하일 고르바초프가 공산당 서기장으로 취임해, 같은 해 11월에 제네바에서 레이건 대통령과 정상회담을 열고 핵 군축 가속화, 상호 방문 등 동서 긴장 완화에 합의했습니다.

고르바초프는 페레스트로이카(개혁), 글라스노스트(정보공개)라 불리는 민주화정책을 추진하고 사적 영업을 공인한 데다 반反체제파를 석방했습니다. 더불어 동유럽 민주화 혁명도 지지하는 등 폐쇄적 공산주의 체제에 대한 개혁을 시도했습니다. 그는 경직된 소련 경제·사회제도에 민주주의와 정치적 자유, 시장경제를 도입하려고 했지만, 시종일관 공산주의자를 자처했습니다. 그의 민주화정책은 소련의 체제를 영구적으로 되살리기 위한 개혁이었습니다.

그러나 1980년대 말에 동유럽 공산주의 정권들이 눈사태처럼 연달아 붕괴해버리고 말았죠. 폴란드, 헝가리, 체코, 슬로바키아에 비공산당 정권이 들어서면서 유고슬라비아와 루마니아 정권도 붕괴했습니다. 그리고 1989년 11월 베를린 장벽이 무너졌습니다(다만 중국공산당은 1989년 톈안먼 사태 때 탱크를 이용해 민주화운동을 탄압하며 살아남았습니다).

고르바초프는 공산당 보수파를 억제하지 못했고 1991년 8월에 쿠데타가 발발하자 구속되어 실권을 잃었습니다. 보리스 옐친이 이끌던 러시아 공화국이 소련에서 탈퇴했고 같은 해 12월 소련은 마침내 붕괴했습니다.

마틴 말리아는 앞서 언급한 책에서 다음과 같이 썼습니다.

"공산주의는 결국 트럼프 카드로 쌓은 집처럼 홀연 맥없이 무너져버렸다. 공산주의는 항상 트럼프 카드 집이었다."

"요컨대 사회주의 같은 것은 실재하지 않는다. 그런데도 소비에트 연방은 그 건설에 힘썼다."

"소비에트이즘Sovietism이라는 '초현실'은 불현듯 사라졌고, 러시아는 과거 70년 동안의 비참한 사건들에 의한 폐허 한복판에서 결국 악몽으로부터 깨어났다."

저는 이 세 명의 정치인 중 두 명, 레이건과 고르바초프의 사인을 갖고 있습니다. 하나는 캘리포니아대학의 석사 학위 증명서로, 당시 캘리포니아주 주지사였던 레이건이 서명했습니다.

다른 하나는 고르바초프가 대통령을 사임하고 한참 뒤 일본에 왔을 때 함께 패널디스커션panel discussion에 참가하여 받은 것입니다. "미스터 노구치에게 기념으로, M. 고르바초프 2007년 11월 12일" 이라고 적혀 있죠.

로널드 레이건.
©CNP/지지통신포토

대처와 레이건의 시장 자유주의 개혁은 일본에도 영향을 미쳤습니다.

1980년에 발족한 스즈키 젠코 내각은 "증세 없는 재정 재건"을 내걸고 1981년에 임시 행정 조사회를 설치했습니다. 조사회는 회장인 도코 도시오土光敏夫의 이름을 따 '도코 임조臨調'라고 불렸고, 과제가 된 재정 재건책 외에 일본국유철도(국철), 일본전신전화공사(약칭은 전전공사), 일본전매공사라는 3개 공사의 민영화를 제언했습니다.

스즈키 내각의 뒤를 이어 1982년에 성립한 나카소네 야스히로中曾根康弘 정권이 이를 계승하여, 일본에서도 대처식 국영사업 민영화와 시장규제 완화를 단행하게 되었죠.

일본의 전화 사업을 독점하고 있던 일본전신전화공사는 1985년 공중전기통신법을 전기통신사업법으로 개정함으로써 민영화되었습니다. 개정된 법대로 일본전신전화공사의 주식회사화와 전기통신사업에 대한 신규 진입의 자유를 인정한 것입니다. 민영화된 새 회사 일본전신전화Nippon Telegraph and Telephone는 1985년 4월에 탄생했습니다.

담배와 소금 전매를 도맡고 있던 일본전매공사는 1985년 4월 일본담배산업주식회사라는 민간 기업이 되었습니다.

3개 공사 중 민영화가 가장 어려웠던 곳은 노동조합이 강한 국철이었던 것 같습니다. '도코 임조'가 분할 민영화라는 방침을 제시했

고르바초프의 사인.
©RIA Novosti/지지통신포토

고, 공영이었던 국철은 민간 기업 조직으로 변경됨과 동시에 6개의 지역별 여객 철도 회사와 하나의 화물 철도 회사로 재편되었습니다. 새로운 회사 JR Japan Railway(일본철도)은 1987년 4월 1일 출범했습니다. 당시 국철 총재는 다카기 후미오로, 대장성 사무차관을 지낸 뒤 취임한 것이었습니다.

이 무렵 다카기 씨를 만나러 간 적이 있었죠. 얼마 전 그가 홋카이도로 출장을 갔다는 신문 기사가 있어서 "홋카이도까지의 교통 수단은 무엇이었습니까?"라고 물었더니 다음과 같은 대답이 돌아왔습니다.

"갈 때는 국철이다. 저쪽에는 기자가 기다리고 있으니까. 하지만 올 때는 비행기야."

국철 민영화는 획기적인 개혁이었습니다. 그동안 파업과 노사 분규를 일삼던 국철은 체질이 크게 바뀌었고 승객 서비스도 향상되었습니다. 하지만 불만스러운 점도 있습니다. JR도쿄가 독립 회사가 되지 않았고, 도쿄권이 JR동일본주식회사의 일부가 되어버렸다는 점이 그렇습니다.

그간 국철의 문제 중 하나는 다른 지역으로 수익이 이전된다는 것이었습니다(이것을 '내부 이전'이라고 말합니다). 도쿄권의 통근 노선에서 올린 수익을 지방의 적자 노선에 쏟아붓고 있었던 셈입니다. 이로 인해 살인적인 교통 정체에 시달리던 도쿄권 통근자를 위한 새 노선이 좀처럼 건설되지 않았습니다. 수도권의 통근자들은 살지도 않는 지방의 노선을 유지하는 데 오랜 세월 큰 부담을 졌던 것이죠.

일본은 전쟁 후 다양한 사회자본을 정비해왔지만, 대도시의 통근 노선은 빈약한 채로 방치되었습니다. '내부 이전' 구조가 큰 원인이었습니다. 그리고 방치된 통근 노선이 1980년대 후반에 터진 부동산 가격 거품의 기본 원인 중 하나가 되기도 했다고 생각합니다.

3

거품 경제는 어떻게 형성되었는가?

재테크를 못하는 놈은 무능하다!

1980년대에는 해외로부터의 압력도 있어 금융이 단계적으로 자유화되었습니다. 규제가 사라지고 금리가 시장 동향을 반영해 결정되면서 금융기관이 개발·판매하는 금융 상품 쪽도 자유도가 높아졌습니다.

다만 규제가 해제되는 과정에서 이상한 사태가 발생했습니다. 그것을 상징하는 게 1980년대에 널리 퍼진 '재테크(재무 테크놀로지의 줄임말)'라는 용어입니다.

제가 1972년 미국 유학에서 귀국했을 때 일본에서도 마침내 주식의 시가발행 증자를 할 수 있게 되었다고 제3장 2절에서 이야기했죠. 1980년대에는 주가가 끊임없이 상승했기 때문에 상장사가 주식을 발행해 자금을 조달하기가 쉬워졌습니다. 대기업은 은행 차입을 줄이고 주식시장에서 자금을 조달하는 쪽으로 기울었습니다. 주식시장으로부터의 조달액은 1980년대 전반에는 3조 엔 정도였지만, 1987년에는 11조 엔, 1989년에는 27조 엔으로 급증했습니다.

지금까지는 장기신용은행이나 전력회사 등 극히 일부 기업에게만 허용되고 있던 사채 발행에 대해서도 규제가 완화되었습니다. 회사채를 발행할 수 있는 기업의 범위가 넓어지면서 보통 회사채 이외의 채권도 인정받게 된 것입니다.

그래서 기업이 착안한 게 전환사채轉換社債, convertible bond입니다. 일정 기간이 지난 후 주식으로 전환할 권리가 있는 사채입니다. 100엔으로 발행된 회사채에 1주당 전환권이 설정되어 있다면 주가가 150엔으로 올랐을 때 주식으로 전환하여 시장에 매각함으로써 50엔의 이익을 얻게 되는 것이지요. 한편, 주식이 100엔 이하로 가격이 하락했을 경우에는 전환하지 않고 사채인 채로 가지고 있으면 상환 시에 100엔에 대한 이자를 얻을 수 있습니다.

투자가에게 전환사채는 주가가 오르면 이득이 된다는 장점이 있습니다. 그것을 반영하여 이율이 보통 사채보다 낮게 설정되어 있기 때문에, 기업 측에서는 낮은 금리 부담으로 자금 조달이 가능합니다. 전환사채는 이미 1966년부터 발행되고 있었는데, 1980년대 후반에 이르러서는 발행액이 급증했습니다.

게다가 1981년에는 워런트채warrant債 발행도 허용하게 되었습니다(지금은 '신주예약권부사채新株豫約權付社債'라고 불립니다). 발행 회사의 신주를 미리 정해진 가격에 구입할 권리warrant가 있는 사채입니다. 전환사채는 사채를 주식으로 전환하는 데 반해, 워런트채는 주식을 구입하려면 별도의 돈이 필요합니다. 하지만 주가가 구매 권리 행사 시의 가격보다 높으면 그 주식을 시장에 팔아서 이익을 얻을 수 있습니다. 한편, 이 권리가 붙어 있는 만큼 이율은 낮아집니다. 때문에 기업에서는 워런트채도 낮은 금리 부담으로 자금 조달이 가능한 회사채가 되는 것입니다.

이렇게 해서 상장사들은 은행 대출보다 낮은 금리로 자금을 조달할 수 있게 되었습니다. 그 때문에 기업은 운영 자금이나 설비투자에 충당하기 위해서뿐만이 아니라, 자산을 운용할 목적으로도 자금을 조달하게 되었죠.

예컨대 전환사채를 발행하여 손에 쥔 자금을 대규모 정기예금에 예치할 수 있습니다. 금리가 자유화되었기 때문에 신용이 좋은 대기업에 대해서는 예금 금리가 높게 제시되어 있었습니다. 대기업은 대규모 정기예금을 하는 것만으로 이익을 낼 수 있는 상황이 벌어진 거죠.

이것이 '재테크'의 내용입니다. '재무 테크놀로지'의 약자라고 할지라도 실체는 '테크놀로지'라고 부를 수 있는 상품이 아니라 금융 시장의 왜곡이 일으킨 '이상異常 현상'에 불과합니다. 그러나 기업이 이익을 얻을 수 있다는 건 분명하기 때문에 순식간에 이용이 증가했습니다.

일본 금융 역사에 남을 만한 이상 사태는 더 있습니다.

이 시기 '특금特金(특정금전신탁)'과 '펀트라(펀드 트러스트fund trust, 지정금외신탁)'라는 신상품이 인가를 받았습니다. 모두 주식이나 채권으로 운용하는 금전신탁 상품입니다. 기업이 낮은 금리로 조달한 자금으로 특금이나 펀트라를 사면 조달 금리를 훨씬 웃도는 이율을 실현할 수 있었던 것입니다. 1985년 말에 특금과 펀트라의 잔고는 9조 엔 미만이었지만 1989년 말에는 43조 엔 가까이까지 급증했습니다.

1987년에는 CP(기업어음Commercial Paper)의 발행이 인정되었습니다. 기업이 단기 자금을 조달하기 위한 수단으로, 어음과 같은 것입니다. 대기업의 CP 발행 금리가 정기예금 금리를 밑돌고 있었기에, CP로 자금을 조달하여 정기예금에 맡기면 이익을 얻을 수 있습니다. 문자 그대로 '오른쪽에서 왼쪽으로 옮기기만 하면' 돈을 버는 구조입니다.

그리하여 "기업의 재무담당자로서 재테크를 하지 않는 자는 무능하다"고 말하는 시대가 도래했습니다. 기업은 본업인 사업이 아니라 금융자산 운용으로 수익을 올리는 데 관심을 갖게 된 것입니다.

이상야릇한 땅값 상승이 시작되다

도쿄 도심에서 지가地價가 비정상적으로 오르기 시작한 건 1983년의 일입니다. 기존의 상식으로는 생각할 수 없는 고가의 토지 매매가 이루어졌고 차츰 확산되었습니다.

지가 상승의 배후에는 '일본 경제성장에 따라 도쿄가 아시아의 금융 중심지가 된다'는 기대감이 있었지요. 도쿄 도심부에 오피스텔을 가지고 싶어하는 기업이 전 세계에서 모여든다. 그래서 도심지의 경제적 가치는 높아지고 값은 오를 것이다. 이러한 전망 아래 '땅 사재기'가 시작된 것입니다.

1986년경부터는 '땅 투기地上げ'라든가 '땅 굴리기土地轉がし(관계

자끼리 토지 전매轉賣를 반복하여 가격을 끌어올린 다음 그 차익을 얻는 일'라는 말이 나돌기 시작했습니다. '땅 투기'란, 저층 건물이 밀집해 있던 토지를 매입하고 갱지更地◆로 전환해 빌딩을 지을 수 있도록 조건을 정비하는 것입니다.

도심부의 토지는 권리관계가 복잡하게 얽혀 있어, 갱지로 만들려면 많은 시간이 걸립니다. 때문에 건물을 짓는 대형 부동산 회사는 하청업자를 이용합니다. 이렇게 해서 내력이 의아한 '땅 투기꾼'이 대량으로 출현했습니다.

'땅 굴리기'는 토지를 매입한 후 오른쪽에서 왼쪽으로 되파는 행위, 즉 전매를 일컫습니다. 땅값이 계속 상승하고 있었기 때문에 '되팔기'만 하면 이익이 오르게 되죠. 토지가 담보로 되어 있으면 은행은 쉽게 대출융자를 해주므로, 앞으로 구입할 토지를 담보로 넣으면 거의 자기 자금 없이 '땅 굴리기'가 가능했습니다. 그래서 폭리를 노리는 업자가 다수 출현했습니다.

이른바 '연필 빌딩鉛筆ビル'이라는 신조어도 생겨났습니다. "아주 좁은 부지 위에 5층 높이의 연필처럼 길쭉한 빌딩을 세운다." 이토록 기묘한 전언이 여기저기에서 일상적으로 들리게 되었습니다.

1987년 1월의 공시지가를 보면 도쿄권의 땅값은 전년 대비 평균 23.8퍼센트 상승했습니다. 게다가 1988년 1월에는 65.3퍼센트의 상승률을 기록했습니다.

거품 경제 붕괴 후의 땅값 추이를 보면, 이 시기의 급등이 비정상적인 현상이었음이 분명합니다(도표 4-5 참조). 그러나 이 당시

◆건축물을 짓도록 용도가 정해져 있는 지역에 건축물 따위의 지상물이 없고, 토지 이용에 대한 공법상의 제약은 있으나 사법상 아무런 제약을 받지 않는 완전 소유권의 토지.

사람들은 땅값 급등이 비정상적인 현상이라는 감각을 잃어버렸죠.

1988년에는 국토청이 발행한 『국토이용백서』가 "도쿄권을 중심으로 한 지가 상승은 실수요에 따른다"는 견해를 발표했습니다. 지가 상승은 투기가 아니라 공급에 비해 수요가 과대한 것이 원인으로, 자연스러운 현상이라는 진단입니다.

정부가 땅값 폭등에 대한 보증서를 내준 꼴이지요.

이렇게 해서 '토지 거품'은 과열되어갔습니다. 도심의 오피스텔 용지뿐 아니라 대도시권 주택지 가격도 눈에 띄게 상승했습니다.

1990년에 도쿄권의 맨션 가격은 보통 사람들 평균 연 수입의 10배를 넘었고, 도심부에서는 20배에 가까웠습니다. 수도권에서는 단독주택은 고사하고 공동주택조차도 일반인은 구매할 수 없는 가격이 되어버린 것입니다.

원룸 맨션 건축도 성행했죠. 가격이 오르면 되팔기 위한 투기 목적으로 사는 경우가 많았다고 합니다. 제가 미국에서 일본 경제에 대해 강연할 때에도 일본 토지 문제를 언급하는 경우가 많았습니다. 어느 강연회에서 땅값 설명을 했더니 청중이 킬킬거리며 웃더군요.

"왜 웃었습니까?"라고 강연 후에 물으면 "토지의 넓이를 평방피트로 표현한 것이 이상했습니다. 미국에서는 토지 면적을 에이커로 측정합니다"라는 대답이 되돌아왔습니다.

실은 강연하기 전에 땅값을 어떻게 표현할지 망설이고 있었습니다. 일본에서는 "1평방미터당 얼마"라고 하니까 "1평방피트당 얼마"라고 말한 것뿐이죠. 그런데 미국의 토지 면적 단위인 1에이커는 약 4000평방미터입니다. 그러니까 4만 평방피트죠. 제 말이 미국 청중

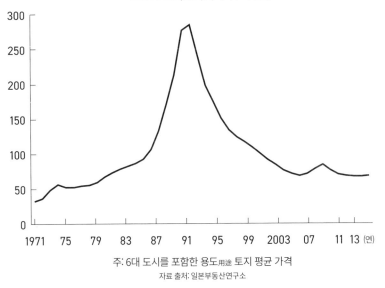

도표 4-5 도시 토지 가격지수의 변화

주: 6대 도시를 포함한 용도用途 토지 평균 가격
자료 출처: 일본부동산연구소

에게는 오죽이나 우스꽝스러웠을까요.

그 후 호주에 갔을 때 '여기서는 토지 면적을 어떤 단위로 나타낼까' 하고 흥미롭게 부동산 광고를 바라보았습니다. 일본에서는 부지 면적이 매우 중요하기 때문에 부동산 광고에는 반드시 소수점 이하까지 제대로 쓰여 있었습니다. 그런데 호주에서 본 어느 광고에는 "이웃 토지와의 경계에 있는 강까지"라고 쓰여 있었습니다. 어느 정도 넓이의 땅인지 숫자가 쓰여 있지 않았습니다. 호주에서는 이게 땅 넓이와 경계에 대한 상식이었죠.

일본 주식시장은 중력의 법칙이 작용하지 않는다?

땅값 상승에 따라 주가도 급속도로 올라갔습니다. 1983년 닛케이 평균주가는 8800엔 근처였지만, 1987년 10월에는 2만6646엔으로 상승했죠. 4년 만에 3배나 오른 것입니다. 그 후에도 오름세는 여전해서 1989년 말 최고가 3만8915엔을 향해 계속 상승했습니다. 1990년 1월에는 "곧 6만 엔대가 될 것"이라는 예측이 신문에 보도되었죠.

일본 기업의 시가 총액은 최고점일 때에 미국 총액의 1.5배까지 팽창해, 세계 전체의 45퍼센트를 차지하기에 이르렀습니다. 무려 전 세계 기업 시가 총액의 절반 가까이를 일본 기업이 차지했던 셈입니다. 정말로 도저히 믿을 수 없는 일이었습니다.

일본전신전화의 시가 총액은 세계 최대의 전화회사인 미국의 AT&T를 제치고, AT&T와 IBM, 엑손, GE, GM을 합한 액수보다도 커졌습니다. 노무라증권의 시가 총액은 모든 미국 증권사의 합계를 웃돌 정도였죠.

노무라증권은 1988년 말 2페이지에 걸친 의견광고를 일본뿐만 아니라 세계 각국의 신문·잡지에 발표했습니다. 그 내용은 다음과 같습니다.

도쿄 증권거래소의 엄청나게 높은 주가를 거론하며 "도쿄는 너무 비싸다"거나 "너무 비싸서 시장이 불안정하다"고 말하는 사람들이 있습니다. 그들은 아직도 프톨레마이오스의 천동설을 믿는 듯한 완고한 회의론자라고 말할 수 있습니다. (…) 천

문학 영역에서는 이후 코페르니쿠스가 나와서 프톨레마이오스를 부인했습니다. 당신은 코페르니쿠스입니까? 아니면 프톨레마이오스인가요? (…) 당신도 지식을 넓히고 코페르니쿠스적인 사고방식을 가져야 합니다. 저희와 함께 자신을 계발하지 않으시렵니까?

요컨대 "일본의 주가가 너무 높은데 이미 성층권까지 올라간 것은 아닐까?"라는 투자자의 불안에 대해 증권사 영업 사원은 "일본에 한해서는 주식시장에 중력의 법칙이 작용하지 않는다"고 대답했다고 합니다. 그러나 뉴턴의 중력 법칙은 일본 주식시장에도 작용하고 있었습니다. 이에 대해서는 제5장 1절에서 살펴보겠습니다.

회화는 벽에 걸린 땅일까?

도심에서 땅값이 급등하는 것과 함께 지방에서는 골프장 개발 붐이 일어났습니다. 사람들은 이것을 '꿈의 연금술'이라고 생각했죠. 골프장을 개발할 경우 먼저 회원권을 판매합니다. 회원권 액면가 9할을 예탁금 형태로 모으는 거죠. 또 은행 대출도 받았는데, 골프장이라고 하면 은행은 쉽게 대출을 해줬습니다.

일본에서 일반적인 골프장을 만들 경우 비용은 약 100억 엔이 소요되었습니다. 수중에 돈이 전혀 없어도 100억 엔짜리 부동산을 개발할 수 있으니 문자 그대로 '꿈의 연금술'입니다.

그동안 꾸준히 가업을 이어온 지방 명사들도 앞다퉈 골프장 개발에 나섰죠. 1985년에 1400개였던 일본의 골프장은 10여 년간 2400개로 늘었습니다. 게다가 1987년에 성립된 종합보양지역정비법綜合保養地域整備法(속칭 리조트법)이 리조트 광풍을 부추겨 별장 등의 개발을 가속시켰습니다.

일본 내에서 골프장 건설로 성공한 부동산개발회사는 뒤이어 해외 리조트 개발에 나섰습니다. 그중 한 명인 다카하시 하루노리高橋治則는 자가용 비행기로 태평양을 날아다니며, 사이판섬과 호주 골드코스트에서 리조트 개발을 추진했습니다. 그가 소유한 회사 EIE 인터내셔널의 자산은 한때 6000억 엔을 넘었으며, 그룹 전체로는 1조 엔을 초과했다고 합니다. EIE 그룹은 거품 경기를 타고 당시 부동산종합개발회사인 미쓰비시지쇼三菱地所의 자산 약 1조8000억 엔에 육박하는 액수까지 자산을 부풀렸습니다(제5장 2절에서 서술하겠지만, 거품 경제 붕괴 후 EIE 그룹은 일본장기신용은행을 비롯한 여러 금융기관이 파산하는 원인이 되었죠).

거품 경제 시기의 투기 대상은 이처럼 도시의 부동산에서 골프장으로, 해외의 휴양지로 차례차례 확대되었는데, 마침내 회화까지 그 대상이 되었습니다.

1987년에는 야스다화재해상보험安田火災海上保險이 반 고흐의 「해바라기」를 58억 엔에 매입해 화제를 불러일으켰죠. 일본 기업이 피카소의 「피에레트의 결혼」을 74억 엔에, 르누아르의 「물랭 드 라 갈레트의 무도회」를 119억 엔에 구매했습니다. 1987년부터 5년간 일본이 해외에서 수입한 미술품의 총액은 1조 엔을 넘어선 것으로 알려져 있습니다.

"도쿄 긴자의 화랑에서 그림을 산 후 다른 화랑에서 되팔면 몇 분 새에 수백만 엔의 벌이가 된다"라든지, "그림은 벽에 걸린 땅이다"라는 투의 대화도 난무했습니다.

"그림은 벽에 걸린 땅"이라는 사고방식에는 이중의 도착倒錯이 있습니다. 토지는 원래 생활이나 사업을 위한 자산입니다. 그런데 당시에 토지는 전매, 즉 되팔아서 돈을 벌기 위한 도구라고 여겨졌습니다. 거기에 첫 번째 도착이 있습니다.

그림은 감상하기 위한 예술품입니다. 그런데 이것도 전매해서 돈을 벌기 위한 도구로 보이게 되었습니다. 그래서 '그림=벽에 걸린 토지'라는 등식이 성립되었는데, 이것이 두 번째 도착입니다. 이런 얘기가 아무렇지도 않게 횡행해서 누구도 이상하게 생각하지 않았습니다.

이 무렵, 저는 이탈리아 밀라노에 있는 보코니대학에서 집중 강의를 하고 있었습니다. 짬짬이 밀라노의 거리로 나와 골동품 가게를 둘러보며 걷는 일이 매우 즐거웠죠. 그런데 어느 해, 가게의 상품 가격이 갑자기 큰 폭으로 올라가고 있는 것입니다.

어느 골동품 가게에서 제가 "도대체 무슨 일인가요?"라고 묻자 주인은 "일본 백화점이 물건을 사러 와서 값을 끌어올렸습니다"라고 대답하더군요. 일본의 거품 경제가 드디어 밀라노의 골동품 가게에까지 손을 뻗친 것입니다.

전 세계를 사들이려는 일본 자금의 질풍노도

1980년대 후반에는 일본 기업들의 화려한 금융 거래나 해외 부동산 투자가 온 세계에서 화젯거리가 되었습니다.

국제금융시장에서 왕성한 투자 의욕을 보이는 일본의 생명보험사를, 서양의 시장 관계자는 '세이호Seiho, 生保'라고 부르고 있었죠. 생명보험업계에서 제1, 2위인 일본생명보험과 제일생명보험은 한때 세계의 생명보험사 총자산 랭킹에서도 각각 1, 2위를 차지했습니다.

해외 부동산 투자 기세도 어마어마해서 1986년 제일부동산第一不動産이 뉴욕의 티퍼니 빌딩을 기록적인 가격에 매입했습니다. 1989년에는 미쓰비시지쇼가 뉴욕 중심에 있는 록펠러센터 열네 동을 한꺼번에 사들였고요. 그 밖에도 아자부麻布건물과 슈와秀和라는 일본의 부동산회사가 하와이에서 호텔을, 캘리포니아에서 빌딩과 쇼핑센터를 각각 매점했습니다.

1990년에는 캘리포니아 페블비치의 골프 코스와 호화로운 호텔을 일본의 부동산회사 코스모월드가 8억 달러 남짓한 가격으로 매수했습니다. 이곳은 제2장 4절에서 언급한 샌프란시스코 남쪽의 카멜이라는 마을에 있는 매우 아름다운 해안입니다. 제가 1960년대에 처음 봤을 때 '지상에 이토록 아름다운 곳이 있다니'라고 감탄했던 고급 별장 지역으로, 당시에는 일본인이 그곳에 간다는 것 자체를 상상도 하지 못했습니다.

그곳을 일본 기업이 매점했다네요. '말도 안 되는 일이 벌어지고 있다'고밖에 생각할 수 없었죠. 미국의 부동산에 대한 일본의 투자 규모는 1985년에 약 19억 달러였으나, 1988년에는 약 165억 달러로 팽창했습니다. 일본의 토지 자산 총액은 1989년 말에 약 2000조 엔이 되어 미국의 토지 자산 총액인 약 500조 엔의 4배가 되었습니다. 그래서 "도쿄도를 팔면 미국 전역을 살 수 있다"거나 "황거

皇居(천황의 거처)의 토지만으로 캐나다를 전부 살 수 있다"는 따위의 말들이 오고 갔죠.

일본 상인들은 세계를 활보했습니다. 1990년 개봉한 미국 영화 「귀여운 여인」에서 배우 리처드 기어가 연기한 실업가 에드워드는 도쿄의 증권거래소에서 사업을 합니다. 영화에는 키 작고 안경을 쓴 일본인 사업가도 등장합니다. 이는 전 세계의 많은 사람이 당시에 가지고 있던 일본에 대한 이미지였죠.

1987년부터 2006년까지 미국 연방준비제도이사회FRB 의장을 지낸 앨런 그린스펀은 회상록에서 "이때만큼 외국의 위협을 느낀 적도 없다. 스푸트니크 이후 처음 있는 일이다"라고 말했습니다(『격동의 시대: 신세계에서의 모험』).

4

거품 경제는 '1940년 체제'의 마지막 발악

일본은 정말로 그토록 강대한가?

당시 저는 외국 학자와 공동 연구를 여러 차례 진행했는데, 주제는 항상 '일본은 왜 강한가'였습니다.

앞서 소개한 『메이드 인 아메리카』가 그랬듯이 '일본의 경제적 성공 요인은 일본 특유의 경제구조에 있다'고 생각했던 것입니다. 그게 구체적으로 무엇인지 밝히는 것이 해외의 연구자들에게는 큰 주제였던 셈입니다.

그들의 기본적 견해는 '일본 주식회사론'입니다. 노사관계나 경영 방식이 특수하기 때문에 일본 경제가 강하다는 관점입니다.

첫째로 일본 기업에서는 경영진과 노동조합이 대립하지 않는다는 점이 중요하게 여겨졌습니다. 영국 같은 나라에서는 노사가 서로 분쟁을 일삼고 노동자들이 높은 임금을 요구하다보니 기업 이익이 압박을 받습니다. 그러나 일본에서는 경영자와 종업원이 일체화하고 있어서 그런 문제가 일어나지 않기 때문에 고성장을 할 수 있다는 논리입니다.

둘째, 일본의 경영자는 나날의 주가에 일희일비하지 않아도 되므로 장기적 시점을 가질 수 있다는 지적입니다. 미국에서는 주가가 하락하면 경영자가 책임을 져야 하기에 늘 주가에서 눈을 떼지 못하고 눈앞의 실적만 올리는 데 급급합니다. 그러나 일본의 경영자는 그러한 시장의 압력을 받지 않고 있다는 견해였습니다.

하지만 저는 이러한 결론에 '위화감'이 있었습니다. 일본형 시스템은 정말로 그토록 강한가? 일본은 정말 '실력'으로 미국을 제쳤는가? '그런 일이 있을 리 없는데도 기적이 벌어지고 있다'고밖에 생각할 수 없었습니다.

미국과 일본의 대학만 비교해봐도 어느 쪽이 강한지는 분명합니다. 미국의 상위권 대학은 여러 측면에서 일본의 최상위권 대학이 미치지 못하는 실력을 갖추고 있습니다. 일본에서 미국의 대학원으로 유학을 가는 학생은 많이 있었지만, 미국의 학생이 일본의 대학원에 대거 유학을 오는 경우는 거의 없었습니다. 미·일 대학원의 실력 차이가 가져오는 필연적 결과입니다. 세계 정상급 두뇌는 일본이 아닌 미국에 몰려 있습니다. 그런데도 경제력은 일본이 미국을 능가한다는 건 자못 이상하다는 게 저의 직관이었습니다.

그렇지만 이 무렵을 경계로 해서 '이 세계에서 일본은 어느 정도의 위치에 있는가'에 관한 일본인의 생각이 크게 바뀐 것 같았죠. 그전까지 일본인의 보통 생각은 '일본은 낙후되어 있으므로 다른 나라를 따라잡아야 한다'는 것이었습니다. '그러기 위해 외국에서 배울 게 있으면 배우자'는 겸허한 분위기가 지배적이었죠. 하지만 1980년대 무렵부터 '일본인과 일본의 제도는 뛰어나다'는 생각이 고개를 들기 시작했습니다(그 발단이 제3장 마지막에서 말한 '일본형 시스템 예찬'입니다).

물론 저는 자국에 대한 자부심을 가지는 것이 매우 중요하다고 여깁니다. 다만 객관적인 사물과 사실이 뒷받침되어야 합니다. 케네디 공항에서 일본 항공 비행기를 보고 감격했다고 제2장 4절에서 말했습니다. 이것은 당연히 '자랑스러운 기분'이라고 바꿔 말할 수 있습니다. '일본 비행기가 여기까지 날아올 수 있었다'는 객관적 사실이 증명하고 있기 때문입니다. 그러나 그러한 뒷받침 없이 오로지 '자부심(정신 승리)'만이 독주하는 것은 위험합니다. 독주하는 자부심은 양외攘外(외국 배척)와 다양성 배격으로 이어져 진보의 최대 장애가 되고 마는 경우가 많습니다.

인간의 존엄성을 훼손하는 투기사업

일본의 문제는 단지 미일 간의 차이뿐만이 아닙니다.

1980년대 후반에는 땅값 폭등 때문에 직장인들이 평생을 땀 뻘뻘 흘리면서 일해도 '자기 집 마련'이 불가능해졌습니다. 부지런하게 노동을 해도 보답받지 못했지만 '땅 굴리기'를 하면 별로 힘들이지 않고 요행히 거액의 부를 손에 거머쥘 수 있었습니다.

당시 여학생이 아르바이트로 골프 회원권을 알선해서 웬만한 샐러리맨도 만져볼 수 없는 돈을 벌고 있는 걸 봤어요. 하야시 마리

코는 소설 『앗코의 시대ァッコちゃんの時代』(2005)에서 거품 경제 시기의 세태를 그리고 있습니다. 주인공은 부동산 회사 사장을 사로잡은 젊은 여성입니다. 이 소설에서 묘사한 상황이 현실에서 실제로 일어난 것이죠.

성실하게 일하는 것은 정당한 보답을 받지 못하는데 허업虛業(투기사업)과 부당 이득과 불로소득, 악덕 상술은 끝없는 부를 가져옵니다. 그런 상황은 인간의 존엄성을 훼손하기 마련입니다.

1989년에 간행한 『토지의 경제학土地の經濟學』에서 저는 그러한 생각을 전개했습니다. 하지만 아쉽게도 일본에서의 반향은 거의 없었죠. 제 생각에 관심을 보인 사람들은 일본인이 아니라 미국인이었어요.

때마침 미일 기구 간 협의가 진행 중이었던 관계로 미국의 연구자들은 일본의 토지 문제에 매우 강한 흥미가 있었습니다. 저는 당시 주일 미국대사였던 마이클 아머코스트와 토지 문제에 대해 몇 차례나 논의했습니다(아머코스트와는 그 후 스탠퍼드대학에서 동료가 되었습니다).

원인은 좁은 국토 면적이 아니다

당시 일본에서 지가 상승에 관한 일반적인 이해는 '토지가 좁기 때문에 땅값이 오른다'는 것이었습니다. 일본은 좁은 섬나라여서 토지의 총량이 적은 데다 세계 제일의 경제활동이 집중되어 있으니 토지 가격이 비싼 건 당연하다는 사고방식입니다.

하지만 이 생각은 틀렸습니다. 확실히 일본 전체의 면적은 미국이나 캐나다, 호주보다 좁습니다. 그러나 지가에서 문제가 되는 땅의 넓이는 국토의 전체 면적이 아니라 도시로 사용될 수 있는 땅의 면적입니다. 이런 가주지可住地 면적으로 비교하면 일본은 결코 좁지 않죠. 미국 국토가 넓은 건 사실이지만 그중 가주지는 극히 일부입니다. 캐나다, 호주, 러시아 등도 마찬가지입니다. 도시적 용도에 맞출 수 있는 지역의 넓이라면 국토 전체의 면적이 큰 나라와 비교해도 일본은 그다지 좁지 않다는 것입니다.

그럼 왜 일본에서 토지 문제가 심각해진 것일까요?

도시의 토지 이용도가 낮기 때문입니다. 즉, 도시지역의 토지를 집약적으로 이용하지 않는 거죠. 높은 빌딩을 지어 토지를 효율적으로 이용하지 않았고, 도심의 일등지도 방치된 채였습니다. 문제는 여기에 있습니다.

실제로 통계 데이터를 비교해보면 파리나 뉴욕과 비교해 도쿄의 용적률이 현저하게 낮음을 알 수 있습니다. 즉 도쿄는 토지가 부족한 게 아니라 토지를 효율적으로 이용하고 있지 않았던 것입니다.

왜 그렇게 되었을까요?

첫 번째 원인은 전시에 개정된 차지법·차가법에 의한 차지권·차가권借家權(세를 내고 집을 빌려 쓸 권리) 강화에 있습니다. 일본에서는 차지권이 매우 강하기 때문에 한번 토지를 빌려주면 빼앗긴 것이나 다름없어져버리죠. 토지의 주인은 특별 사정이 없는 한 여간해서는 빌려준 토지를 되찾을 수 없습니다. 따라서 본래는 차지로 유효하게 이용되어야 할 토지를 땅 주인이 공터로 내버려두고 있는 것입니다. 혹은 오래된 건물이 있어도 망가져버릴 때까지 개축하지 않고 방치해버립니다. 세입자가 한번 들어오면 내쫓을 수 없기 때문에 사람이 살지 않는 채로 내버려두는 것이지요.

무릇 강력한 차지권·차가권은 '1940년 체제'의 산물입니다. 제1장 2절에서 살펴본 바와 같이, 전후 일본 사회에서 차지권·차가권 강화는 큰 의미가 있습니다. 이 권리들이 당시 '부의 평등화'에 큰 역할을 했다는 것은 틀림없는 사실입니다. 그러나 1980년대에는 토지를 보유한 사람과 보유하지 않은 사람 사이에 큰 격차를 일으키는 원흉으로 변질되었습니다.

두 번째 원인은 토지 보유 관련 조세(고정자산세와 상속세) 부담률이 낮다는 것입니다. 표면적인 세율은 반드시 낮지는 않지만, 토지 평가액은 시가에 비해 매우 낮습니다. 특히 도시 내의 농지 평가액은 택지에 비해 훨씬 낮게 유지되어 있습니다.

도쿄의 땅값이 올랐음에도 거품 경제 시기에는 단층집들이 드문드문 남아 있는 모습을 아주 흔하게 볼 수 있었습니다(지금도 여기저기에서 볼 수 있습니다). 심지어 도시 구역 내에도 농지가 대량으로 남아 있었습니다(지금도 그렇습니다).

고효율 이용을 막는 이런 제도들이야말로 땅값을 폭등시키고 있는 진정한 원인입니다. 토지 문제에 관해서 제가 이렇게 생각하는 건 건설성에 파견되었을 때 토지 문제 전문가와 논의할 기회가 많았던 것에서 큰 영향을 받았죠. 건설성에서는 여러 전문가가 이런 견해를 갖고 있었습니다.

경고했지만 '소 귀에 경 읽기'

저는 1987년에 '지금의 지가 상승은 거품이다'라는 내용의 논문을 썼죠. 「거품처럼 부풀어오른 지가」라는 제목으로 1987년 『주간 도요게이자이』 11월호 '임시 증간 근대 경제학' 시리즈에 게재되어 있습니다.

그곳에서 저는 이렇게 주장했죠. 일본의 지가 상승은 『국토이용 백서』가 밝힌 대로 혹은 많은 사람이 믿고 있듯 실수요 증가에 따른 항구적인 것이 아니라, 장래에 대한 과잉 기대와 금융완화에 의해서 일어났고, 실수요의 뒷받침이 없는 일시적인 상승에 지나지 않는다.

제가 아는 한 이 시기의 땅값 급등을 '거품'이라는 낱말로 표현한 것은 이 논문이 최초입니다.

물론 '거품'이라는 낱말 자체는 경제사에서 오래전부터 사용되어 왔습니다. 가령 '튤립 거품'이 그렇습니다. 이른바 17세기 네덜란드 암스테르담에서 일어난 튤립 구근 선물先物 가격이 급등한 사건입니다. 18세기 영국에서는 '남해south sea 거품 사건'이 발생했죠. 무역을 명목으로 설립된 남해주식회사의 주가가 비정상적으로 상승한 사건입니다.

이렇게 선물 종목과 주식에 대한 '거품' 개념은 있었지만, 부동산에 대해 '거품'이라는 말이 그전까지 사용된 사례를 저는 모릅니다. 1920년대 미국에서 플로리다의 휴양지 땅값이 급상승한 적이 있습니다. 프레더릭 알렌이 그 상황을 『원더풀 아메리카』에 상술하고 있지만, 이 책에도 '부동산 거품'이라고는 표현되어 있지 않고

"부동산 붐boom"이라고 쓰여 있습니다.

　그런데 '일본의 땅값 상승은 거품이다'라는 저의 생각은 많은 경제학자로부터 강한 비판을 받았습니다. 예를 들어 경제학자 모임인 '정책구상포럼'은 1990년 보고서에서 "지가 상승은 정상적"이라고 단정했습니다.

　가격에 거품이 끼고 있다는 건 실질적으로 시장의 판단이 잘못되고 있다는 것을 의미합니다. 그러나 이건 경제학자에게는 인정받기 어려운 관점입니다. 왜냐하면 경제학에서는 시장의 판단이야말로 올바른 판단이라고 주장하고 있기 때문입니다. 이 장의 2절에서 서술한 자유주의 사상의 바탕에 있는 것도 이러한 사고방식입니다. 따라서 가격 거품을 인정하는 건 '직업 집단'으로서의 경제학자들에게 자살 행위일지 모릅니다. 그러니 경제학자가 가격 거품을 인정

『주간 도요게이자이 '임시 증간 근대경제학' 시리즈』, 1987년 11월호.
이마이 고이치今井康一 촬영

하고 싶어하지 않는 건 당연지사였던 셈이죠.

신문이나 잡지에서도 지가 상승은 일본 경제의 성장을 반영한 합리적인 현상이라는 의견이 압도적 다수였습니다. 제가 토론회 등에서 현재의 땅값은 거품이라는 의견을 피력하자 강한 반론이 되돌아왔습니다. 거품 경제가 최고로 진행되는 동안, 거품을 거품이라고 '인정'하기는 매우 어렵습니다. 거품이라고 '지적'하기는 더 어렵고요. 누구도 이해해주지 않는 고독한 싸움입니다.

당시 저는 어느 정치인에게 "만약 이 거품이 꺼지면 큰일 납니다"라고 경고한 적이 있습니다. 자민당 내에서 가장 지적인 정치인으로 알려진 그 사람은 "아뇨, 요즘 제 선거구에서도 땅값이 오르기 시작했어요"라고 대꾸했습니다. 그런 위치에 있는 오피니언 리더도 땅값 상승에 아무런 의문을 느끼지 않았던 것입니다.

제가 이때만큼 시대와의 '위화감'이나 '불화'를 느낀 적은 일찍이 없었습니다.

여기서 제가 '위화감'이라고 하는 것은 어떤 것이 '비정상'인데도 불구하고 세상의 모든 사람이 당연한 듯 '정상'이라고 여기는 상태입니다. 땅값이 이렇게 오를 순 없다! 캘리포니아주 페블비치나 록펠러센터를 일본의 부동산회사가 쉽게 사들이는 것은 이상하다. 그러나 현실세계에서는 있을 수 없는 일이 자꾸 진행되어 아무도 이상해하지 않는다. 제가 말하는 '위화감'이란 그런 겁니다. 그런 감정을 강하게 느낀 첫 번째 경험이었습니다.

거품 경제는 '1940년 체제'의 마지막 발악

현재 21세기 일본에서는 1980년대 후반의 지가 상승이나 주가 상승이 거품이었다고 폭넓게 인정하고 있습니다. 다만 그 원인에 대해서는 '과도한 금융완화정책이 낳은 거품'이라고 이해하는 게 일반적입니다. 금융완화정책은 확실히 중요한 원인입니다. 하지만 이 시대의 거품 발생에는 더 깊은 원인이 있다고 저는 생각합니다. 그것은 '1980년대 후반기에는 이미 1940년 체제가 더 이상 필요 없게 되었다'는 사실입니다.

이 장의 1절에서 설명한 바와 같이, 1980년대에 금융 영역의 전시체제는 외부 환경의 큰 변화에 노출되었습니다. 첫 번째는 기업이 필요한 자금을 자본시장에서 직접 조달할 수 있게 됐다는 것입니다. 주식 시가발행, 전환사채, CP 등 직접금융의 다양한 수단을 이용할 수 있게 되었고 조달처도 국내시장을 넘어 해외시장으로 넓어졌습니다.

두 번째는 기업 측에 고도성장기와 같은 왕성한 자금 수요가 없어진 것입니다. 이 장 3절에서 설명했듯이, 기업에 자금 수요가 없기 때문에 싼 금리로 조달한 자금은 대규모 정기예금이나 특금, 펀트라 등의 금융자산에 투입되었습니다.

제1장 3절, 제2장 3절에서 설명한 것처럼, 금융 영역에서의 '1940년 체제'는 일본의 금융시장을 국제금융시장에서 분리해 쇄국하는 것을 밑바탕으로 성립되어 있었습니다. 그래야만 금리 통제가 가능했던 거죠. 그러나 경제의 국제화와 자유화가 일본에도 영향을 미쳐, 이른바 '전시戰時(1940년)' 금융체제가 사명을 마칠 때가 된 것입

니다. 이러한 구조적 원인이 있었기 때문에 전대미문의 거품 경제가 발생했던 거죠.

이상에서 언급한 경제구조 변화에 대처하기 위해선 금융 시스템의 근본적 전환이 이루어져야만 했습니다. 은행 중심의 간접금융 시스템에서 시장 중심의 직접금융 시스템으로의 연착륙이 요구되었던 것이죠.

그중에서도 일본흥업은행, 일본장기신용은행, 일본채권신용은행을 포함한 3개 장기신용은행(장신은長信銀)이 비즈니스 모델을 전환하는 것이 중요했습니다. 이른바 '장신은'은 금융채를 발행해 자금을 조달하고 설비투자와 같은 장기 자금을 대출하는 것을 사명으로 하고 있었습니다. 이들 금융기관은 미국의 투자은행과 같은 비즈니스 모델을 변혁의 지향점으로 삼았습니다. 자본시장으로부터 자금을 조달하는 기업에게 다양한 지원 서비스를 제공하는 모델입니다.

일부 장기신용은행에서는 그러한 비즈니스 모델로의 전환을 모색했습니다. 하지만 현실적으로는 그렇게 전환할 수 없었죠. 구태의연하게 종래와 같은 비즈니스 모델로 새로운 경제 환경에서 생존을 도모하려고 했습니다. 구체적으로는, 손쉽고 재빠르게 수익을 올릴 수 있는 부동산 융자에 빠졌던 것입니다. 이게 1980년대 후반 '일본 경제 모순의 원점'이었습니다. 제5장에서 자세히 기술하겠지만, 장기신용은행도 시중은행과 마찬가지로 주택금융전문회사(주전住專)라 불리는 자회사를 통해 투기적인 부동산 개발에 대량의 자금을 빌려주었습니다.

이처럼 1980년대의 거품은 '전시경제 시스템'인 '1940년 체제'

퇴장을 선고받고도 계속 살아남으려다 빚어진 필연적인 결과였다고 할 수 있는 것입니다. 그 사실을 당시에 눈치챈 사람은 없었습니다. 그럴 만하죠. '1940년 체제'는 전후 부흥과 고도성장을 실현하여 석유파동을 극복할 수 있게 해줬기 때문입니다. 이런 성공 체험 이후 1940년 체제가 기본적인 역할을 마치고 붕괴할 수밖에 없는 숙명을 갖고 있다는 것을 이해하기는 힘들었습니다. 역사에서 '자신이 어디에 있는가'를 오롯이 파악하기란 매우 어려운 일입니다.

이렇게 하여 '1940년 체제'는 현실 경제로부터 괴리되기 시작했습니다. 그 괴리야말로 제가 이 시대에 대해 느꼈던 '위화감의 원인'이었던 거겠죠. 당시에는 아직 막연한 감각이었지만 나중엔 그런 위화감이 명료한 위기의식으로 바뀌게 되었습니다.

거품 경제도,
'1940년 체제'도 붕괴

1990~1999

"일본이 미국보다 강하다"는 착각

일본에도 찾아온 '중력의 법칙'

"1990년, 투자가들에게는 정말 불행한 일이지만 일본에도 뉴턴이 찾아왔다." 미국의 경제학자 버턴 맬킬 프린스턴대학 경제학 교수는 『랜덤워크 투자수업』에서 이렇게 말하고 있습니다.

제4장 3절에서 기술한 것처럼 '일본의 주가는 너무 높은 게 아닐까?'라는 투자가의 우려에 대해 일본의 증권회사들은 "일본 주식시장에서는 '중력의 법칙'은 통용되지 않는다"고 주장하고 있었지만, 그렇지 않게 된 것입니다.

당시에 주가는 계속 오를 것이라고 단정한 곳은 증권사뿐만이 아닙니다. 1990년 1월 3일 자 『니혼게이자이신문』에는 다음과 같은 예측이 쓰여 있었습니다.

"견실한 경기와 양호한 주식 수급 관계가 떠받쳐줘, 닛케이 평균

주가는 연말에 4만4000엔 전후로 상승 (…) 주요 기업 20위권 경영자의 올해 주가 예측을 종합한 결론이다."

하지만 "연말에 4만4000엔"이라는 예측이 나온 다음날, 즉 연초 첫 번째 교역일인 1월 4일, 도쿄증권거래소의 주가는 전면적으로 하락했습니다. 이것이 '거품 경제 붕괴'의 시작이었습니다. 뉴턴이 드디어 일본에 온 것입니다. 그날을 경계로 일본의 주가는 끝없는 하락세로 돌아섭니다.

1989년 12월 훗날 '헤이세이平成(1989~2019) 오니헤이鬼平(검객)'◆라고 불린 미에노 야스시三重野康가 일본은행 총재로 취임했습니다. 미에노는 '샐러리맨이 평생 일해도 자기 집을 살 수 없는 세상은 잘못된 것이며, 금융긴축으로 땅값 상승을 억제해야 한다'고 생각했죠. 그래서 1990년에 들어서자 그는 금융긴축정책을 연속적으로 실시했습니다.

같은 해 3월에 기준금리가 1퍼센트포인트 인상되어 5.25퍼센트가 되었습니다(도표 4-4 참조). 주가는 계속 내려가다 이 시점에는 연초보다 이미 20퍼센트포인트 하락해 있었죠.

일주일 후 대장성은 은행국장 명의로 "토지 관련 융자 억제에 대해"라는 제목의 통지를 하달하고, 은행의 부동산 대출에 상한을 설정하는 행정지도, 이른바 '총량 규제總量規制'를 실시했습니다.

이 통보로 인해 토지를 담보로 은행 융자를 받아 투기 자금을 얻고 있던 부동산업자들의 자금 조달이 어려워졌기 때문에, 사람들은 계속 오르던 지가가 떨어질 거라고 생각했습니다.

◆오니헤이는 이케나미 쇼타로池波正太郎의 시대소설 『오니헤이 범과장鬼平犯科帳』에서 도적과 방화범 등을 잡는 협객 주인공으로 무공이 뛰어나다. 도적들은 그를 두려워해 오니鬼라고 불렀다.

하지만 실제로는 대형은행의 자회사인 주택금융전문회사가 총량 규제 대상에서 제외되어, 대출 규제를 실시한 이후에도 적극적인 부동산 투자가 이어져 땅값 상승은 지속되었습니다. 뒤쪽에서 또 기술하겠지만, '주전'은 그 이름과는 달리 주택 융자가 아닌 부동산 이나 난뱅크nonbank(은행 이외의 금융기관)에 대한 융자에 경도되어 있었던 것입니다.

1990년 8월에는 기준금리가 6.0퍼센트까지 올라갔습니다. 같은 달 사담 후세인 정권의 이라크가 인접 국가인 쿠웨이트를 침공했 죠. 이라크와 쿠웨이트는 중동의 대규모 산유국입니다. 양국의 분 쟁 탓에 원유 출하가 정체되어 새로운 오일 쇼크가 발발할 거라는 예측이 나오자 주식시장은 매도 일색이 되어, 닛케이 평균주가가 10월 1일까지 2개월 동안 33퍼센트포인트 하락해 최고가의 반값 이 되고 말았습니다.

고립무원에 빠지다

저는 이라크의 쿠웨이트 침공 날짜를 또렷이 기억하고 있습니다. 어 느 연구회에서 '홋카이도 원룸 맨션 투기 실태'를 조사하러 가던 중 하네다 공항 로비에서 이 뉴스를 접하게 되었죠.

당시 원룸 맨션은 땅값 거품의 상징이었습니다. 그 동향을 조사 했던 것은 아직도 투기가 성행할 때였기 때문입니다. 이라크의 쿠웨 이트 침공 시점에 일본의 땅값은 여전히 하락하지 않고 있었던 것 입니다.

이듬해인 1991년 5월에는 일정 이상 면적의 토지 소유자에게 부과하는 세금 '지가세地價稅'가 제정되어 1992년 1월 1일부터 적용되었습니다. 1990년의 총량 규제와 마찬가지로 땅값을 억제하기 위한 세금이었기에 대장성의 단호한 자세를 엿볼 수 있었습니다.

그러나 이런 연이은 대책에도 불구하고 땅값은 주택지이든 상업지이든 1991년 9월까지 꾸준한 오름세를 보였습니다. 하락하는 주가와 상승하는 지가, 두 움직임이 괴리되어가는 상황을 보고 "역시 땅값은 거품이 아니다"라는 의견이 강해졌습니다.

당시에 상당수의 경제학자는 이렇게 주장했죠. "주가는 변동하는 것이며 폭락할 수도 있다. 하지만 땅값은 다르다." 사실 주가 폭락은 일본에서도, 세계에서도 그때까지 여러 번 일어났습니다. 한국전쟁 중의 '스탈린 폭락'도 있었고, 1987년 '블랙 먼데이'도 있었죠. 이처럼 주식 가격은 일시적으로는 하락합니다. 그러나 일본에서는 토지의 총량이 절대적으로 적기 때문에 땅값이 떨어질 리 없다는 목소리가 대부분이었습니다.

땅값도 거품이 낀다고 주장하는 저에게는 한결같이 이렇게 비판했죠. "설령 주가가 하락한들 땅값은 떨어질 리 없다. 노구치의 주장은 잘못됐다." 저는 여전히 고립무원의 처지였던 셈입니다.

붕괴하고 나서야 거품을 알다

하지만 지가에도 마침내 '중력의 법칙'이 작용하기 시작했습니다. 1991년 후반 들어서의 일입니다. 땅값이 떨어지기 시작한 이후 그

속도는 점점 빨라져, 1991년 7월부터 1년간의 도쿄도 주택지의 땅값 하락률이 14.7퍼센트포인트에 이르렀습니다.

저는 얼마 후 PC통신의 신문 기사 검색 서비스를 이용할 수 있게 되어 『니혼게이자이신문』에서 '거품'이라는 단어의 등장 건수를 조사한 적이 있습니다. 1988년까지는 연간 몇 건밖에 없었죠. 1987년에는 단 1건이었습니다. 게다가 환율에 관한 기사였지 지가나 주가에 관한 기사가 아니었습니다.

그러나 이 단어의 등장 건수는 '땅값 거품'이 붕괴한 1991년에는 2546건으로 치솟습니다. 1992년에는 3475건이나 되었죠. 거품 경제가 붕괴한 순간, 거품이라는 낱말이 신속하게 유행하기 시작한 것입니다. 이는 무엇을 의미할까요? '거품 속에선 그것이 거품임을 인식하지 못한다'는 사실입니다. 거품이 붕괴하고서야 비로소 거품이었다는 걸 깨달은 것입니다.

1991년 후반 땅값도 떨어지기 시작하면서 '땅값 폭등'도 '거품'이었다는 게 드러났습니다. 마틴 말리아(제4장 2절에서 언급)의 화법을 모방하자면 다음처럼 말할 수 있습니다.

"주가도 지가도 결국은 카드로 만든 집이었기에 덧없이 무너져버렸다."
"주가와 지가는 어디까지든 오른다는 '초현실'은 사라졌고, 일본은 비참한 사건으로 인한 폐허 한복판에서 악몽으로부터 깨어났다."

하지만 거품 붕괴가 경제 전체에 어떤 영향을 미칠지는 아무도 예측하지 못했습니다. 저 또한 그때에는 앞으로 무슨 일이 일어날지 알 수 없는 노릇이었습니다.

여전히 계속되는 착각

1990년에 주가가 하락하기 시작하고 1991년에는 지가까지 내려가기 시작했는데도, 많은 일본인은 "일본 경제 자체가 약해지고 있다"고는 전혀 생각하지 않았습니다.

1990년 이라크의 쿠웨이트 침공에 이어 1991년에는 걸프 전쟁이 발발했죠. 서유럽을 중심으로 하는 다국적군이 이라크를 공격했습니다. 헌법의 제약으로 파병할 수 없었던 일본은 그 대가로 115억 달러 혹은 130억 달러라는 거액의 지출을 부담했습니다. 군사 행동은 할 수 없지만 경제는 강하기 때문에 일본이 이 정도 부담을 지는 것은 당연하다는 게 당시 주요 선진국의 생각이었습니다. 일본인 또한 그럴 수밖에 없다고 생각했죠. 즉, 미국을 경제적으로 돕는 데 동의한 것입니다.

이러한 생각은 경제 데이터에서도 증명되었습니다. 도표 5-1에는 미·일의 1인당 GDP가 표시되어 있습니다. 일본의 1인당 GDP는 1987년부터 미국을 웃돌게 되었고 1995년에는 미국보다 48퍼센트나 높은 수준이 되었습니다. 이 정도 차이가 있다면 미국을 돕겠다고 생각하는 건 당연합니다. 당시 저는 가족을 데리고 유럽과 미국을 여러 번 여행했는데, 런던의 클라리지 호텔 등 옛날이라면 왕후 귀족들만 머물렀을 만한 숙소에서 묵을 수 있었습니다.

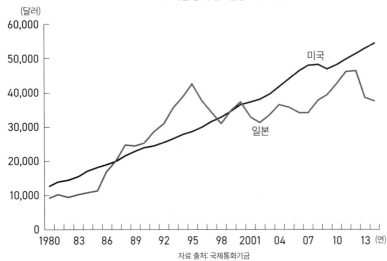

도표 5-1 미일 양국 간 1인당 GDP 대비

(달러)

자료 출처: 국제통화기금

　'일본은 미국보다 강하다.' 많은 일본인이 이렇게 생각하고 있다는 것을 확인시켜주는 사건이 1992년 1월에 일어났습니다. 미국의 조지 부시 대통령(2001년에 대통령이 된 조지 부시의 아버지)이 1992년 1월 일본을 방문했을 때 오찬회 도중 옆에 앉아 있던 미야자와 기이치 수상의 무릎에 구토를 하고 의자에서 떨어지더니 쓰러져버렸습니다.

　'미국 대통령이 쓰러지고 일본 총리가 그걸 껴안았다. 이것은 현재 미일 관계의 상징이다.' 많은 일본인이 이렇게 느꼈습니다. 일본은 강하고, 미국은 약하다. 정말로 그랬죠. 이런 인식이 일반적이었습니다. 저도 그렇게 느꼈으니까요.

2

금융기관의
거액 불량 채권
문제

농협에 손실 부담을 지우지 않은 까닭

주가와 지가의 하락이 시작된 1990년부터 1991년에 걸쳐 '이토만 伊藤萬 사건' '후지富±은행 부정 융자 사건' 및 흥업은행의 '오노우에 누이尾上縫 사건' 등 금융계 불상사가 연달아 발각되었습니다.

먼저 '이토만 사건'이란 도쿄증권거래소의 상장사였던 이토만주 식회사가 미술품 거래 등을 통해 폭력단 관계자에게 부정한 자금 을 공급한 사건입니다. 이 회사의 사장은 스미토모은행의 전 고위 층 임원이었습니다. 그리고 '후지은행 부정 융자 사건'이란, 후지은 행의 은행원이 가공의 예금 증서를 발행해 난뱅크로부터 인출한 고 액의 융자를 폭력단 계열을 포함한 업자들을 통해 부동산 투자에 전용한 사건입니다. 마지막으로 '오노우에 누이 사건'이란 요정의 안주인이 흥업은행을 비롯한 금융기관으로부터 수천억 엔에 이르는 대출을 받아 금융·부동산에 투자하다가 급기야 자금 돌려 막기에 빠져 사기를 친 사건입니다.

이른바 금융기관과 암흑사회의 연결을 만천하에 드러낸 이러한 사건들은 발각 당시 특수 사례라고 여겨졌습니다. 감독관청인 대장성도 개별 담당자가 일으킨 불상사일 뿐이라고 파악하고 있었습니다. 하지만 사실은 그렇지 않았죠. 다른 기업이나 금융기관에서도 물밑에서 비슷한 문제가 계속되고 있었습니다.

1994년 가을, 도쿄도와 대장성은 합동으로 도쿄협화신용조합東京協和信用組合과 안전신용조합安全信用組合에 대한 감사에 들어가 거액의 불량 채권을 발견했습니다. 이것이 '이신조二信組 사건'의 개막입니다.

상술한 두 신용조합의 부실채권 중 상당수는 제4장 3절에서 언급한 다카하시 하루노리가 사장으로 있던 리조트 개발회사 EIE인터내셔널과 관련이 있었습니다. 거품 경제 시기에는 일본장기신용은행(장은長銀)이 EIE인터내셔널의 주요 거래 은행이었지만, 장은은 1993년 거품 붕괴로 사업이 기울어지자 지원을 중단했습니다. 그러나 다카하시는 자신이 도쿄협화신용조합의 이사장이고 친한 친구가 안전신용조합의 이사장을 맡고 있었기 때문에 장은을 대신해 이들 신용조합 금고를 자금원으로 삼아 사업을 계속하고 있었던 것입니다.

이 사건에 연루된 다카하시가 국회에서 증인 심문을 받았고, 그로 인해 정치가나 관료에게 과잉 접대해온 실태가 백일하에 드러났으며, 중대한 문제들이 폭로되었습니다.

'이신조 사건'과 거의 동시에 주택금융전문회사의 부실채권 문제가 표면화되었습니다. 주택금융전문회사란, 원래 개인을 위한 주택 융자를 전문으로 하기 위해 은행 등이 공동출자해 1970년대에 설립한 금융회사입니다. 그러나 1980년대에 이르러 은행들이 직접 주택 융자에 진출했기 때문에 융자 업무를 빼앗기고 부동산 대출에 주력했습니다. 앞서 언급한 것처럼 1990년 은행의 부동산 융자 총량 규제가 실시되었을 때 주전은 대상에서 제외되었기에 1990년대 들어서도 부동산 대출을 계속 늘려왔던 것입니다.

그러나 땅값이 하락하면 부동산 융자 대출의 상당 부분은 회수 불능으로 불량 채권이 되고 맙니다. 1995년 여름, 대장성은 여덟 곳의 주전을 상대로 현장 조사를 벌여 8조 엔이 넘는 거액의 부실채권이 있다는 사실을 밝혀냈습니다.

금융기관은 부실채권이 생기면 결산에서 손실로 처리합니다. 그러나 부실채권의 규모가 커져 자기자본을 초과하면 금융기관은 도산하죠. 그러면 그 금융기관에 빌려주었던 다른 금융기관의 융자가 회수 불능이 되고, 이 과정이 계속되면 금융기관들이 연쇄적으로 도산하고 맙니다.

주전의 불량 채권은 거액이었으며 손실액은 자기자본을 웃돌았습니다. 주전은 파산 상태였던 것이죠. 그럼 손실 처리에 필요한 부담은 주전에 대출해준 금융기관에 떠맡겨야 할까요? 그런 금융기관 중에서도 각 주전에 출자해 설립 모체가 된 민간은행이 손실을 떠맡아야 한다는 데에는 이견이 없었습니다.

문제는 농림계 금융기관인 농림중앙금고와 도·도·부·현都道府縣의 신련信連(신용농업협동조합연합회)이 주전에 거액의 융자를 제공했다는 점이었습니다. 만약 이런 금융기관에 거액의 손실이 발생하면

출자자인 각지의 농협에 손해가 갈 수 있습니다. 농협이 유력한 지지기반인 정부·자민당에게는 어떻게든 피하고 싶은 사태였습니다.

이때 밝혀진 게 또 하나 있었습니다. 농림계 금융기관이 주전의 경영 악화를 알고 대출을 회수하려 할 때 대장성이 "주전의 부실 채권은 설립 모체 은행이 책임지고 처리하도록 할 것이며 농협에는 손실 부담을 지우지 않겠다"며 융자금 회수를 중단시켰다는 것입니다. 주전 문제는 '주전 국회'라고도 불린 1996년의 국회에서 큰 문제가 되었습니다. 그리고 난항 끝에 농림계 금융기관의 부담 능력을 넘어서는 부분은 6850억 엔의 공적 자금을 투입해 처리하기로 했습니다.

이후 금융기관의 부실채권 문제가 속속 발각됩니다. 1997년 11월에는 산요三洋증권과 홋카이도척식은행北海道拓殖銀行(척은)이 경영 파산에 빠졌습니다.

야마이치증권의 파산을 부른 금융 공학의 꼼수

1997년 11월 야마이치증권에서도 문제가 발견되었습니다. 이 증권사는 대차대조표에 기재하지 않은 장부 외 잠재적 손해가 2600억 엔에 이른다고 대장성에 보고했습니다. 당시 야마이치증권의 자기자본은 약 4000억 엔이었으니, 그 절반이 넘는 거액의 손실이었습니다.

왜 이처럼 큰 손실이 발생했을까요? 거기에는 '영업 특금營業特金'이라고 불리는 구조가 관련돼 있습니다. '영업 특금'이란 법인의 자

금을 증권사가 매매일임계정賣買一任計定(매매를 전적으로 증권사의 자유재량에 맡기는 계정)으로 맡아 운용하는 구조입니다. 운용을 일임받았기 때문에 증권사는 매매 수수료를 얼마든지 벌어들일 수 있습니다. 한편 법인 측은 이익배당률을 보장받습니다. 이런 거래에서 고객에게 원금이나 이익을 보증하는 것은 위법 행위이지만, 영업 특금에는 암묵적인 원금 보증이 있었다고 합니다. 쌍방이 입을 맞춰 합의한 원금 보증은 '니기리握り(초밥의 일종)'라고 불렸습니다.

운용 자산은 주가가 하락하면 잠재적 손해를 떠안습니다. 그런데도 원금을 사실상 보증해준다면 증권사는 어떻게 해야 할까요? 원래는 운용 자산의 손실을 공개하고 회계로 처리해야 하죠.

'영업 특금'은 야마이치증권뿐만 아니라 다른 증권사에도 있었습니다. 마찬가지로 주가 하락 때문에 어려움을 겪고 있었죠. 다른 증권사는 가격 하락으로 인한 손실을 자사의 손금損金으로 처리하거나 일부를 공개해서 상대(고객) 법인이 손실의 일부를 떠맡도록 했습니다. 그러나 야마이치증권은 손실 전부를 자사에서 떠안고 겉으로 드러내지 않은 채 은폐하고 있었습니다.

이를 위해 '도바시飛ばし(증권사가 회계 장부에 계상되지 않은 손실을 입은 고객 기업의 주식·채권을 결산 시기가 다른 기업에 일시적으로 전매하여 손실의 표면화를 피하는, 이른바 날리기)'라는 방법을 사용했죠. 관계 회사에 자금을 빌려주고, 가격이 하락하여 손실이 나고 있는 주식을 야마이치가 샀던 가격으로 인수하게 하는 수법입니다. 그렇게 하면 야마이치에게는 손실이 발생하지 않고, 대신 관계사가 잠재 손해를 입게 됩니다. 요컨대 손실을 관계사로 이전하여 은폐하려 한 것입니다.

이렇게 설명하면 쉽지만, 사실 '도바시'는 굉장히 복잡한 방법으로 이루어졌죠. 파생금융상품derivative 등 고도의 금융 공학을 구사한 분식도 있는데, 야마이치증권의 사원들이 우수했기 때문에 가능한 일이었습니다. 대장성도 야마이치증권으로부터 보고받을 때까지 그것을 꿰뚫어 보지 못했습니다.

제가 유감스럽게 생각하는 것은, 뛰어난 사원들을 거느리고 있으면서도 영업 특금으로 매매 수수료를 버는 방향으로 나아가버렸다는 것입니다. 만일 그 기술과 능력을 긍정적인 목적에 응용할 수 있었다면, 미국의 투자은행과 같은 존재로 탈바꿈할 수 있었을 것입니다. 금융 공학 지식이 손실 은폐 공작에만 사용되었던 건 비극일 뿐입니다.

1997년 11월 19일 야마이치증권의 노자와 쇼헤이野澤正平 사장은 대장성의 나가노 아쓰시長野庵士 증권국 국장으로부터 자진 폐업을 권고받고 그다음 주에 폐업을 발표했습니다. 홋카이도척식은행이 경영 파탄을 맞은 지 아흐레 만의 일이었습니다.

같은 수법을 쓰다 파산한 일본장기신용은행

홋카이도척식은행과 야마이치증권이라는 대형 금융기관의 경영 파산이 잇따르자, 세간에서는 '다음은 어디일까'라는 불온한 분위기가 감돌았죠. 주목의 대상이 된 곳은 일본장기신용은행입니다. 장은은 1952년에 설립된 이래로 초엘리트 집단이었습니다. 학생들 사이에서는 장은에 취직하는 것이 대단한 영예였고, 성적이 어지간히 좋지 않으면 입사할 수 없었죠. 인기의 이유는 두 가지가 있었습니다.

하나는 예금을 모으러 돌아다니지 않아도 된다는 거였죠. 일반적인 시중은행에 들어가면 신입사원은 자전거를 타고 거래처를 돌아다니며 예금을 모으는 일을 하게 됩니다. 그러나 장은 등 장기신용은행은 금융채를 발행해 자금을 조달하고 있기 때문에, 예금을 모으는 일 따위는 하지 않았습니다. 일반인이나 회사에게 머리를 숙여가면서 예금을 모으는 게 아니라 발행한 금융채를 지방은행 등에 팔아서 자금을 조달할 수 있는 특별한 존재였습니다.

또 하나는, 장은은 대규모 설비투자가 필요한 기간산업에 자금을 융자하고 있었으므로 기간산업에 대한 영향력이 컸다는 것입니다. 퇴직 후에는 '아마쿠다리'로 그곳에 가는 걸 기대할 수 있었죠. 그런데 이러한 상황은 고도성장기를 지나면서 크게 변화했습니다. 제4장 3절에서 설명한 것처럼, 지금까지의 비즈니스 모델을 전환할 필요가 닥쳐왔습니다. 하지만 그러기 위해서는 너무 많은 노력이 요구됩니다. 그래서 손쉽고 재빠르게 이익을 얻는 방법으로 부동산과 리조트 개발에 대한 융자를 택한 것입니다.

하지만 부동산 거품이 붕괴하자 부동산 투자에 대한 채권이 차례차례 부실해져갔습니다. 1991년 말 일본장기신용은행 내부에서 조사한 그룹 전체의 불량 채권액은 2조4000억 엔을 넘은 것으로 밝혀졌죠. 장은 경영진은 그것들을 손실로 처리하는 대신 은폐했습니다. 인수회사를 설립하고 여기에 불량 채권을 '도바시'한 거죠. 즉, 야마이치증권과 같은 방법을 채택한 것입니다.

장은의 수법은 다음과 같았습니다. 융자 채권이 불량 채권화되면 장은이 설립한 인수회사가 대출처의 담보 토지를 장부가격으로 매수하고, 그것으로 대출처가 차입금을 상환하도록 했습니다. 인수회사는 장은으로부터 토지 구입 자금에 더해 건설 자금 융자도 받아 인수한 토지에 건물을 지어 임대하고, 그 임대료로 장은으로부터 받은 융자에 대한 이자를 지불했습니다. 이렇게 조작하면 장은이 안고 있던 불량 채권은 인수회사의 건전 채권으로 바뀌어버립니다.

언뜻 보기에 마법처럼 문제가 해결된 듯하지만 그렇지 않습니다. 잘 생각해보면 알 수 있듯이 인수회사는 토지를 구매할 때 지불한 높은 매입가와 거품 붕괴 후의 싼 시가 간 차액만큼 잠재 손해가 발생하고 있는 것입니다.

야마이치증권 등이 파산한 1997년 11월경, 부실채권과 주가 하락 압박으로 장은이 1998년 3월 말의 결산을 버티지 못할 거라는 우려가 커졌습니다. 그래서 자민당은 12월 말에 황급히 전체 금융기관에 공적 자금 30조 엔을 투입하기로 결정했습니다. 장은은 거기에서 1766억 엔의 공적 자금을 얻어 자기자본에 충당한 것입니다. 하지만 어떤 비즈니스를 통해 앞으로 존속해나갈 것인가 하는 근본적인 문제는 여전히 해결되지 않았죠.

장은은 국제 업무를 계속하기 위해 스위스 은행의 지원으로 자기자본을 보충한다는 계획을 세웠습니다. 그러나 1998년 6월 초, 출판사 고단샤의 잡지 『월간 겐다이現代』가 장은의 '도바시' 실태와 경영 위기에 관한 특종을 보도하면서 주가가 급락했습니다. 이를 계기로 스위스 은행과의 계획은 무산되었습니다.

1998년 6월 하순, 장은은 돌연 스미토모신탁은행과의 합병을 발표했습니다. 그러나 실제로는 두 은행이 합의에 이르지 못했다는 게 밝혀졌죠. 같은 해 7월의 참의원 선거에서 여당인 자민당이 대패해 주식시장이 침체되어가는 가운데, 장은 주가는 액면가보다 낮아지고 말았습니다.

이 무렵 저는 장은에 근무하고 있는 지인에게 "도대체 어떻게 될 것 같은가요?"라고 물은 적이 있습니다. "더 이상은 안 되겠죠!"라는 태연한 대답이 돌아와서 오히려 놀라고 말았습니다.

스미토모신탁은행과의 합병도 깨지고, 7월부터 10월까지 개최된 임시 국회에서는 장은 구제가 최대의 과제가 되었습니다. 결국, 장은을 일시적으로 국유화한다는 결정이 내려졌습니다. 장기신용은행 중 하나인 일본채권신용은행日本債券信用銀行도 1998년 12월에 일시적으로 국유화되었습니다.

어마어마한 공적 자금과 국민 부담액

주택금융전문회사 문제 처리를 시작으로, 일본 정부는 공적 원조를 늘려 불량 채권을 처리해왔습니다. 다만, 주전 사태 이후에는 국민의 눈에 잘 보이지 않는 방법으로 공적 원조를 실행했지요.

국유화된 일본장기신용은행에 대한 특별 공적 관리 기간은 18개월이었지만, 이 기간 장은에 투입된 공적 자금 총액은 6조9500억 엔에 달했습니다. 아오조라은행(구 일본채권신용은행)의 몫과 합하면 11조 엔이 넘는 공적 자금이 투입되었고, 그중 7조7622억 엔의 손실이 확정되었습니다. 두 은행 때문에 그만큼 국민의 부담이 발생했다는 얘기입니다.

두 은행을 포함해 파산한 금융기관을 모두 처리하는 데 들어간 국민 부담액은 2003년 3월 말에는 10조4326억 엔에 달했습니다. 국민 1인당 약 8만 엔, 5인 가족이라면 40만 엔에 이릅니다.

그런데 이 사실은 세간에서 거의 문제가 되지 않았습니다. 주전을 처리할 때는 6850억 엔이 투입된다는 소식이 전해지자마자 민간 기업 구제에 국비를 쓰겠다는 것이 무슨 말이냐며 사람들이 펄쩍 뛰었고 대장성 사무차관이 사임하기도 했습니다. 그런데 15배가 넘는 액수인 10조 엔의 국민 부담에 대해서는 논의다운 논의가 거의 이루어지지 않았던 것이죠. 도대체 왜 그랬을까요?

보통 사람은 이해하기 어려운 형태로 공적 자금이 투입되었기 때문입니다. 주전의 경우에는 국민 부담액이 일반회계예산에 명확하게 나타났으므로 강렬한 거부반응이 발생했습니다. 그러나 그 후의 파산 금융기관에 대한 공적 자금 지출은 일반회계에서 처리되지 않았죠. 예금보험제도를 운용하는 예금보험기구가 지출을 집행했습니다.

예금보험제도는 은행이 경영 파산했을 경우 예금자를 보호하기 위해 각 은행에게서 보험료를 갹출하여 만일을 대비해두는 구조입니다. 정부는 파산 처리를 위한 공적 자금을 예금보험기구를 통해 지출하는 형태로 꾸민 것입니다. 이 방식대로라면 공적 자금 투입 시에 그중 얼마가 국민 부담인지를 알 수가 없습니다.

일본장기신용은행, 일본채권은행 등 이 무렵 파산 상태에 빠진 은행의 뒷감당을 위해 총 40조 엔이 넘는 공적 자금이 투입되었습니다. 5년 뒤인 2003년에야 40조 엔 중 10조 엔은 회수할 수 없게 돼 국민 부담으로 돌아갔다는 것이 밝혀졌는데, 그 무렵엔 부담액을 알고도 많은 사람이 금융 위기 등을 잊어버리고 있었습니다.

2008년 미국에서 금융 위기가 터지자 미국 정부도 공적 자금을 투입해 금융기관의 파산을 막았죠. 이때는 미연방 정부의 재정지출이라는 명료한 형태로 자금이 투입되었습니다. 명료했던 만큼, 조치는 큰 논의를 불러일으켰습니다. 하지만 이때 투입된 공적 자금은 대부분 빠르게는 1년 후 금융기관으로부터 상환되었습니다.

미국에서 일이 이렇게 신속하게 처리된 것은 금융구조가 달랐기 때문입니다. 직접금융이 중심인 미국에서는 기업들이 시장에서 자금을 조달하기 때문에, 신용 불안이 일어나면 금세 자금이 융통되지 않아 관련 기관이 파산해버립니다. 그러므로 경영 위기에 빠진 금융기관이 생겼을 때 즉각 대처하지 않으면 눈 깜짝할 사이에 신용 불안이 확대되고 상황은 속수무책이 되고 마는 것입니다.

2008년 리먼브러더스 사태 때 "일본이 불량 채권 문제를 처리했으니 일본의 경험을 미국에 가르쳐주면 어떤가"라고 떠벌리는 사람들이 있었습니다. 일본은 10년이 걸려 겨우 문제를 처리했습니다. 미국은 1년 만에 끝냈죠. 그런데도 '가르쳐줘야지'라니? '이 무슨 인식의 결여인가'라며 머리를 감싸고 싶어집니다.

회수 불능 부실채권 100조 엔

지가 하락으로 일본의 토지 자산액은 대폭 감소했습니다. 일본부동산연구소의 가격지수에 따른 지가 추이를 보면 1990년대 초에

270가량이었던 지가지수가 2004년에는 70 가까이로, 14년간 3분의 1 이하까지 하락했습니다(도표 4-5 참조). 시가지 외에 농지와 산림 등을 포함한 토지 자산을 보면 1990년 2452조 엔에서 2004년 1245조 엔으로, 거의 절반으로 줄어들었습니다.

물론 이것은 계산이지 실제로 그만큼의 자산이 일본에서 상실된 건 아닙니다. 가령, 비싼 값으로 토지를 구입한 사람은 그 후의 가격 하락으로 손실을 입었지만 그 값에 매도한 사람은 이익을 얻은 것입니다. 불량 채권도 같은 원리로, 채권자는 손실을 입었지만 채무자는 빚을 면한 것이지요. 즉, 일본 전체로 보면 손실과 이익이 균형을 이룬 셈입니다.

다만, 고가에 땅을 산 사람과 대부금을 회수하지 못한 사람들이 손실을 입은 것은 틀림없습니다. 게다가 그 사람들을 구제하기 위해 공적인 지원이 이루어졌습니다. 그러한 의미에서의 부담 금액은 어느 정도나 된 것일까요?

파산 금융기관 처리에 투입한 공적 자금 중에서 회수하지 못한 10조 엔은 분명 국민이 진 부담입니다.

이 밖에 은행이 직접 손실을 계상해서 처리한 몫이 있습니다. 금융청 자료에 따르면 전국 은행의 부실채권 처리액 합계는 1992년부터 2006년까지 96조 7828억 엔입니다. 반올림해서 말하면 97조 엔. 은행은 그만큼의 채권을 회수하지 못하고 손실로 처리한 것입니다.

악습의 원점은 거품 경제 뒤처리

그런데 불량 채권이 은행 회계상으로 손실 처리되는 것과, 법인세 과세소득액을 계산할 때 악성 부채를 손금損金(손해를 본 손실금)으로 인정해 '공제'해주는 것은 별개의 문제입니다. 일본의 세제는 원칙상 채무자가 파산하지 않고 존속하는 한 악성 부채를 손금으로 인정해주지 않습니다. 즉, 경영난에 빠져 대부금을 회수할 수 없다는 것만으로는 회수하지 못한 부분을 손금으로 처리해 공제해주지 않는 것입니다. 손금이 인정되는 경우는 채무자가 '도산'했을 때뿐입니다.

그리고 금융기관이 불량 채권을 처리하기 위해서는 사전에 대장성 금융검사부의 양해를 구해야 합니다(불량채권상각증명제도不良債權償却證明制度).

왜 이런 원칙이 있을까요? 부실채권이라는 이유만으로 이를 세법상의 손금으로 인정하면 제도를 악용해서 탈세할 우려가 있기 때문입니다. 가령 은행이 기업에 돈을 빌려줬고, 기업은 "상환할 수 없다"고 변명합니다. 은행이 이를 악성 부채로 손실 처리하기로 결정하고 손금으로 계상했다고 하여 과세당국이 이를 손실금으로 인정해 공제해주면, 은행은 이 결정 하나만으로 탈세할 수 있게 됩니다. 이런 자의적인 이익 조작에 의한 악의적 탈세를 방지하기 위해, 아직 파산하지 않은 기업의 불량 채권을 안이하게 손금으로 인정할 수는 없다고 세법이 규정하고 있는 것입니다. 불량 채권을 손금 처리해주는 경우와 비교해, 손금 처리를 해주지 않을 때 과세소득액이 더 많아지기에 당연히 납세해야 할 법인세도 더 많아지죠. 이것을 '유세 상각有稅償却'이라고 부릅니다.

이상이 세법상의 손실 처리 원칙인데, 이 원칙이 장애가 되어 불량 채권 손실 처리가 지지부진해진다는 문제가 불거졌습니다.

그래서 정부는 1997년에 불량 채권 처리를 가속하기 위해 '불량 채권상각증명제도'를 폐지했습니다. 은행의 입장에서는 부실채권을 처리하면 손금으로 인정받아 납세해야 할 법인세가 그만큼 줄어드는, 즉 '무세 상각無稅償却(면세 변제)'이 되는 것이기 때문에 자진해서 불량 채권을 처리하게 됩니다. 이 조치로 인해 불량 채권 처리는 급물살을 탔습니다.

앞서 얘기한 약 97조엔 중 유세·무세 상각의 비율은 알 수가 없습니다. 다만 대부분은 무세 상각이었을 것으로 추정됩니다. 만일 전액을 무세 상각했다면, 97조 엔에 법인세 실효세율(국세와 지방세를 합해 중복을 제외한 세율)을 곱한 만큼 은행의 법인세 등에 대한 부담이 줄어들게 됩니다.

당시 일본의 법인세 실효세율은 약 40퍼센트. 그것을 97조 엔에 곱하면 약 39조 엔이 됩니다. 법인세 등의 세수가 이만큼 줄어버린 것입니다. 일본에서는 1990년대 이후 법인세 등의 세수가 격감하고 있는데, 큰 원인이 이것이었음을 알 수 있습니다. 이는 국민 부담일 수밖에 없습니다.

'무세 상각' 처리를 확대한 조치 자체가 나쁘다고 주장하는 건 아닙니다. 불량 채권 처리를 가속하기 위해 무세 상각의 범위를 넓힐 수 있다고 생각합니다. 단, 그렇게 한다면 정책 변경을 명료하게 드러내야 하고, 이를 위해서는 법령을 개정해야 합니다. 처음 있는 일이기에 절차를 거치는 것은 아주 중요하죠.

그러나 일본에서는 무세 상각을 확대할 때 그 어떤 절차도 밟지 않았습니다. '무세 상각 확대를 어디까지 인정할 것인가'는 재량적으로 판단되었습니다. 세법상 인정되지 않는 것을 자유재량으로 인가한다는 것은 헌법이 정한 '조세법정주의'의 근간을 흔드는 큰 문제입니다. 저는 그걸 공개적으로 지적했죠.

그러나 매우 유감스럽게도 제 의견에 매우 강한 압력이 가해졌습니다. 압력이지 이론적인 반론이 아니었다는 점이 안타깝기 그지없었죠. 결국, 제 지적은 큰 문제가 되지 않았습니다.

중대한 문제에 부딪혔을 때 원인과 처리 경위를 밝혀 시비를 논하는 것은 꼭 필요하죠. 그런 경험을 통해 후세 사람들도 배울 수 있을 테고요. 하지만 거품 경제의 마무리에서는 그런 일이 일어나지 않았습니다. 40조 엔 이상의 공적 자금 중 10조 엔이 회수 불능으로 처리되고 법인세 수입이 39조 엔이나 줄어들었는데 이유도, 과정도, 시시비비도 논의되지 않았던 것입니다.

오늘날에도 그와 비슷한 측면이 있습니다.

'이차원 금융완화'라는 명분 아래, 일본은행이 비정상적으로 대량의 국채를 구입하고 있습니다. 그 국채는 장차 가격이 하락해 일본은행에 손실을 안겨줄 가능성이 매우 높죠. 손실액은 국민의 부담이 됩니다. 그런데도 '문제'로 논의되고 있지 않습니다.

국민이 큰 부담을 지는 국가정책은 명료한 형태로 공개되어야 하며 옳고 그름이 논의되어야 합니다. 그런 정책을 표면화하지 않고 실시해 흐지부지하게 처리해버리고 있습니다. 이때의 '거품 경제 처리 방식'이 현재의 금융완화정책으로 이어진 악습의 원점이었다고 생각합니다.

3

대혼란에
빠진
대장성

'노팬티 샤브샤브'라는 대장성 스캔들

1995년 '대장성 스캔들'이 폭로되면서 대장성은 대혼란에 빠졌습니다. 제 친구나 선배들도 대부분 이 소동에 휘말렸죠.

1995년 3월 EIE인터내셔널의 사장 다카하시 하루노리가 국회 증인으로 소환당하면서 스캔들이 시작되었습니다. 다카하시는 중의원 예산위원회에서 다야 히로아키田谷廣明 도쿄세관장을 자기 비행기로 홍콩에 여행 보내주었다는 등의 접대 사실을 폭로했습니다. 다카하시와 나카지마 요시오中島義雄 주계국 차장의 친분도 밝혀졌습니다. 다야와 나카지마 두 사람은 대장성으로부터 훈고 처분을 받고 그 후 사직했습니다. 그리고 마치 판도라의 상자가 열린 것처럼 잇따라 스캔들이 파헤쳐졌습니다.

그 상징으로 '노팬티 샤브샤브'라는 말이 있습니다. 여기에 적기에도 좀 지저분한 낱말이지만, 은행의 MOF 담당이 대장성 관료를 접대할 때 애용했다는 유흥업소를 가리킵니다. 이 낱말로 인해 대장성은 철저하게 두들겨 맞았다고 저는 생각합니다.

대장성 관료에 대한 향응 사건은 이전에도 물론 있었죠. 예컨대 1979년 일본철도건설공단이 요정에서 대장성 관료를 접대한 사건이 있었습니다. 거슬러 올라가면 1948년 쇼와전공 사건에서도 당시 대장성 주계국장이었던 후쿠다 다케오가 체포되었습니다(1958년 무죄 판결).

이 사건들은 모두 큰 문제로 비화되었지만 대장성이라는 조직의 기반을 뒤흔들진 못했습니다. '철도건설'이나 '전공'이라는 낱말에 그다지 큰 충격력이 없었기 때문일 것입니다. 그러나 1995년의 스캔들의 경우, 향응을 베풀던 유흥 주점의 이름 때문에 대장성에 대한 사회의 신뢰는 완전히 무너졌습니다. 명칭은 그만큼 결정적으로 중요한 것입니다.

대장성에 대한 신뢰 와해는 '1940년 체제'를 생각할 때 중요한 의미를 지니고 있습니다. 왜냐하면 '1940년 체제'란 시장 경쟁을 통해 자금을 배분하는 게 아니라 '누군가'가 자원 할당을 결정하는 시스템으로서, 배분이 공정하게 이루어지고 있다는 믿음을 바탕으로 하기 때문입니다. 신뢰가 소실되면 그러한 시스템은 붕괴되어버립니다.

저는 원래 접대나 연회를 무척이나 싫어했습니다(내친김에 말하자면 골프도). 제가 미국으로 유학을 간 건 세무서장을 경험할 연차일 때였습니다. 세무서장은 관리자로서 훈련받을 중요한 기회이지만, 연회석상에서 도망칠 수 없습니다. 그게 싫어서 이 시기에 유학을 지원한 겁니다.

유학을 끝내고 귀국해 증권국 업무과에서 증권사를 담당하고 있던 때는 거품 경제가 시작되기 15년 전이었습니다. 증권국은 1990년대에 부서원이 체포된 적도 있는 곳이지만, 저는 거기에 있는 동안 접대를 받은 적이 한 번도 없습니다. 아마 책상 위에 쌓인 『미국경제평론』 잡지 방벽이 효과를 발휘했기 때문일 겁니다. 그러나 그로부터 15년 후 거품 경제 와중에 증권국에 있었다면 아무리 연회가 싫어도 참가해야만 했을 테죠. 그런 시기에 그 자리에 없었다는 게 저에게는 행운이었던 셈입니다.

다만 돌이켜보면, 저도 당시의 분위기를 거스를 수 없었던 적은 있습니다. 대장성의 동료 오찬은 그때까지 회비제였지만, 언제부터인가 아무도 회비를 내지 않게 되었습니다. 누군가가 대신 지불해주고 있었다는 얘기죠. 저도 지불하지 않았고요. 모두가 회비를 지불하지 않는데 저만 '돈을 내겠다'고 할 수도 없는 노릇입니다. '분위기'란 참으로 무서운 것입니다.

대장성을 사직한 나카지마 요시오는 히비야고등학교 출신으로, 저와 마찬가지로 모자가정이었던 터라 서로 친근감이 있었습니다. 나카지마의 불상사에 대한 뉴스가 보도되었을 때에도 '도저히 있을 수 없는 일이다. 뭔가 잘못된 것이다'라고 마지막까지 믿고 있었습니다. 그래서 그의 사직에 '배신감'을 느꼈던 것입니다.

대장성 입성 첫날 다카기 후미오 비서과장이 신출내기들에게 "그 이상은 하지 말라!"고 훈시했던 것이 바로 이런 뜻이었습니다. 대장성 스캔들을 일으킨 관료들은 그 선을 넘은 것이죠.

역사의 뒤안길로 사라진 대장성

2001년 1월 대장성이라는 명칭의 관공서가 역사의 뒤안길로 사라졌습니다. 대장성은 분할되어 금융 관련 업무는 금융청이, 조세 재정은 재무성이 인계받기로 했습니다(또한 중앙 부처 개편의 일환으로 현재의 내각부, 총무성, 경제산업성 등도 이때 탄생했죠).

사실 제 동기 중에서도 대장성이 은행국과 증권국을 거느리고 있는 것은 문제라고 전부터 말한 사람이 있었습니다. "저런 감독 업무는 유착이 생기기 쉽고 위험하다. 대장성은 모름지기 조세 재정에 전념해야 한다"는 논리였습니다. 대장성 추문이 터지기 전 위기의식을 가진 내부자가 존재했던 셈이죠.

그런 의미에서 대장성이 재무성과 금융청으로 분리된 것 자체는 큰 문제가 아닐 수도 있습니다. 오히려 대장성이라는 명칭을 빼앗긴 것이 훨씬 더 큰 영향을 주었다고 생각합니다. 이름은 중요하기 때문입니다.

'대장大藏'이라는 관청명은 일상용어에선 찾아볼 수 없는 특이한 단어입니다. 사실 유럽과 미국에서도 의회나 행정부의 강력한 부서는 일상용어 같지 않은 명칭이 붙어 있습니다. 가령 미국의 하원위원회에서 가장 강한 곳은 세제를 결정하는 세입위원회歲入委員會입니다. 이 위원회의 이름은 'revenue committee'가 아니라 'Ways and Means'죠. '수단'이라는 뜻이지만 일상용어는 아닙니다.

일본어에서도 '대장'이라는 비일상 용어는 관청의 권위를 높이는 데 큰 역할을 했습니다. 재무성·금융청이라는 '보통' 명칭으로의 변경은 그러한 의미에서 '특권을 박탈당했다'는 뜻입니다.

다만 굳이 엄밀하게 말하자면, 이때의 개명은 철저하지 않았습니다. 주계국과 주세국은 변경하지 않았기 때문입니다. 이 둘도 일상 용어가 아닌 특이한 이름입니다. 주사主査나 주계관主計官도 그렇습니다. '주사나 주계관이 된다'는 것은 특별한 의미가 있습니다. '과장 보좌나 과장이 되는 것과는 차이가 있다'는 느낌이죠.

여담이지만 중앙 부처 개편이 논의될 당시 "대장성은 헤이안平安 시대(794~1185)의 율령국가 이래 계속되어온 전통 있는 단어이므로 바꿔서는 안 된다"는 의견이 있었습니다. 이건 사실 틀린 말입니다. 확실히 율령국가에 대장성이라는 관청은 있었지만, 그곳에서는 '국유재산 관리'를 맡고 있었습니다. 더 중요한 실무인 '세무'를 관장하던 곳은 대장성이 아니라 민부성民部省이었죠.

대장성이 강한 권력을 행사하는 부처가 된 것은 메이지 신정부 이후였습니다. 그러니 "헤이안 이래 1000년간 지속된 유서 깊은 이름"이 아니라 "메이지 유신 이래 100년간 지속되었다"고 말해야 정확하겠죠.

정치권의 대장성 인사 개입 배제

대장성이라는 정부 기관의 특수성을 하나 더 들어봅시다. 그건 정치인이 인사를 지배하지 못했다는 겁니다. 단, 예외는 있습니다. 1962년 다나카 가쿠에이가 대장대신(장관)에 취임해 관료들의 마음을 사로잡았을 때입니다. 대장성은 전통적으로 대장성 관료 출신의 정치인이 많은 '굉지회'와의 유대가 강했는데, 이때 다나카 가쿠에이와 친해진 관료가 나온 것입니다.

그중 한 사람이 저를 채용한 다카기 후미오였습니다. 마침 사무차관 경쟁이 한창이었고, 주세국장이었던 그는 두 번째 주자였습니다. 첫 번째 주자는 주계국장인 하시구치 오사무橋口收였죠. 두 사람의 차관 경쟁은 널리 사회적 관심을 모았습니다. 하시구치 주계국장은 후쿠다 다케오(주계국장을 맡은 적이 있고 반反굉지회인 청화회淸和會 설립자이며 다나카 가쿠에이의 정적)와 친했기 때문입니다. 다나카파인 다카기와 후쿠다파인 하시구치의 경쟁은 '가쿠·후쿠角福의 대리전쟁'이라고 하여 매스미디어에서 최고의 화제가 되었습니다.

결판이 날 당시 총리는 다나카 가쿠에이였습니다. 종래의 관례에 따르면 주계국장이 차관으로 승격되어야 했지만 다카기 주세국장이 차관이 되었습니다. 총리의 의향이 영향을 주었다는 점은 누가 봐도 명백했죠.

다카기 차관은 그해의 예산을 편성할 때 다나카 수상을 위해 움직였습니다. 총수요 억제가 요구된 가운데, 비록 다나카 총리의 주력 정책 가운데 하나인 '열도 개조 계획' 관련 예산은 끊어졌지만, 급여소득 공제의 대폭 증액을 통한 소득세 대감세는 통과되었죠.

다만, 정치계가 그 후에도 계속 대장성 인사에 관여하지는 않았습니다.

다나카 내각 후의 대장성은 정치의 영향을 훌륭하게 차단해왔다고 생각합니다. 1975년에 다카기 다음으로 차관이 된 다케우치 미치오와 1979년에 차관에 취임한 나가오카 미노루 라인의 공훈일 것입니다. 두 사람 모두 '예산이나 세제를 취급하는 성省의 인사에 정치가가 손을 쓰면 큰일 난다'는 강한 위기의식이 있었습니다.

은행 파산의 희생양들만 운명에 농락당하다

지금까지 전후戰後의 역사를 살펴봤지만, 이 시대까지의 주역은 모두 저보다 윗세대였습니다.

1950년대의 전후 부흥은 제가 문헌으로밖에 모르는 사람들이 주역이 되어 이뤄낸 것입니다. 1960년대 고도성장기도 주역은 훨씬 윗세대의 사람들로, 우리는 손심부름 역할만 했을 뿐입니다.

그런데 1980년대 후반 거품 경제 시대에는 저희 세대가 주역이었습니다. 제 친구나 옛 동료 혹은 조금 높은 세대의 사람들, 대학 제자들이 관청이나 금융기관 혹은 산업계에서 주도적인 입장으로 제일선에 있었습니다. 그러다보니 제가 직접 아는 사람들이 사건의 소용돌이에 휘말려 운명에 농락당하는 모습을 보게 되었죠.

파산해서 문을 닫은 일본장기신용은행에도, 재편된 시중은행에도 몇 명의 졸업생이 있습니다. 그들 중 취직할 때와 같은 조직에 지금도 근무하는 사람은 손에 꼽을 정도밖에 안 됩니다. 모두 시대의 격류에 휩쓸린 것이죠.

운명에 번롱翻弄당한 사람 중 특히 두 명만 여기에 이름을 올리고 싶습니다. 첫 번째는 제일권업은행第一勸業銀行 전 회장인 미야자키 구니지宮崎邦次입니다.

저는 어느 정기 회합에서 미야자키 씨와 면식을 텄습니다. 당시에 이미 상담역이었지만 인격적으로 매우 매력적인 분으로, 대형은행의 행장·회장을 지낸 분이라고는 도저히 믿을 수 없을 정도로 소탈하고 상냥했습니다. 이렇게 말하면 어폐가 있을 수 있지만, 마치 산속 오지의 가난한 마을의 촌장님처럼 소박하고 성실한 인품이 느껴졌습니다. 그런 미야자키 씨가 1997년 6월에 자살했습니다. 이 뉴스를 듣고 저는 강한 충격을 받았죠.

그로부터 한 달 전에 제일권업은행이 총회꾼總會屋(약간의 주식을 가지고 주주총회에 참석하여 말썽 등을 일삼는 자)에게 부당 이익을 공여한 사건이 발각되었고, 사건의 배경에는 폭력단과 제일권업은행의 오랜 관계가 있었습니다. 그러한 문제가 자살의 원인이었던 거지요. 그가 제일권업은행의 행장을 맡고 있던 1990년 전후에는 다른 은행도, 은행 이외의 많은 기업도 암흑세계와 깊게 관련되어 있었습니다.

미야자키 씨는 영화를 좋아해서 "다음 생에 태어나면 영화평론가가 되고 싶다"고 곧잘 말했다고 합니다. 평생의 꿈이었을 것입니다. 저는 '언젠가 미야자키 씨와 영화에 관한 얘기를 나눌 수 있다면 얼마나 즐거울까'라고 생각했지만, 그 꿈은 끝내 이루어지지 못했습니다.

또 한 사람은 일본채권신용은행의 마지막 회장 구보타 히로시崔田弘입니다. 구보타 씨는 대장성에서 이재국장과 국세청 장관을 역임했고, 독서가로도 널리 알려져 있었습니다. 그 온후하면서도 성실한 인품에 매료된 사람이 많았습니다. 저도 그중 한 명이었어요.

그러나 1998년 12월, 그를 포함한 일본채권은행의 옛 경영진 3명이 분식결산 때문에 증권거래법 위반 혐의로 구속됐고, 2004년 5월 도쿄지방법원으로부터 유죄 판결을 받았습니다. 게다가 2007년 3월, 2심에서도 유죄 판결이 내려졌습니다.

이 유죄 판결을 이해할 수 없다고 생각한 사람은 저를 포함해 적지 않았습니다. 구보타 씨가 일본채권은행의 행장에 취임한 것은

1993년의 일로, 그때 일본채권은행은 이미 수습할 수 없는 상태에 내몰려 있었습니다. 그가 '파산 수습 처리'를 부탁받은 실정이었던 것입니다.

일본채권은행 파산의 원흉을 꼽는다면 1982년에 행장, 1987년에 회장에 취임한 에가와 시로穎川史郎일 것입니다. "폭력배라도 좋다. 담보가 없어도 좋다. 어쨌든 대출해줘라"라는 융자 대확장의 호령문을 내걸었다고 여겨지는 사람입니다. 하지만 그는 공소시효에 따라 형사 입건을 면했습니다. 1997년 임원 퇴임 때 그가 받은 퇴직금은 약 6억 엔이라고 합니다. 일본장기신용은행의 경우도 그랬지만, 거품 붕괴 후 은행 파산의 진정한 원인을 만든 사람은 단죄되지 않았습니다. 체포된 것은 구보타 씨 등 희생양이라고 할 수밖에 없는 사람들입니다. 구보타 씨는 그 후 도쿄고등법원에서 무죄 판결을 쟁취했습니다. 그러나 그때는 중병을 앓고 있었고 몇 년 후 세상을 떠났습니다.

"일본 제조업은 여전히 강하다"는 오만

거품 붕괴의 영향이 표면화된 1990년대 후반에는 사회적으로도 많은 사건이 연달아 터져 나왔죠.

1995년 1월에는 간사이 지방에서 한신 아와지阪神淡路 대지진이 발생했고 3월에는 '옴진리교 지하철 사린가스 사건'이 일어났습니다. 이 사건은 아사하라 쇼코麻原彰晃를 교주로 하는 신흥 종교 단체 옴진리교가 도쿄 도내의 지하철에서 신경가스인 사린을 뿌려 10여명의 사망자와 약 6300명의 피해자가 생긴 테러 사건입니다.

금융 불안에 더해 이러한 사건까지 이어지면서 1973년 제1차 석유파동 무렵처럼 '일본은 이제 못쓰게 되었다'는 종말론이 유행했습니다. 1980년대에는 날던 새도 떨어뜨릴 기세였는데 10년 만에 벌써 이런 상황이 되어버린 것이죠.

다만 이 장 1절에서 말한 것처럼 '거품 경제가 붕괴해도 일본은 더 풍족해질 것'이라는 근거 없는 낙관론이 일반적이었습니다. 1995년에는 그런 분위기가 많이 바뀌었지만 아직 사람들이 변화의 본질을 정확하게 파악하지는 못했습니다.

1990년대 일본이 거품 붕괴의 뒷감당에 휘둘리는 동안, 일본을 둘러싼 세계경제 상황은 크게 바뀌었습니다. 그에 대해서는 다음 장에서 자세히 살펴보겠지만, 이 극적인 환경 변화에 일본 산업, 특히 제조업은 적절히 대응할 수 없었습니다. 일본 경제가 큰 조건 변화에 직면하고 있다는 것을 제조업 종사자들이 인식하지 못했기 때문입니다.

저도 그것을 인식할 수 없었습니다. 1992년에 간행한 『거품의 경제학バブルの經濟學』이라는 책의 마지막에서 저는 "거품은 붕괴했지만 일본의 제조업은 여전히 강하다"라고 썼습니다. 그 시점에서는 저처럼 생각한 일본인이 많았을 것입니다. 이제 와 돌이켜보면 철저하게 오판이었습니다. 일본의 제조업은 '거품 붕괴' 이상으로 본질적인 문제에 직면하고 있었던 것입니다.

앞서 4장에서 『메이드 인 아메리카』란 책을 다루며 "연구자들도 일본과 미국 제조업의 미래를 인식하지 못했다"고 말했습니다. 저 또한 똑같은 잘못을 저지른 것이죠.

일본의 주가는 1989년 말에, 지가는 1991년 중반에 각각 최고가를 기록했습니다. 주가도 지가도 현재에 이르기까지 당시의 수준을 회복하지 못하고 있습니다. 나중에 언급하겠지만 주가나 지가뿐 아니라 임금이나 실질 환율 등 여러 경제 지표도 1990년대 최고조 때의 수준을 회복하지 못하고 있습니다.

하지만 미국은 그렇지 않습니다. 왜 이런 사태가 발생했을까요? 다음 장에서는 이 문제에 대해 살펴보도록 하겠습니다.

일본을 뒤에 두고
발전한 세계

1980~

독일 재통일,
그러나
오지 않은
독일의 시대

소련군은 왜 구동독에서 철수하지 않았나?

1980년대 말 일본이 거품 경제에 휘둘리는 동안 세계는 크게 변화하기 시작했습니다. 그중 하나가 사회주의 국가의 붕괴입니다. 제4장 2절에서 엿본 것처럼 1989년 11월에 베를린 장벽이 무너졌지요. 독일 재통일 후 1년가량 지난 뒤, 함부르크에서 베를린까지 자동차로 여행한 적이 있습니다. 베를린에 볼일이 있었는데, 구동독 지역을 구경해두려고 함부르크에서 비행기를 내렸죠. 거기서 베를린까지 렌터카를 빌려 혼자 드라이브하고, 올 때는 베를린에서 프랑크푸르트까지 달려 프랑크푸르트 공항에서 귀국했습니다.

이런 여행을 영어로 '컨퍼런스의 더 나은 절반better half of the conference'이라고 합니다. 예를 들어 영국에서 회의가 있었다면 돌아오는 길에 이탈리아를 들러도 항공 요금은 같기 때문에, 저는 종종 그렇게 멀리 돌아 여행했죠.

이때 구동독에는 사회주의 시대의 그림자가 짙게 드리워져 있었어요. 옛날에는 국경을 넘으면 검문소와 감시탑 터가 가장 먼저 보였습니다. 아우토반에서 들렀던 휴게 시설이 구서독과 크게 달라서 놀라웠습니다. 서독의 아우토반 화장실은 어디든 반들반들하게 깨끗한데, 동독의 화장실은 아주 더러웠습니다. 도로 표지판도 서독 측은 매우 훌륭했지만 동독 측은 녹슬고 더러워진 채였습니다. 일반 도로는 자갈을 깐 곳도 있어서 마차 시대 때부터 전혀 바뀌지 않은 것 같았죠.

호텔에 묵으면 침대가 몹시 작고 창문이 높은 곳에 있어 감옥 같다는 인상을 받았습니다. 저녁 식사 때의 붐비는 레스토랑에서는 한 시간이 지나도 음식이 나오지 않았고요(미슐랭에 나오는 호텔인데도). 사회주의란 이런 것임을 크게 실감했죠.

좋은 면도 있었습니다. 과거에 작센-바이마르 공국의 수도였으며 괴테가 재상을 맡은 것으로 유명한 바이마르라는 도시가 있습니다. 당시에는 거리에 관광객이 별로 없어서 괴테의 시대 그대로라고 여겨지는 아름다운 공원을 볼 수 있었습니다. 몇 년이 지나고 다시 찾아갔을 때는 완전히 세속화되어 있어서 너무 안타까웠죠. 드레스덴은 제2차 세계대전 때 공습으로 입은 피해로부터 거의 복구되었지만, 도시의 중심에 있는 유명한 성모 마리아 성당Liebfrauen kirche은 아직도 잔해 더미였습니다.

그 무렵 동독 지역에는 소련군이 여전히 남아 있었습니다. 그들이 폭동이라도 일으키면 난감할 것 같아 섬뜩했지요. 그러나 나중에 안 사실에 따르면, 철수가 늦어진 까닭은 철도 수송 능력이 부족해서 열차가 준비되지 못했고 소련 내에 귀환병을 수용할 숙소도 없었기 때문이었습니다. 독일에 대한 영향력을 유지하기 위해 남아 있었던 게 아니라 돌아가고 싶어도 돌아갈 수 없었던 거라니요. 소련은 그만큼 쇠약했던 것입니다.

브란덴부르크문 주변에는 관광객이 많았고 작은 노점이 여럿 있어 혁대 버클, 벨트 등 소련 병사들의 소지품을 팔고 있었습니다. 철수하는 병사들이 용돈을 벌려고 내다 판 것입니다.

모습을 드러낸 아름다운 포츠담 호수

이 여행 이후 수년 뒤, 포츠담에서 연구회가 있었습니다. 동독 시대의 포츠담은 냉전 중 서베를린에서 학회가 열렸을 때 소풍을 나갔던 장소입니다. 두 번째 방문했을 때도 여러 가지를 발견했죠.

우선 맥이 빠진 것은 베를린에서 포츠담까지 너무 쉽게 갈 수 있게 됐다는 점입니다. 과거에는 검문소를 빠져나가는 데만 두 시간이나 걸렸는데, 이번에는 기차로 30분도 걸리지 않았습니다(참고로 베를린-포츠담은 유럽 대륙에서 최초로 철도가 달린 경로입니다).

또 하나, 포츠담에 아름다운 호수가 있었다는 것에 화들짝 놀랐습니다. 동독 시대에 방문했을 때는 호수를 못 봤거든요. 이상하게 생각하며 독일인 연구회 참가자에게 물었더니 놀랄 만한 대답이 돌아왔습니다. 과거에는 동독 시민들이 서베를린으로 헤엄쳐 도망가는 걸 막기 위해 호수 주변이 모두 벽으로 둘러싸여 있었다는 것입니다.

호수 주변은 원래 고급 주택지였는데, 동독 시대에는 소련의 비밀경찰 KGB가 접수해 숙소로 사용했다고 합니다. 두 번째로 갔을 때는 집을 원래의 주인에게 돌려주는 절차가 진행 중이었습니다. 연구회가 열린 호텔 앞 도로는 베를린 장벽이 무너질 때까지 소련 전차들이 날마다 순찰하던 경로였다고 합니다.

이때의 연구회 출석자 중 저와 거의 동년배인 독일인 교수가 있었습니다. 그에게서 "제2차 세계대전 말기에 동독 지역에서 어머니와 함께 간신히 도망쳤다"는 이야기를 들었습니다. 그 말을 듣고 그가 나와 같은 세대라는 걸 많이 느꼈어요. 미국 사람들과는 전혀 나눌 수 없는 이야기들이었습니다.

그러나 '독일의 시대'는 오지 않았다.

당시에 저는 '이젠 독일의 시대가 될 것'이라고 생각했습니다. 올림픽만 해도 당시 서독과 동독의 메달 수를 합치면 세계 최고였습니다. 동과 서가 재통일되면 경제 부문에서도 독일의 시대가 되지 않을까? 그 느낌을 독일인 친구에게 말하자 "그렇지는 않을 거예요"라는 반응이었습니다. 정말로, 그렇게는 되지 않았습니다. 왜 그랬을까요?

첫째, 사회주의로 피폐해진 동독 경제를 살리기 위한 서독의 부담이 엄청났다는 점입니다. 자갈이 깔린 도로를 포장하거나 아우토반 이정표를 고치기 위한 재정 부담만으로도 힘들었지만, 사회주의 경제를 자본주의 경제로 전환하려면 식당에서 음식이 나오는 데

한 시간이나 걸리더라도 개의치 않는 사람들의 '노동 태도'까지 근본적으로 바꿔나가야만 했거든요. 서독은 이를 위해 엄청난 노력을 기울였다고 생각합니다.

좀더 본질적인 원인은 독일의 산업구조가 이후 크게 달라진 세계경제 환경에 부합하지 못했다는 것입니다. 일본이 안고 있던 것과 같은 문제였습니다. 1970년대까지만 해도 강했던 경제체제가 1980~1990년대에 생긴 세계경제의 변화를 따라가지 못했습니다. 일본도, 독일도 새로운 세계경제의 환경 변화에 대응하지 못한 것입니다. 당시에는 그 사실을 확실하게 알 수 없었습니다. 확실해진 것은 더 나중의 일이지요.

2

중국이
공업화에
성공하다!

베이징역에서 마주친 악몽 같은 광경

이 무렵 중국도 많이 변하고 있었습니다. 당시까지는 농업국이었으나 공업화라는 일대 개혁에 착수한 것입니다.

1995년 3월 20일, 도쿄에서 옴진리교가 '지하철 사린 테러 사건'을 일으킨 그날, 저는 베이징에 체류하고 있었습니다. 베이징의 거리가 빠르게 변해가던 시대에, 오래된 거리가 나란히 줄지어 있는 후퉁胡同 골목을 곳곳에서 구경할 수 있었지요. 아직 자동차 시대는 아니었고 출퇴근 때는 자전거로 도로가 꽉 찼습니다.

이때 저는 베이징역에서 역사 곳곳마다 사람들이 무리지어 있는 것을 보았죠. 바닥에 돗자리나 이불을 깔고 노숙생활을 하고 있었습니다. 그들은 농촌에서 온, 이른바 '농민공'들이었습니다. 베이징에서 일자리를 구하려고 했지만 쉽사리 구하질 못했고, 거주할 집도 묵을 곳도 없어 역을 불법 점거하고 그곳에서 생활했던 것입니다. 문자 그대로 발 디딜 틈도 없이 빽빽하게 모여 있었습니다.

제1장 1절에서 언급한 대로, 현대적인 건물이 본래의 기능을 잃어 폐허가 되고 그곳에 많은 사람이 살고 있다는 것은 저에게 있어 공상과학적인 악몽 중 하나였습니다. 종전 직후의 도쿄를 떠올리게 했기 때문이죠. 베이징에서 이를 목격하고 저는 충격을 받았습니다.

이전까지 중국에서는 농촌 인구와 도시 인구가 엄격하게 구별되어 이동이 엄밀하게 제한되어 있었습니다. 그러나 공업화가 진전됨에 따라 노동력에 대한 수요가 급증했고, 이에 대응하기 위해 격리 정책이 느슨해져 농촌에서 대량의 노동력이 도시로 유입되기 시작했던 것입니다. 그 후 중국은 무서운 기세로 공업화를 향해 돌진하게 됩니다.

궤도에 오른 덩샤오핑의 개혁·개방 노선

중국 공업화의 발단은 1978년으로 거슬러 올라갑니다. 제11기 중앙위원회 제3차 전체회의(3중전회)에서 덩샤오핑이 '개혁·개방, 현대화 노선'을 내걸고 국가정책을 대전환시켰습니다. 이로써 마오쩌둥의 시대가 저물고 '개혁·개방'이 국가의 기본 노선이 되었죠.

중국 정부는 시장 메커니즘을 도입하기 위해 1979년 선전, 주하이, 산터우, 샤먼에 경제특구를, 1984년엔 상하이, 톈진, 광저우, 다롄 등에 경제기술 개발구를 각각 설치했습니다. 이곳에 화교와 유렵, 미국의 투자를 적극적으로 유치하여 경제 발전을 꾀하는 것이 목적이었죠.

그러나 이 시기의 개혁·개방은 정치세계에서나 논해졌을 뿐, 경제 실태가 크게 변화하진 않았죠. 사회주의경제의 국유 기업이 공통적으로 안고 있는 문제 때문이었을 겁니다. 1990년대 중반이 되고 국유 기업에 대한 대개혁이 시작되었습니다. 원래 중국에서는 모든 산업을 국가가 운영하고 있었는데, 그중 기간산업을 맡은 대기업은 국가가 좀더 보유하고 있다가 주식회사로 상장을 추진하고 그밖의 기업은 민영화를 진행하는 정책이었죠.

이 정책은 성공적이었고 산업이 활성화되었습니다. 중공업화의 진전 정도를 나타내는 중국의 철강 생산량을 보면, 1995년에는 약 1억 톤으로 일본과 비슷했지만 그 후에는 급증해 금세 일본을 앞질렀습니다. 2014년에는 약 8.2억 톤을 생산했습니다. 중국이 세계에서 압도적으로 큰 점유율을 차지하게 된 것입니다. 철강 생산이 이렇듯 조금 늦었고 자동차 생산도 2000년 이후 본격화되었습니다 (도표 2-3, 도표 4-1 참조).

'세계의 공장'에서 신기업이 탄생하다

가전제품이나 IT, 자동차 등의 분야에서는 1990년대 말에 신기업이 많이 탄생하여 성장을 이어나갔습니다. 가전 전자제품에서는 하이얼그룹海爾集團이, PC(개인용 컴퓨터)에서는 레노버聯想가 눈부신 발전을 이어갔고, 통신기기 분야에서는 화웨이華爲技術가 세계적으로 알려졌습니다.

인터넷 관련 부문에서도 e커머스(전자상거래)의 알리바바, 검색엔진 회사인 바이두百度 등 벤처기업이 다수 생겨났습니다.

일찍이 러시아와의 기술 협력으로 국유 기업이 주도하고 있던 자동차 부문에서도 1980년대 들어 중국 3대 자동차회사 중 하나인 상하이자동차上海汽車가 폴크스바겐과 제휴했습니다. 이를 시작으로 1990년대에는 외국계와의 합작 기업이 잇달아 탄생해 선진국의 기술을 받아들여 발전을 도모했습니다. 자동차회사의 수는 중국 전역에 100개 이상이라고 하는데, 생산 대수에서는 2009년에 일본을 제치고 세계 제일이 되었습니다(도표 4-1 참조).

한층 더 주목해야 할 새로운 흐름은 전자제품 등의 조립 작업을 수탁하는, EMS(전자통신제품 임가공 생산 서비스)라고 불리는 기업의 존재입니다. 세계 최대의 EMS인 폭스콘Foxconn은 타이완 홍하이정밀공업鴻海精密工業의 자회사로, 중국에 공장을 두고 애플 제품 등을 최종 조립하는 것으로 알려져 있습니다. 종업원은 100만 명이 넘고 대량생산 규모는 종래의 상식을 뛰어넘는다고 합니다.

이처럼 중국에서 다양한 분야의 제조업이 발달하고 중국이 '세계의 공장' 지위를 차지하게 되면서 세계경제에는 큰 변화가 생겼습니다.

1990년대 일본인은 일반적으로 "중국의 제조업은 저임금 노동에 의존해 선진국 제품의 모방품 등 싸고 품질이 떨어지는 제품을 대량으로 만들고 있을 뿐"이라고밖에 생각하지 않았을 테죠. 지금 역시 중국의 기술이 대단하다고 생각하는 사람은 많지 않을 겁니다. 하지만 현실은 이미 크게 달라졌습니다. 중국 제조업은 같은 분야의 일본 기업을 능가하는 거액의 연구개발비를 투자해 세계 각국에 연구 거점을 마련하고 기술을 개발하고 있어, 기술적으로도 일본을 능가하는 중입니다.

가령 동일본 대지진에 따른 후쿠시마 제1원전 사고 때 원자로 주수注水 작업을 위해 '다창징루大長頸鹿(거대 기린)'라고 불리는 대형 기중기가 등장했습니다. 중국의 건설기계 제조업체 산이중공三一重工의 제품이었습니다. 일본에서는 만들 수 없는 품목을 중국에서 생산하고 있는 것입니다. 그러나 많은 일본인에게 즐겁지 않은 사실인 터라 일본에서는 별로 보도되지 않고 있죠.

3

IT 혁명이
가져온
경제활동의
중대 변화

IT 혁명은 극적인 비용 절감

1980년대부터 1990년대에 걸쳐 전 세계의 기술체계에도 중대한 변화가 발생했습니다. 바로 'IT(정보통신기술) 혁명'입니다. 원래 대형 컴퓨터로 실행하던 정보처리를 1980년대 이후에는 PC로 실행할 수 있게 된 것입니다. 통신 분야에서는 1990년대부터 인터넷을 이용할 수 있게 되었고요.

경제적인 관점에서 'IT 혁명'의 의미는 정보처리 비용과 통신 비용이 극적으로 낮아졌다는 데 있습니다. 이 변화는 소조직과 대조직의 역학관계에 심대한 영향을 미칩니다. 이전에 대형 컴퓨터는 한 대에 수억 엔이나 했던지라 대기업과 정부, 대학에서만 사용할 수 있었습니다. 그러한 대조직의 정보처리 능력이 압도적으로 높아, 중소기업이나 개인과는 차이가 확연했습니다. 또한 대량의 데이터 통신에는 전용 회선이 필요했는데 이것도 매우 비쌌습니다.

그런데 IT 혁명으로 인해 차이가 없어진 거죠. 대조직도 중소조직도, 개인도 정보처리 측면에선 동일한 조건 아래 업무를 볼 수 있게 되었습니다. 기술 진보가 급속한 분야에서는 역전도 일어났습니다. 상황 변화에 재빨리 대처할 수 있는 소조직은 의사결정이 신속하기에, 둔중한 대조직에 비해 환경 조건의 변화에 빠르게 대응했던 것입니다. 미국 실리콘밸리를 중심으로 이렇게 창업한 지 얼마 안 된 벤처기업이 단기간에 세계적 대기업으로 성장하는 현상이 나타났습니다.

1990년대에 들어와 인터넷이 일반화되자 통신비용이 제로에 가까워졌으며, 이는 곧 경쟁 조건의 큰 변화였습니다. 거리와 관계없이 경제활동이 쉬워진 결과, 인건비가 높은 미국의 기업이 서비스 업무를 아일랜드나 인도 등에 아웃소싱(외주화)하는 게 일반화되었습니다.

제조업, 수직통합에서 수평분업으로

앞에서 살펴본 변화는 제조업 생산방식에 근본적인 변화를 가져다주었습니다. '수직통합에서 수평분업으로' 변화하는 추세가 전 세계적으로 나타난 것입니다.

당시까지 제조업 생산방식의 주류는 대기업이 조직 내에서 처음부터 끝까지 모든 공정을 수행하는 것이었습니다. 이것을 '수직통합형 생산방식'이라고 합니다. 그러나 중국을 비롯한 신흥국이 공업화되고, 통신비용도 낮아져 소기업도 정보처리 능력이 높아졌기 때문에, 복수의 기업이 시장을 통해 작업을 분담하기가 쉬워졌습니다. 그래서 모든 공정을 하나의 기업 내에서 실시하는 게 아니라, 개개의 기업은 가장 자신 있는 분야를 특화하고, 복수의 기업이 전체적으로 서로 협업하며 흡사 하나의 기업처럼 생산활동을 전개하게 되었습니다. 이것을 '수평분업형 생산방식'이라고 합니다.

이 방식은 처음엔 PC 생산에 적용되었습니다. OS(운영체제)를 마이크로소프트가, CPU(중앙처리장치)를 인텔이 생산하고, 그것을 델DELL이나 컴팩Compag 등의 회사가 조립하는 것입니다. 1980년대에 일본의 PC 생산은 국내 제조업체가 독점했다고 제4장 1절에서 설명했는데, 이는 수직통합 방식의 생산이었습니다. 그런데 PC 생산에서 수평분업이 확산되자, 일본의 제조회사는 이에 적절하게 대응하지 못하고 단기간에 시장점유율이 떨어지고 말았습니다.

최근에는 애플 제품이 수평분업으로 생산되어 주목받고 있습니다. 애플은 제품의 개발과 설계 그리고 판매라는, 입구와 출구 작업만 도맡을 뿐이죠. 애플의 설계를 바탕으로 전 세계 기업이 생산한 부품을 시장을 통해 조달하고, EMS의 폭스콘이 중국에서 부품을 조립합니다. 이러한 세계적 규모의 새로운 협동관계가 발달하여, 우수한 부문 하나에 특화된 기업이 급속히 성장해 수직통합형 기업을 압도하게 됩니다. 수평분업 방식이 제조업의 새로운 비즈니스 모델이 된 것이지요.

4

1990년대 이후의 변화가 일본에게는 역풍

기초가 흔들린 일본 경제

1990년대 이후 세계는 이처럼 신흥국의 공업화, 정보통신기술의 혁신, 그에 따른 비즈니스 모델의 변화 등이 동시에 일어났습니다. 이러한 경제 조건의 근본적 변화는 일본 경제의 기초를 흔들었습니다.

중국에서는 농촌으로부터 노동력이 대량으로 염가에 공급됩니다. 따라서 제조업 방면, 특히 중화학공업과 조립·제조업에서 중국은 훨씬 낮은 비용에 효율적으로 생산할 수 있게 되었고, 이로써 '세계의 공장'으로 우뚝 섰습니다. 도표 2-3이나 4-1만 봐도 알 수 있습니다.

중국이 대량생산 분야에 매진하면서 공산품 가격은 세계적으로 하락했죠. 이 때문에 일본에 생산 거점을 둔 기업은 점차 비용

경쟁을 따라갈 수 없게 되었습니다. 이윽고 일본 기업도 중국 등 아시아의 여러 나라로 생산 거점을 옮기게 되었습니다.

이러한 환경 변화 아래에서 선진국이 목표로 해야 할 길은, 애플이 전형적으로 보여주듯이 노동비용에 따라 가격이 정해져버리는 제조 과정에서 원가 인하 경쟁을 벌이는 게 아니라 개발과 연구라는 부가가치가 높은 영역을 특화해, 염가의 노동력이 우세한 중국 기업과 이익을 공유하는 것입니다.

이 밖에 기술 혁신이 빠른 IT 관련 서비스나 컨설팅 등 기업 관련 서비스도 선진국 기업이 우위에 설 수 있는 분야입니다. 그러나 일본형 대기업은 이 영역에서 잘하지 못했습니다.

이렇게 시대가 크게 변했음에도 일본 기업은 대응할 수 없었습니다. 중요한 원인은 "일본형 기업 조직은 '1940년 체제'에는 적합했으나, 1980년대와 1990년대에 탄생한 새로운 체제에는 부적합했다"는 것입니다. 그래서 일본은 'IT 혁명'이라는 엄청난 기술 진화의 혜택을 사회 전체적으로 확산시키지 못했습니다.

이상과 같은 의미에서 1980년대에 시작된 세계경제의 대변화는 '1940년 체제'에 본질적인 역풍이 되었습니다.

"변화의 의미를 알아차리지 못했습니다"

세계에서 이토록 큰 변화가 일어나고 있는 와중에, 유감스럽게도 저 또한 그것이 일본에게는 무엇을 의미하는지 정확하게 간파하지 못했습니다. 업무적으로는 상당히 이른 시점부터 PC나 인터넷을 사용하고 있었기 때문에 변화는 실제로 경험하고 있었지만, 그것이 사회를 어떻게 바꿀지 완전히 예측할 수는 없었던 것입니다.

1990년대에 아일랜드의 경제학자와 함께 당시 아일랜드 경제가 눈부시게 발전한 요인을 논의한 적이 있었죠. 1980년대 중반까지 실질 GDP 성장률이 최고 3퍼센트대였고 때로는 마이너스 성장률까지 기록한 해도 있었던 아일랜드는, 1990년대 중반부터 2000년경까지 10퍼센트 전후의 경제성장률을 유지해 '켈트의 기적'이라고 불리는 경제 발전을 실현했습니다. 그 원동력은 IT에 의한 세계경제 환경의 대변화였습니다.

당시에 그는 "재래식 제조업 시대에는 아일랜드 경제가 발전하지 못했다. 하지만 IT라는 새로운 기술체계가 나타나면서 세계를 변화시킨 것이다"라고 말했습니다. 아일랜드는 소국이어서 철강 일관—貫 공장이나 대규모 자동차 조립 공장은 세울 수 없습니다. 작은 나라인 아일랜드로서는 전통적 중공업 중심 시대에 공업화를 진행하기엔 무리였던 것입니다. 그러나 1990년대가 오자, IT 혁명으로 인한 세계경제의 환경 변화는 그때까지 이렇다 할 산업이 없었던 아일랜드에 유리하게 작용했습니다. 게다가 영어가 공용어이고 교육 수준은 높지만 임금 수준은 낮은 조건을 갖고 있었기에, 아일랜드에 전 세계의 많은 서비스 업무가 몰리게 된 것입니다.

그의 그런 지적에 대해, 저도 "확실히 맞는다"고 수긍했죠. 그러나 같은 경제 환경의 변화가 일본이나 독일 같은 전통적 산업국가에는 불리한 조건이 되고, 특히 일본 경제에 이렇게까지 큰 타격을 줄 거라곤 저도 충분히 예상하지 못했습니다.

왜 몰랐을까요? 1980년대 후반의 거품 경제 전까지는 시대의 성격을 명확하게 알 수 있었는데, 그 이후는 혼돈스러워진 까닭은 무엇이었을까요? 다음에는 이 문제를 탐구해보도록 하겠습니다.

1990년대 중반 정점을 찍은 일본이 장기 쇠퇴에 빠진 까닭

미국 실리콘밸리에는 공장이 없다!

2004년부터 2005년 사이에 저는 객원 교수로 스탠퍼드대학에 부임해 캘리포니아주 팰러앨토에서 1년을 보냈습니다. IT 혁명의 중심지로, 이른바 실리콘밸리라고 불리는 지역입니다.

저는 한 해 동안 그곳에서 '굴뚝이 있는 공장'을 하나도 못 봤습니다. 옛날부터 그랬던 지역은 아니었죠. 캘리포니아는 미국 제조업의 중심지 중 하나로, 특히 군수산업으로는 미국에서 1위를 차지했습니다. 옛날에는 포드의 자동차 공장이었던 곳도 몇 군데 있었습니다. 하지만 이제 쇼핑센터로 바뀌어 있었죠. 이 장 4절에서 논한 세계적 분업이 이런 풍경을 만들어냈습니다. 일본에서는 도쿄에서 오사카까지 신칸센을 타면 선로를 따라 줄곧 공장이 눈에 들어오죠. 일본에 돌아와서 차이가 크다는 것을 통감했습니다.

스탠퍼드대학 캠퍼스(후버 타워 위에서 촬영).

실리콘밸리에서는 특히 인도와의 분업을 실감할 수 있습니다. 미국 캘리포니아주의 새너제이시에는 라우터router(근거리통신망인 랜LAN을 연결해주는 장치) 생산에서 세계 최고인 시스코시스템즈Cisco Systems라는 회사가 있는데, 그 근처 길을 걷고 있는 사람은 인도인들뿐입니다.

기업에 전화를 걸면 응대하는 전화교환원도 틀림없이 인도인입니다. 게다가 미국이 아니라 인도에 있는 인도인이죠. 이제 미국인은 부지불식간에 매일 몇 번씩이나 인도에 전화를 걸고 있는 것입니다.

일본은 어느새 '기타 국가'로

스탠퍼드대학에서 일본 경제에 관해 강의할 때 중국인 수강생이 있었습니다. 그는 '바링허우80後' 세대였죠. '바링허우'는 1980년대 이후에 태어난 중국의 젊은 세대를 일컫습니다. 이들은 중국 역사상 처음으로 많은 사람이 고등교육을 받을 수 있게 된 세대였습니다. 이 학생도 아주 우수했죠.

다시금 캠퍼스를 유심히 바라보니 중국인 학생이 상당히 많다는 것을 깨달았습니다. 반면 일본인은 없었습니다. 1980년대에 미국의 대학에서 일본인 유학생이 일대 세력을 형성했던 것과 비교하니 격세지감이었습니다. 그래서 스탠퍼드대학의 유학생처에서 제공한 통계를 보고 깜짝 놀랐죠.

1980년대에 일본, 중국, 한국에서 유학을 온 대학원생은 각각

100~150명 정도로 수가 비슷했습니다. 그러나 그 후 일본인 유학생은 줄어든 반면, 중국인 유학생 수는 현저하게 증가했습니다. 그리고 2003년에는 중국인 유학생 수가 400명을 넘기에 이르렀습니다. 그런데 일본인 유학생은 100명 밑으로 줄었습니다. 중국은 인구가 많으니 당연할 수도 있겠지만, 제가 충격을 받은 부분은 총인구가 일본의 40퍼센트 미만인 한국 출신 유학생이 300명을 넘었다는 점입니다.

그 후 몇 년이 지나고 다시 조사해보았습니다. 중국, 한국 유학생은 더욱 늘고 있었죠. 그럼 일본은? "기타(그 밖의 국가)"로 분류되어버려 정확한 숫자를 알 수 없었습니다. 일본은 이제 '기타'일 뿐이다! 2003년의 데이터보다도 한층 더 충격적이었죠.

'일본을 제쳐둔 거대한 발전이 벌써 시작되어버렸다'는 뜻입니다. 일본 국내에 있으면 이런 점을 실감할 기회가 별로 없습니다.

현대세계는 일본이 크게 발전한 시대와는 전혀 달라져버린 것입니다. 더 이상 '1940년 체제'가 잘 기능할 수 있는 환경이 아니란 의미입니다. 1940년 체제에서 벗어나지 않는 한 새로운 세계경제 환경 속에서 더 이상 발전할 수 없다는 것은 명약관화입니다.

경제도, 지적 문화도 1990년대 중반이 피크

일본 경제의 성과 저하는 다양한 데이터로 증명할 수 있습니다.

제2장의 도표 2-1이 나타낸 것처럼, 일본의 실질 GDP 성장률은 1980년대에는 4퍼센트가량이었지만 1990년대가 되면 2퍼센트 혹

은 그 미만인 해가 많아집니다. 도표 6-1에 나타난 제조업의 매출액 영업이익률도 같은 경향을 드러내고 있습니다. 1980년대에는 4퍼센트가량이었으나 1990년대 이후에는 3퍼센트 정도로 저하되었습니다. 이 수준을 웃도는 건 2004~2007년경과 최근의 엔화 약세 시기뿐입니다. 엔화 약세 시기에 일본 기업은 엔화로 통계를 낸 매상이 증가한 경우에만 외견상 이익률이 증가하고 그 외에는 이미 이윤율을 높이기 어려운 상태가 된 것입니다.

일본의 임금 수준도 마찬가지인데, 1990년대 중반에 절정에 달했고 그 이후에는 계속 떨어지는 경향입니다(도표 6-2).

도표 6-3은 광공업 생산지수의 장기 추이를 나타내고 있습니다. 이 지수는 1990년대 초까지는 증가하는 경향이었지만 그 이후에는

도표 6-1 매출액 영업이익률의 추이

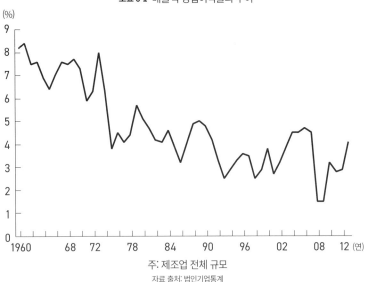

주: 제조업 전체 규모

자료 출처: 법인기업통계

거의 일정한 수준에서 정체되어 있습니다. 엔화 약세가 된 2005년, 2006년경에는 일시적으로 높아졌지만 리먼 사태(2008)로 다시 떨어졌습니다.

또 하나 주목해야 할 것은 환율입니다. 각국의 물가상승률 차이를 조정한 실질환율지수를 보면 엔화는 1990년대 중반 무렵에 약 140으로 정점을 찍었으며, 그 이후는 지수가 하락하는 추세입니다 (도표 6-4. 실질환율지수는 숫자가 클수록 엔고). 즉 1990년대 중반을 경계로 그때까지 오래 지속되던 엔고 경향이 '엔저 경향'으로 역전된 것입니다.

얼마 전 일본 출판 통계를 조사하던 중 서적 판매액도 1996년이 정점이었다는 것을 알고 충격을 받았습니다. 현재 판매액은 1996년

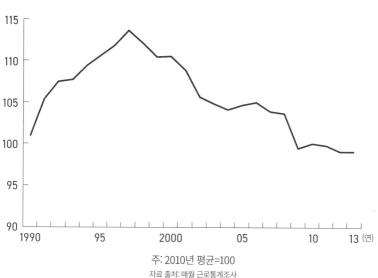

도표 6-2 임금지수(현금급여총액)의 추이

주: 2010년 평균=100
자료 출처: 매월 근로통계조사

의 '3분의 2가량'에 불과합니다. 흔히 말하는 경제활동뿐만 아니라 지적활동, 문화활동에서도 1990년대 중반이 절정이었다는 것을 의미합니다.

아니, '3분의 2가량'이라는 표현은 적절하지 않습니다. 지식·문화 영역이 '정확하게 3분의 2로 축소되어버렸다'는 것은 GDP 등에서 보이는 경제활동 규모의 쇠퇴보다도 더 엄중합니다. 이게 무엇을 의미하는지 일본인은 진지하게 생각할 필요가 있지 않을까요.

제4장 1절에서 저는 "1980년대에 외국에서 돌아오니 일본에는 젊은 사람이 많다고 느꼈다"라고 얘기했습니다. 하지만 이제는 그 반대라고 생각합니다. 65세 이상의 인구 비율은 2013년에 25.1퍼센트였습니다. 총인구의 약 4분의 1까지 상승한 거죠. 요즈음 일본 휴양지에 가면 고령자가 눈에 많이 띕니다. 그리고 호텔 등의 시설도 고도성장기에 정비된 채 그대로이고, 그 후에는 재개발되지 않고 노후화되어 있습니다. 1980년대에 해외 연구자를 불러 국내에서 연구회를 열었을 때, 하코네나 이즈의 호텔 국제회의장을 자주 사용했습니다. 그 시설들이 지금은 방치되어 있는 모양새를 보면 씁쓸하기 그지없습니다.

장기 침체는 디플레이션 때문이 아니다!

이상에서 살펴본 것처럼 일본은 '1995년 전후'를 정점으로 현재까지 계속 쇠퇴하고 있습니다. 1995년, 즉 '전후 50년'의 시점에서는 일본 경제가 이처럼 장기 침체 추세를 그릴 거라곤 아무도 예상하

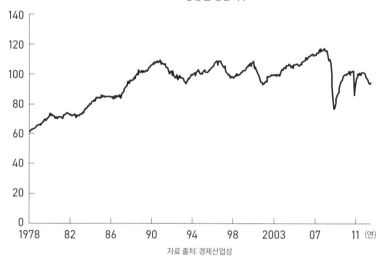

도표 6-3 광공업 생산지수

자료 출처: 경제산업성

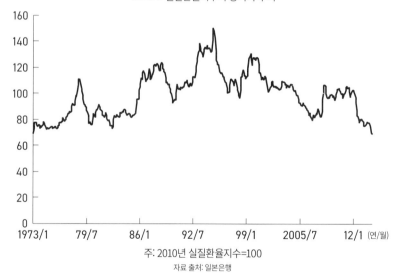

도표 6-4 실질환율지수의 장기적 추이

주: 2010년 실질환율지수=100

자료 출처: 일본은행

지 못했습니다. 침체는 그 이후의 기간, 즉 '전후 50년'부터 '전후 70년(2015)'까지 20년에 걸쳐 현저해졌습니다.

이 20년간 '1990년대 중반 이후 아무래도 일본 경제가 발전하지 않는다' '혹시 일본은 쇠퇴하고 있는 게 아닐까'라는 염려와 두려움을 많은 일본인이 느끼고 있었다고 생각합니다.

문제는 그렇게 되어버린 이유입니다.

"원인은 디플레이션"이라는 의견이 일반적입니다. 땅값과 주식 가격이 하락했기 때문에 불량 채권 문제가 야기되었고, 그것이 금융 시스템을 마비시켜 일본 경제의 기능을 망가뜨렸다. 소비자물가지수가 떨어지기 때문에 사람들은 '나중에 사는 쪽이 낫다'는 생각으로 소비를 줄이게 됐다. 기업은 물건을 만들어도 비싸게 팔리지 않기 때문에 이익률이 떨어졌다. 이처럼 일본의 쇠퇴 원인은 디플레이션(물가 하락 속 경기 침체)이다. 그러니 금융을 완화하고 물가를 인상하면 해결이 된다는 관점입니다.

하지만 이런 견해는 틀렸습니다.

지가가 계속 떨어져서 부실채권이 금방 정리되지 않았던 것이나 소비자물가의 하락이 문제였던 게 아니라, 일본의 산업구조와 경제 체제가 시대의 새로운 조건에 적합하지 않았습니다. 이게 일본 경제 침체의 기본 원인이었던 셈입니다.

경제학에 '요소 가격 균등화 정리'라는 것이 있습니다. 무역이 이루어지는 세계에서 두 나라가 같은 기술로 생산활동을 하고 있으면, 노동 등의 생산요소가 국경을 넘어 움직이지 않아도 임금이 균등화된다는 이론입니다. 이 논리에 따르면, 중국이 공업화하여 일본과 같은 생산활동을 하면 일본의 임금은 장기적으로는 중국 수

도표 6-5 1950년대 소비자물가지수 상승률

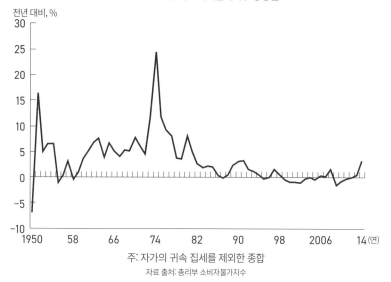

주: 자가의 귀속 집세를 제외한 종합
자료 출처: 총리부 소비자물가지수

준으로 감소하게 됩니다. 이것이야말로 1990년대 이후 현실세계에서 일어나고 있는 사태의 본질입니다. 임금 하락을 벗어나고 싶다면 중국에서 할 수 없는 경제활동을 하는 수밖에 없습니다. 즉, 생산성이 높은 신산업이 탄생해야만 문제가 해결되는 것이지요.

그럼에도 지금에 이르기까지 많은 사람이 일본 경제의 문제는 금융완화로 해결할 수 있다고 생각하고 있습니다. 일본이 장기 정체에서 벗어나지 못하는 기본 원인은 여기에도 있습니다.

역사의
걸음을
멈춘
21세기 일본

미국 주택 가격 거품의 원인

미국은 1990년대 이후 'IT 혁명'을 경제활동에 적극적으로 구현하고, 고도의 서비스산업을 중심으로 새로운 경제구조를 구축해나갔습니다. 다만 지나친 면도 있었습니다. 미국의 주택 가격에 거품이 생긴 것입니다.

제가 2004년부터 한 해 동안 살았던 캘리포니아는 IT 혁명의 중심지이자 주택 가격 거품의 중심지 중 하나였습니다. 그래서 저는 집값 폭등의 현실을 매일 목격하게 되었죠. 날마다 대량의 팸플릿이 신문과 함께 배달되었습니다. 주택 사진과 가격, 담당자 사진이 들어간 컬러풀한 주택 광고였습니다. 인근 곳곳에서 집이 신축되고, 팰러앨토에서 카멜로 가는 도중에도 거주지가 전혀 없었던 곳에 새 주택들이 들어서고 있었죠.

미국은 당시 주택 가격 거품의 광기에 휩쓸려 야단법석을 떨고 있었습니다. 극심하고 비정상적인 가격 인상률을 보면 거품인 게 분명했죠. 다만 거품이 거품으로 느껴지지 않을 만큼 실리콘밸리의 IT 산업 성장이 눈부셨던 것도 사실입니다.

주택이 아주 비싸긴 했지만, 가격이 계속 오르는 한 차익은 생깁니다. 그래서 사람들은 '가격이 오르니 아무리 비싼 집을 사도 괜찮다'고 생각했습니다.

금융기관에서 주택담보대출도 쉽게 받을 수 있었습니다. 그중에는 앞으로 집값이 오를 것으로 예상되는 만큼 더 빌릴 수 있는 융자금까지 있었습니다. 구매한 물건의 가격보다 주택 융자로 얻은 돈이 더 많은 기묘한 현상이 생겨나고, 집을 산 사람은 그 차액으로 자동차를 사고 있었습니다. 그 때문에 자동차 판매 대수가 증가했던 것입니다.

이때 미국에서 가장 잘 팔리는 차는 도요타였죠. 도요타 자동차가 캘리포니아 도로를 가득 메운 것 같은 느낌이 들었습니다. 저도 도요타를 샀습니다. 도요타라면 귀국할 때 되팔기 쉽기 때문입니다.

미국 집값이 올라서 도요타가 팔린다. 덕분에 일본의 수출이 증가한다. 즉, 일본의 무역 흑자 증대와 미국의 주택 거품은 연결되어 있었던 것입니다.

그뿐만이 아닙니다. 일본은 수출로 벌어들인 돈을 '자본 수출'이라는 형식으로 다시 미국으로 환류시켰습니다. 환류된 자금이 어떤 용도로 쓰였는지까지는 통계로 추적할 수 없지만, 그 일부가 주택 구입에 쓰인 것은 틀림없습니다.

날마다 배달되어 온 대량의 부동산 광고.

미국의 경상수지 적자를 충당해준 것은 일본의 자본 수출뿐만이 아닙니다. 중국과 중동 산유국 등으로부터 유입된 자본도 거액이었습니다. 즉, 미국은 전 세계에서 빌린 돈으로 주택이나 자동차 등을 구매하면서 풍부한 생활수준을 유지하고 있었던 것이지요. 이런 생활이 연이어 미국의 수입을 증가시키기 때문에 세계 각지의 자금이 미국으로 계속 환류하고, 미국에서 각국으로 빙글빙글 돌며 세계 전체를 일주하게 됩니다. 이것이 주택 거품 당시의 미국 경제와 세계경제의 기본적인 구도였습니다.

미국에선 당시 연방준비제도이사회가 집값 폭등에 대처해 금융긴축정책을 실시했지만, 도리어 시장 금리가 전혀 오르지 않는 사태가 발생했습니다. 당시 FRB 의장 그린스펀은 이를 두고 "수수께끼"라고 말했죠. 미국은 전 세계에서 자금이 계속 유입되기 때문에, 국내에서 금융긴축을 해도 효과가 없었던 것입니다. 미국의 주택 가격 거품은 일국 내부의 현상이 아니었으며, 그 배후에 세계적인 자금 순환 메커니즘이 있었던 것입니다.

또 하나 주목해야 할 점은, 이때 도요타가 미국의 도로를 점령했음에도 무역 마찰이 일어나지 않았다는 것입니다. 플라자 합의를 할 무렵과는 커다란 차이입니다. 1985년에 맺어진 플라자 합의는 일본의 자동차가 미국의 자동차 시장을 석권한 것이 큰 원인이었죠. 그런데 20년 후인 2004년, 2005년이 되자 도요타 차가 많아진 상황이 전혀 문제가 되지 않았던 것입니다.

미국의 산업구조가 20년 전과는 크게 달라져 있었기 때문입니다. 물론 미국에도 자동차산업은 남아 있습니다. 그러나 과거와 달리 더 이상 미국 경제에서 중요한 지위를 차지하는 산업이 아니었습니다. 애플과 같은 수평분업형 제조업이나 구글과 같은 새로운 IT 관련 서비스업 혹은 금융 영역이 발달해 미국 산업의 중심이 되어 있었습니다. 자동차산업의 쇠퇴는 정치를 움직일 만큼 중대한 문제가 아니게 된 것이지요.

'엔저라는 마약'과 일본으로 회귀한 제조업

일본에서는 2004년 무렵 대규모 환율 개입이 이루어졌고, 그 결과 '엔화 약세'가 진행되었습니다. 그로 인해 일본 내의 제조업은 일시적으로 수익성을 되찾았죠. '일본 국내에서는 더 이상 발전할 수 없는 게 아닐까'라고 생각되던 중후장대산업重厚長大産業(무겁고, 두껍고, 길고, 큰 것을 다루는 산업이라는 뜻으로 중화학공업을 비유하는 말)의 경영 상태도 호전되어, 그때까지 한숨만 짓고 있던 신일본제철新日鐵이 부활하는 일이 일어났습니다. 그때까지 거의 연간 1억 톤가량으로 제자리걸음을 하고 있던 일본의 철강 생산량이 이 시기에는 꽤 증가했습니다(도표 2-3 참조).

전기산업도 제조 거점이 일본으로 돌아왔습니다. 전자제품 제조사 샤프Sharp는 2006년 미에현 가메야마龜山시에서, 2009년에는 오사카부 사카이堺시에서 각각 대형 액정 TV 공장을 가동했습니다. 파나소닉도 2007년과 2009년에 효고현 아마가사키尼崎의 플라즈마 TV 공장을 증설했습니다.

하지만 저는 이러한 움직임에서 '기묘하다'는 위화감을 강하게 느꼈습니다. 일본의 수출산업 채산성이 좋아진 건 오로지 '엔저'에 의한 것입니다. 그래서 제조 공장이 일본으로 회귀하는 이른바 리쇼어링reshoring 현상을 보았을 때 '잘못된 경영 판단이다. 장기적인 시대 변화에 역행하고 있다'고 생각했죠.

얼마 전까지 상당수의 일본 제조업체가 경영 부진에 시달려 해외로 생산 기지를 이전했습니다(오프쇼어링offshoring). 그런데 엔화 가치가 떨어지자마자 그 흐름이 뒤바뀌고 말았습니다. 그러한 기업의 판단 변화가 기묘하게 느껴져 '최고 경영진을 포함한 일본의 기업인은 세계경제의 큰 조류 변화에 무관심한 것이 아닌가'라고 강렬하게 염려했던 것입니다. 저는 2006~2007년에 다이아몬드사에서 간행한 『일본 경제는 정말로 부활할까日本經濟は本當に復活したのか』『제조업 환상이 일본 경제를 망친다モノづくり幻想が日本經濟をダメにする』에서 그런 생각을 피력했습니다.

제가 걱정했던 대로 수년 뒤 샤프도, 파나소닉도 텔레비전 부문이 큰 적자에 빠져 기업의 존속마저도 위태로워졌습니다. 일본 전자업체의 국내 공장 증설은 큰 실패로 귀결되었던 것입니다.

다만 제가 '일본 기업은 세계의 환경 변화에 적응하지 못하고 있다'고 확신하게 된 것은 그보다 더 나중의 일입니다. 2008년 가을 리먼브러더스 사태로 수출이 침체되었을 때부터 '틀림없이 그렇다!'고 생각하게 되었습니다.

일본의 무역수지는 2011년 적자로 전락하여 지금까지 그대로입니다. "동일본 대지진 이후의 원자력 발전 정지로 에너지 관련 수입액이 증가했기 때문"이라는 설명이 일반적입니다. 확실히 그런 측면은 있습니다. 그러나 진정한 원인은 일본 제조업이 세계경제의 환경 변화에 적절하게 대응하지 못한 데 있습니다.

2005년, 2006년경 엔화 약세 국면에서 일본 경영자들의 머릿속에는 '엔화만 싸지면 일본이 번영하던 옛날로 돌아갈 것이다'라는 염원이 있었습니다. 모름지기 엔화 약세는 '마약'입니다. 쇠퇴의 진정한 이유를 찾지 않고 일시적인 이익 회복을 꾀하는 이 임시방편적 사고방식이 지금껏 일반적인 흐름이 되어버린 것에 저는 계속 강한 위화감을 품고 있습니다.

미국의 주택 가격 거품 붕괴와 리먼 쇼크

미국의 주택 가격 거품은 2007년 무렵에 붕괴했습니다. 주택담보대출을 증권화한 금융 상품의 가격이 폭락했기 때문이죠. 주택 가격이 하락하면서 주택담보대출의 채무불이행이 급격히 증가하여, 이를 바탕으로 증권화한 상품의 시장가격이 폭락한 것입니다. 그 바탕이 된 대부분의 주택 융자가 '서브프라임 론subprime loan'이라고 불리는, 즉 신용 등급이 낮은 저소득층을 대상으로 하는 주택 금융 대출이었기 때문에 이 사태는 '서브프라임 문제'라고 칭해졌습니다.

그 이후 부동산 가격의 하락이 더 심해져 부동산 담보 대출을 증권화한 상품을 취급하는 금융기관의 경영이 악화일로에 빠졌지요. 그리고 2008년 9월, 미국의 전통적인 투자은행 중 하나인 리먼브러더스가 경영 파산으로 문을 닫았습니다. 미국의 금융시장은 심각한 신용 불안에 빠졌고, 위기는 순식간에 국제금융시장으로 확산되었습니다. 이것이 '리먼 쇼크'입니다.

이때 미국 정부는 70조 엔의 공적 자금을 신속히 투입해 금융기관의 연쇄적 경영 파산을 막겠다는 의지를 밝혀 시장의 불안을 잠재웠습니다. 공적 자금은 융자의 형태였지만, 제5장 2절에서 서술한 것처럼 거의 1년 만에 주요 금융기관으로부터의 상환이 완료되었습니다. 미국은 심각한 금융위기를 극히 짧은 시간에 처리하는 데 성공했습니다. 따라서 미국 내에서는 5년 후인 2013년 말경에 리먼 쇼크의 영향이 거의 불식되었습니다.

리먼 쇼크는 일본의 금융기관에는 거의 영향을 미치지 않았습니다(증권화 상품에 투자하지 않았기 때문입니다). 일본의 수출산업은 막대한 영향을 받았지만요.

금융 위기로 큰 타격을 받은 일본 제조업

리먼 사태 이전인 2004년부터 2007년경에 걸쳐 엔화 약세가 계속되었습니다. 그래서 일본의 저금리를 이용해 엔화로 조달한 자금을 달러로 바꾸어 투자하는 '엔 차입 거래'가 성행했죠. 이는 일본의 자금이 미국으로 유입되는 것을 촉진했기 때문에 엔화 약세를 더더욱 심화시켰습니다.

그런데 증권화 상품 등에 투자되었던 자금이 리먼 사태로 인해 일본으로 회수되었습니다. 자금이 단번에 역으로 빠져나갔기 때문에 급격한 엔고 현상이 나타났습니다. 이와 함께 미국 시장도 축소되어, 일본의 수출산업은 궤멸적인 타격을 입었습니다. 리먼 쇼크로 일본주는 급락했고, 도요타 자동차의 주가 그래프도 심심찮게 종선縱線이 되었습니다. 주가가 수직으로 자유낙하한 거죠.

제조업에 이러한 위기가 발생했기 때문에, 제조업자들은 노골적으로 정부에게 보조금을 요청했습니다. 예를 들어 친親환경차 제도는 자동차산업에 대한 보조, 지상파 디지털 방송으로의 강제 이행은 TV 교체 수요를 발생시키는 전기산업에 대한 보조정책이었습니다. 또, 고용 조정 조성금에 대한 지급액 인상은 기업이 과잉 고용을 지속하도록 도왔습니다.

고도성장기에는 농업 부문에 대해 직접적인 보조가 이루어졌는데, 제조업 회사들이 요구해 그때와 완전히 똑같은 형태로 정부가 직접적인 보조를 해준 것입니다. 하지만 그에 대한 비판은 거의 없었습니다. '곤경에 빠져 있는 산업을 정부가 보조해주는 것은 당연하다'는 생각이 일본에서는 일반화되어버렸던 것이죠.

그런데 리먼 사태 이후 미국 주택에 투자되었던 자금은 영국과 유럽의 주택에 투자되었고, 그 국가들에서 주택 가격 거품을 일으켰습니다. 그 후 거품이 붕괴하고 금융기관의 경영 위기가 일어나 공적 자금이 투입되었죠. 그것이 재정 위기를 일으켜 유로권 전체가 불황에 빠지고 말았습니다.

한편 중국에서는 리먼 쇼크로 인한 경기후퇴를 피하기 위해 5회에 걸쳐 금리를 인하하고 4조 위안에 이르는 대형 경기 자극 대책을 실시했습니다. 그것이 중국 내의 부동산 가격 거품과 그 후의 땅값 하락을 일으켰습니다. 중국 정부는 아직도 지가 하락에 따른 금융기관과 지방정부의 부실채권 문제를 처리하지 못하고 있는 것으로 보입니다.

즉, 세계경제는 리먼 사태 이후 여태껏 새로운 균형 상태를 찾지 못했다고 할 수 있습니다.

고이즈미의 '극장형 정치'는 무엇을 개혁했는가?

"세상의 이목을 끌고 일본을 뒤바꾼 사건인 줄 알았지만 역사라는 기나긴 시간의 강에서 보면 별로 중요하지 않았던 사건이 몇 개인가 있다." 저는 '프롤로그'에서 이렇게 말했습니다.

1960년대부터 1970년대까지를 예로 들면 안보투쟁, 전공투, 연합적군 등이 그것에 해당합니다. 이런 운동의 주도자들은 혁명을 목표로 했을지도 모르지만, 실질경제성장률이 10퍼센트를 넘는 사회에서 혁명이 일어날 리는 없었죠. 내일이 오늘보다 확실히 풍요로워진다면 사람들은 체제 변혁을 전혀 요구하지 않을 테니까요. 이러한 운동의 주도자들은 그러한 역사 인식을 결여하고 있었습니다.

21세기에 이르러서는 2001년 4월부터 2006년 9월까지의 고이즈미 준이치로小泉純一郎 내각 경제정책이 이러한 범주에 포함됩니다. 일반적으로는 이때의 정책이 일본에 큰 변화를 가져왔다고 알려져 있습니다. 정말로 그럴까요?

고이즈미 내각은 "성역 없는 구조 개혁"을 내걸고 규제 완화와 민영화를 진행했습니다. 2005년 우정郵政 민영화 관련 법안에 반대하는 중의원을 해산하고 '우정 선거'에서 대승을 거둔 건 많은 사람의 기억에 남을 만한 일이었죠. 우정 민영화에 반대하는 사람들에게 '저항 세력'이라는 꼬리표를 붙이는 등의 교묘한 방식은 '극장형 정치'라고도 불렸습니다.

그렇다면 당시에 고이즈미 내각이 진행한 개혁의 의미는 무엇이었을까요? 재정투융자 제도를 개혁하고 대장성이 운용하던 자금을 민간이 운용하도록 한 것이라고도 볼 수 있습니다.

예전에는 우편저금과 공적 연금 보험료로 마련된 자금이 대장성 자금 운용부로 예탁되어 공고公庫나 공단公團 같은 특수법인에 융자되었습니다. 그러나 1990년대 특수법인의 경영이 불투명하다는 등의 비판이 제기되어 2001년 법률이 개정되면서 대장성 자금 운용부가 소멸되고 우편저금 등의 자금을 예탁하는 제도도 폐지되었습니다. 고이즈미 내각 출범 전에 '재투 개혁'이 마무리되었고 우편저금으로 모은 돈은 우정공사가 직접 운용하게 되어 있었던 것입니다. 그래서 고이즈미 내각은 '재투 개혁'에 관한 한 아무것도 하지 않았던 셈입니다.

고이즈미 내각이 실제로 한 일은 자금 운용 면에서 이미 실질적으로 민영화되었던 우정공사를 형식상으로도 민영화하여 훗날 일본우정주식회사로 변하도록 길을 개척한 겁니다. 그러나 이건 형식적인 변화이지 본질적으로는 그다지 중요한 변화가 아닙니다.

정치적인 측면에서 말하자면, 고이즈미 내각에 의한 '우정 민영화'가 일본에 큰 충격을 준 것은 확실합니다. 왜냐하면 다나카파가 거대한 표밭인 특정 우편국을 지배하는 상황을 무너뜨렸기 때문입니다. 하지만 경제적으로는 별로 중요한 일이 아니었습니다. 그래서 제가 고이즈미 내각이 일본을 개혁했다는 견해에 위화감을 느끼고 있는 것이지요.

에필로그

일본인이 지금 해야 할 일은 무엇인가?

거품에 대한 위화감

이 책에서 '위화감違和感'이라는 낱말을 몇 번씩이나 사용해왔다는 점을 좀더 깊이 생각해보려고 합니다.

제가 '위화감'이라고 부른 것은 '이런 일이 오래 지속될 리는 없는데, 세상 사람들은 이상하다고 생각하지 않는다. 말도 안 되게 어색한 일이 언제까지고 계속되고 있다'는 감각입니다. 제가 일본 경제에 대해 최초로 이런 느낌을 갖게 된 것은 1980년대 후반의 '거품 경제' 때였습니다. 땅값과 주식 가격이 껑충 뛰고 골프장 개발로 억만장자가 속속 탄생하지만 제아무리 성실하게 일해도 자신의 집을 살 수 없다. 그리고 통근 거리는 점점 더 멀어진다. 해외에서는 일본 기업이 호텔이나 쇼핑센터를 사 모은다. 결국, 뉴욕의 록펠러센터나 캘리포니아의 명문 골프 코스를 일본 기업이 사들인다. 터무니없는 일이지만, 실제로 벌어지고 있다.

'이런 일은 있을 수 없다'는 감각은 전후 부흥기나 고도성장기, 석유파동 시대에는 결코 느껴지지 않았습니다. 고도성장기에 일본은 실질경제성장률이 매년 10퍼센트를 넘어, '기적'이라고 불릴 정도로 눈부신 발전을 이루었습니다. 하지만 '말도 안 되는 일이 벌어지고 있다'는 느낌은 들지 않았죠. 그 시절 일본인은 모두 필사적으로 일하고 있었습니다. 그러니까, 그 결과로서 풍요로운 생활을 영위하는 건 당연하다는 느낌밖에 없었습니다.

저는 1960년대 말 미국에 갔다가 풍요로움에 압도당했지만, 미국과 일본 사이에 그 정도의 차이가 있는 게 오히려 신기했습니다. 일본인의 능력이 뒤떨어지는 건 아니기에, 일본이 미국과 같은 풍요를 누리지 못하는 게 납득이 가지 않았던 것입니다. 그래서 그 후 일본과 미국의 차이가 좁혀져도 위화감을 갖는 일은 없었죠.

"아늑한 엔화 약세" 환영에 대한 위화감

일본 경제에 대한 저의 위화감은 거품 경제가 붕괴한 뒤인 1990년대가 되어도 사라지지 않았습니다. 때로는 강해지기까지 했죠. 지금 돌이켜보면 엔화 가치가 하락했을 때가 그랬습니다.

1990년대 후반 철강업, 조선업 등을 비롯한 중후장대산업은 '구조불황 업종'이나 '사양산업'이라고 불렸습니다. 세계경제구조가 대전환되는 와중에, 그런 업종은 경기와 상관없이 실적이 호전되기 어려운 업종으로 여겨졌던 것입니다. 그런데 2004년경부터 엔화 가치가 하락하자 이 산업들이 되살아나 호황을 누렸습니다.

지금 돌이켜보면 엔저에 의해서 일시적으로 이익이 증가했을 뿐이었지만 "구조조정이나 업계 재편으로 경쟁력이 향상되었기 때문"이라든가 "일본의 기술이 세계 최고이기 때문"이라는 해석이 성행하고 널리 받아들여졌습니다.

'엔화 약세'로 세계경제구조 변화에 완벽하게 대응할 수 있을 리 없습니다. 하지만 엔화 가치가 하락하면 수출산업의 이익이 늘어나기 때문에 주가가 오르고, 사람들은 경제 전체가 좋아졌다고 착각해버리는 것이죠. 그리고 이러한 상태가 언제까지나 계속되기를 바랄 것입니다. 2006년, 2007년경에는 "아늑하고 편안한 엔화 약세居心地の良い円安"라는 표현이 많이 쓰였습니다.

더구나 수출산업에는 대기업이 많아 정치적 입김이 강합니다. 그래서 경제정책으로 엔화 약세를 강세로 바꿀 리가 없었고, 이런 비정상인 상태가 언제까지나 계속되어버린 것입니다.

일본인은 '토미노커'로 변해버린 것일까?

제5장 1절에서 다룬 내용이지만, 저는 1980년대에 거품 경제가 한창일 때 "땅값 급등은 거품이며 언젠가는 붕괴한다"고 지적했습니다. 하지만 아무도 저의 경고를 믿어주지 않았어요. 2004년의 엔화 약세 때에도 같은 경험을 했습니다. "일본의 철강산업이 부활하는 것은 있을 수 없는 일이다." 한 친구에게 이렇게 말했는데 철저하게 부정당해버렸습니다. 이때 '왜 이토록 총명한 사람이 지금 상황의

이상함을 간파하지 못할까' 하는 절망감이 들었죠.

샤프의 가메야마 공장은 최첨단의 수직통합형 공장으로 극찬을 받았습니다. 전자제품의 세계적인 조류는 수평분업화인데 왜 그런 절찬을 받는지 이해할 수 없었습니다.

미국 작가 스티븐 킹의 작품 중 『토미노커』라는 SF 소설이 있습니다. 이른바 '토미노커'란 아주 머나먼 옛날, 지구에 추락한 우주선에 타고 있던 괴물입니다. 그 우주선을 땅속으로부터 발굴하자, 창백한 광선 때문에 온 마을 사람들이 토미노커가 되어버린다는 게 대략적인 줄거리였습니다. 최근의 좀비 영화와 달리 겉모습은 변하지 않지만, 사고방식이나 가치관이 변하고 지금까지와는 딴판인 사람이 되어버립니다.

제가 품은 '위화감'이란 이 소설의 주인공이 느낀 것과 같은 마음이었습니다. 어느 날 정신을 차려보니 주변 사람들이 모두 이상해져 있었다는 느낌이죠.

더더욱 무서운 것은 스티븐 킹이 머리말에 쓴 이런 문장입니다. "이 책의 줄거리는 허구이지만 토미노커는 실재한다. 만약 이것이 농담 같다면, 당신은 분명히 뉴스를 접하지 않고 있는 것이다." 그렇군요…… 그러면 일본인은 우주선이 내뿜은 창백한 광선을 맞고 어느새 '토미노커'가 되어버린 것일까요?

임금님이 알몸으로 말을 타고 있다. 너무 이상한 상황이니 누군가 임금님께 알려드려야 해. 그런데 아무도 말이 없다. 임금님은 벌거벗은 채 당당히 행진을 계속하고 있다. 이 기묘한 상태는 언제까지 계속될 것인가? 어쩌면 내가 이상해진 건 아닐까? 이런 위화감을 느꼈던 거죠.

대원칙의 상실이 위화감의 정체

앞서 "있을 수 없는 일이 벌어지고 있다"고 말했습니다. 그러면 그 "말이 안 될 정도로 불가능한 일"이란 어떤 사정일까요?

사실 대답은 매우 간단합니다. 저는 '풍요로워지려면 성실하게 일해야 한다'고 생각하는데 그 대원칙이 무너져버린 상태입니다. 즉, '성실하게 일하지 않아도 풍요롭게 잘살 수 있는' 상황이 발생하고 있는 것입니다. 말도 안 되는 일입니다. 그런 상황은 적어도 오래 지속될 수 없습니다.

바꿔 말하자면 '무無에서 유有가 생긴다'라는 어처구니없는 상황이 벌어지고 있는 것입니다. 경제 전반적으로 가용 자원 총량이 늘고 있는 게 아니라면, 누군가 잘살게 되었다는 것은 타인이 못살게 되었다는 의미죠. 그래서 모든 사람이 아무것도 하지 않고도 풍족해질 수 있는 상태는 오래가지 못하는 겁니다.

극히 '단순한 논리'입니다. 그리고 '건전한 관점'이라고 생각합니다.

1970년대까지 일본에는 '풍요로워지려면 성실하게 일해야 한다'는 원칙이 일반적으로 성립되어 있었습니다. 일본 경제가 성장한 까닭은 일본인이 성실하게 일했기 때문입니다. 그리고 일본인이 사용할 수 있는 자원의 총량이 증대되었기 때문입니다.

"일하지 않아도 풍요롭게 잘살 수 있게 되었다." 이렇게 단정 짓는 사람이 자꾸 나온다면, 그건 세상이 잘못되고 있다는 증거죠. 1980년대의 거품 경제 속에서 이러한 사태가 발생했습니다. 재테크를 통해 일하지 않고도 이익을 얻을 수 있었고, 자금 없이 골프장을 개발하여 막대한 자산을 축적했습니다. 그러다가 비싼 그림을 사서 갤러리에서 팔면 거액의 차익을 볼 수 있게 되었습니다.

하지만 이런 상황은 오래갈 수 없습니다. 아무도 성실하게 일하지 않으면 경제 전체적으로 부가가치는 창출되지 않고, 폭탄 돌리기 게임이 계속될 뿐이기 때문입니다. 그래서 언젠가는 큰 손해를 보는 사람이 나타나기 마련이죠.

제가 엔화 약세에 대해 위화감을 가진 기본적인 이유도 여기에 있습니다. 엔화 가치가 하락하면 수출 기업의 이익은 자동적으로 늘어나지만, 이것도 앞서 말한 원칙에 어긋납니다. 이익이 나는 까닭은 비싸진 수입 원료를 사는 기업이나, 구매하는 물건의 가격이 높아지는 소비자가 부담을 지고 있기 때문이죠.

1990년대 이후의 일본 경제가 장기 정체에 빠져 '잃어버린 20년失われた20年'이라고 불리는 사태가 발생하게 된 까닭은 '성실하게 일하지 않아도 엔저나 금융완화가 계속되면 일본 경제는 자연스럽게 좋아진다'는 생각에 사로잡힌 일본인이 많았기 때문입니다.

일본은 여태까지 이런 상황에서 벗어나지 못하고 있습니다.

제조업에 관한 여러 상황을 고려하면, 생산 거점의 해외 이전은 일본의 제조업에게 합리적인 방향일 것입니다. 하지만 엔화 가치가 떨어지면 해외 이전을 추진한 기업이 아니라 해외 이전을 미룬 기업의 이익이 증가하게 됩니다. 장기적으로 보면 합리적인 방향으로 나아간 기업이 징벌을 받게 되는 것이죠. 이러한 상황에 저는 강한 위화감을 느꼈던 것입니다.

간병 문제 해결을 위해선 생산성이 높아져야

화제가 조금 달라지지만, 지금 '노후생활'에 불안해하는 일본인이 많죠. 특히, 간병을 받아야 하는 상태가 되었을 때 어떻게 생활할 수 있을까 큰 불안을 느끼고 있습니다. 극소수의 갑부는 호텔처럼 고급스러운 유료 양로원에 들어갈 수 있을 것입니다. 그러나 그 이외의 대다수 보통 사람은요?

사실은 별로 비용을 들이지 않고도 입소할 수 있는 간병 시설을 대량으로 준비하고, 거기서 간병 대상자들을 돌보는 게 필요합니다. 그러나 현재의 보험 구조로는 그러한 시스템을 유지하는 비용을 조달할 수 없습니다.

그래서 후생노동성은 '재택 간병'을 기본 방침으로 하고 있습니다. 즉, 가능한 한 집에 머무르면서 돌봄 서비스를 받으라는 시스템입니다.

후생노동성은 "시설보다 자택에서 생활하고 싶어하는 사람이 많기 때문에 시설중심주의보다는 재택 간병 시스템이 바람직하다"고 주장합니다. 확실히 건강하고 자립적으로 생활할 수 있다면 누구든지 집에 머무르고 싶겠죠. 그러나 자립할 수 없을 때가 문제입니다.

이를 위해 순회 서비스 등의 지원체제를 충실히 한다고 되어 있으나 대부분은 동거 가족의 돌봄 노동에 기댈 수밖에 없습니다. 그러나 부부 모두 간호 대상이 되어버린다면? 혹은 홀몸이라면? 그럴 경우 재택 요양 시스템에 무리가 오는 것은 틀림없습니다. 문제는 이미 현실로 나타나고 있습니다.

이는 '로겐와타리老健わたり'라고 불리는 문제입니다. 자택에서 생

활하기가 어렵지만 특별양호양로원(특양特養)은 꽉 차서 들어갈 수 없고, 그래서 어쩔 수 없이 간호노인보건시설(로겐老健)을 옮겨 다니는 사람이 늘어난다는 문제입니다. 로겐은 '요양'이 목적인 시설이므로 장기 체류할 수 없고 3개월마다 퇴소 여부를 판단합니다.

이러한 문제를 알고 있어도 시설중심주의로는 비용을 조달할 수 없기 때문에 '재택 간호'를 중심으로 할 수밖에 없습니다. 간호 문제가 심각하다고 모두가 생각하면서 자기 문제가 되기 전에는 끝까지 따져 묻지 않습니다. 해결하기 너무 어려운 과제이기 때문입니다.

왜 이 문제를 여기서 꺼냈는가 하면, 간호 문제는 일본 전체의 소득을 증가시키는 것으로만 해결할 수 있기 때문입니다. 재택 간호가 불가능한 사람을 수용하고 충분한 서비스를 제공하기 위해서는 일본 경제가 전체적으로 사용할 수 있는 자원 총량이 지금보다 늘어나야 한다는 논리입니다.

이것이야말로 '풍요로워지려면 일해야 한다'는 원칙을 잃지 말자고 요구하는 까닭입니다. 간호 문제는 간호라는 좁은 범위에서 해결할 수 없습니다. 일본 경제 전체의 특별한 문제인 것입니다.

죽창과 양동이로 초고령 사회를 맞이한 일본

때문에 문제를 경제정책적으로 고려할 필요가 있습니다. 우리는 성실하게 일할 필요가 있지만, 일한다고 꼭 부자가 되는 건 아닙니다. 경제정책 방향을 잘못 잡으면 헛수고가 되기 마련이죠. 지금 일본의 산업구조는 세계경제 조건에 적합하지 않다는 문제를 안고 있습니다. 이대로는 미래의 일본이 현재보다 풍요로워질 수 없습니다.

따라서 일본의 경제정책은 장래에 일본을 지탱할 수 있는 산업을 창출하는 데 집중해야 합니다. 인구 고령화의 속도가 빠르다는 점을 생각하면 매우 시급한 과제입니다. 금융완화정책으로 엔화 약세를 촉진해 임시변통을 하거나 물가상승률을 2퍼센트로 설정하겠다는 무의미한 목표에 집착할 여유 따위는 없습니다. 경제정책을 바꾸지 않으면 "소이탄이 떨어져도 '양동이 릴레이'와 '일본 정신'으로 불길을 잡을 수 있다"고 떠벌이던 전시 지도자들처럼 무책임한 일을 저지르게 됩니다.

70년 전 B-29 공습으로부터 국민을 보호하기 위해서는 고사포부대와 방공 전투기가 필요했습니다. 다시 말해 '물질적인 대비' 없이는 국민을 지킬 수 없었습니다. '풍요로워지려면 일해야 한다'와 같은 논리입니다.

국가 방위를 위해 군비를 증강하자고 말하는 게 아닙니다. 무모한 전쟁을 벌이지 않는 것이야말로 가장 중요합니다. 제가 말하는 것은, 불행히도 전쟁이 시작된 데다 일본 열도가 B-29의 진공 범위에 들어앉아버렸다는 전제라면 물질적인 방어수단이 없는 한 일본 국민은 무자비하고 잔혹한 대공습 앞에 내동댕이쳐지고 만다는 것입니다.

방공호에서 죽을 뻔했을 때 저는 다섯 살도 채 되지 않았기 때문에 이런 건 생각할 수 없었죠. 그냥 두려움에 떨고 있었을 뿐입니다. 그러나 만약 당시에 생각하는 능력이 있었다면, 이렇게 방치되었다는 현실에 대해 위화감은커녕 강한 분노를 느꼈을 것입니다.

실제로 일본인 대부분은 전쟁 중에 자신들이 처한 상황에 분노를 느끼고, 전쟁이 끝난 후 그것을 '죽창주의竹槍主義'라는 날선 용어로 비판했습니다. 소이탄을 '양동이 릴레이'로 끄라고 독촉했기 때문에 '죽창·양동이주의'라고도 힐난할 만하죠. 물질적인 준비가 없는 한 생명의 안전을 지킬 수 없다는 당연한 사실을 마음속 깊이 깨닫고 학습한 셈입니다.

그런데도 왜 그런 역사적 경험을 1980년대 후반 무렵부터 까맣게 잊어버렸을까요? 그리고 '땅값도, 주가도, 어디까지라도 오른다'고 믿어버리거나 '금융완화정책으로 엔저 현상을 유도하면 땀 흘리면서 일하지 않아도 일본 경제가 좋아진다'는 '불로소득 집착형 사고방식'에 빠져버린 것일까요?

그리고 결국에는 산업력 증강이라는 뒷받침 없이도 고령화 사회를 극복할 수 있다는 환상을 받아들이고 있습니다. 정부는 공적 연금 제도가 파산하는 일은 없다고 강변하며, 재택 간호로 '간병' 문제를 대처할 수 있다고 목소리를 높이고 있습니다. 인구 고령화가 일으키는 노동력 부족 문제에는 여성이나 고령자의 노동 참가율과 출산율을 높이는 것으로 대응하려 하고 있습니다.

그러나 이런 대책들은 '이렇게 됐으면 좋겠다'는 바람, 즉 희망 사항일 뿐입니다. 여성이나 고령자를 노동에 참가시키려면 정책의 뒷받침이 필요하지만 그런 게 없습니다. 출산율 상승을 위해 실현 가능한 방법이 없을 뿐만 아니라, 만일 실현된다 해도 잠시 동안 문제가 오히려 악화됩니다(지금 당장 출산율이 상승하더라도 신생아가 노동력이 될 때까지 20년 정도의 시간이 필요하며 그 기간에는 의존 인구가 오히려 늘어나기 때문입니다).

요컨대, 일본 정부는 일본인에게 "죽창과 양동이로 고령화 사회에 맞서라"고 말하고 있는 것입니다. 이 얼마나 무섭습니까!

'국가 주도형 1940년 체제'에 대한 집착

풍요롭게 잘살기 위해서는 일해야 한다. 이것은 자유주의적 시장경제이든, 사회주의경제이든 꼭 존재해야만 하는 경제원칙입니다.

그런데 '경제활동에 대한 국가의 개입 정도는 높은 것이 좋은가, 낮은 것이 좋은가?'라는 문제는 이 원칙과 밀접한 상관이 있지만 오래전부터 원리적으로 별개의 문제로서 논의되어왔습니다.

왜 깊이 관련되어 있냐면, 국가의 개입 정도가 높아지면 소득재분배정책이 지나치게 후해지는 경향이 있고, 그 결과 '일하지 않고도 생활할 수 있는' 사태가 쉽게 초래되기 때문입니다. 여기서는 '국가 개입 정도가 높은 것과 낮은 것 중 어느 쪽이 경제를 잘 돌아가게 할 수 있는가?'라는 논제를 생각해보도록 하겠습니다. 이것은 '시장경제(자본주의)와 계획경제(사회주의) 중 어느 쪽이 더 바람직한가?'라는 문제입니다.

이 책에서 지금까지 서술한 것처럼 저는 '이 문제에 대한 답은 시대의 조건에 따르며, 특히 기술에 의존하는 정도가 높다'고 생각합니다.

1970년 무렵까지 기술은 중후장대형, 수직통합형 생산방식에 유리했습니다. '1940년 체제'란 순수한 시장경제가 아니라 자원 배분에 있어 국가의 관여가 큰 역할을 한 경제였기 때문에, 그런 기술은 시대에 잘 어울렸습니다. 그 시대에 일본의 경제 성과가 높았던 중요한 이유는 여기에 있습니다.

그런데 1980년대 이후의 기술은 시장 자유화를 요구하고 있었습니다. 그 때문에 시장 중심 경제인 미국이나 영국의 지위가 부활하고 조직 중심 경제인 일본이나 독일의 지위가 낮아졌죠.

앞서 "간병 문제의 해결을 위해서는 생산성 높은 산업이 탄생할 필요가 있다"고 말했습니다. 신산업은 시장 경쟁을 통해서 나오는 것이지 정부의 지도나 보호에서 탄생하는 게 아닙니다. 1990년대 이후의 미국 경제는 IT 관련 신기업에 의해 견인되어왔지만, 이러한 기업들은 정부의 지도(간섭)가 아닌 시장 경쟁 속에서 탄생했습니다. 1990년대 이후 영국 경제는 첨단 금융업으로 성장했는데, 이는 '금융 빅뱅'이라고 불린 '금융 규제 완화책'으로 새로운 금융기관이 시장에 진입했기 때문에 실현된 것입니다.

그런데 아베 신조安倍晋三 내각이 추진하는 경제정책은 시장의 역할을 부정하고 국가 개입을 강화하는 방향입니다. 예컨대 원래는 시장에서 이루어져야 하는 임금 결정 과정에 정부가 개입해서 기업을 지도하고 임금 인상을 실현하려고 합니다. 또한 일본은행의 독립성에 부정적인 태도를 보이며, 거액의 국채 매입으로 국채시장을 지배하고 있습니다. 최근 일본 국채시장은 본래의 기능을 상실하여 매우 왜곡되어버렸습니다.

아베 내각이 목표로 하는 것은 '전후체제로부터의 탈피'라고 합니다. 그러나 경제정책에 관한 한 실제로 시행되고 있는 것은 지금까지 강조한 '1940년 체제의 부활' 그 자체입니다. 즉, 전후체제에 대한 집착인 것입니다. 앞서 언급한 바와 같이 '1940년 체제'와 같은 '정부개입형 경제제도'는 1980년대 이후의 경제 환경에서는 유효성을 잃고 말았습니다. 이러한 객관 정세의 변화에도 국가 개입형 제도에 집착하는 건 시대착오일 뿐입니다.

일반적으로 아베 신조의 정치적 태도는 '초보수적'이라고 합니다. 그러나 정치 이데올로기 관점에서 보면 경제에 대한 국가 개입을 강화하려는 그의 자세는 보수주의가 아니라 사회주의죠. 보수적인 경제정책은 경제활동에 대한 정부의 관여를 최소화하려고 하기 때문입니다. 아베 내각의 경제정책은 정반대로 국가주도형(사회주의식)입니다. 시장 자유주의자 고바야시 이치조가 혁신 관료로서 '1940년 체제'를 정립한 기시 노부스케를 빨갱이라고 비판한 것을 기억해보세요. '1940년 체제' 자체(성과)에 대한 평가와는 별도로 기시를 '빨갱이'라고 비평한 것은 적절한 논리였습니다. 만약 고바야시가 지금 살아 있다면 아베를 '빨갱이'라고 비판하지 않았을까요?

그런데 지금 일본에서는 아무도 아베 내각의 경제정책을 사회주의적이라고 비판하지 않습니다. 일본에 보수주의자가 없어졌나, 여우에게 홀린 기분마저 듭니다. 또는 원래 경제정책의 기본 사상에 천착하는 사람이 없어져버린 것일까 절망적인 생각마저 듭니다. 그러나 민간경제에 대한 정부의 개입이 옳은지 그른지에 대한 여부는, 향후 일본 경제 발전에 있어서 지극히 중요한 의미를 갖기 마련입니다.

앞서 말한 것과는 다른 의미이긴 하지만 저는 여기에서도 강한 위화감을 느끼고 있습니다.

끝마치며

일본은 '1940년 체제'에서 벗어날 수 있을까?

어느 강연회에서 이런 질문을 받은 적이 있습니다. "일본 기업이 종신고용제를 계속 유지하지 않으면 일본 경제는 부활할 수 없지 않나요?"

저는 이 질문에 마음속으로 무척이나 놀랐죠. 일본 기업, 특히 제조업 분야 대기업의 가장 큰 문제는 '고용 과잉'을 조정할 수 없다는 데 있기 때문입니다. 그래서 비즈니스 모델의 대전환을 단행하지 못하고 국제 경쟁력을 잃어가고 있는 것입니다. 노동자의 생활보장은 물론 중요한 과제이지만, 그것은 사기업의 의무가 아닙니다. 사회보장제도를 내실화하여 사회 안전망을 확보하고 노동시장의 유동성을 높여 전직轉職을 쉽게 만드는 게 정부의 역할입니다.

확실히 고도성장기에는 일본의 기업(특히 대기업)이 종업원에게 기본적 생활을 보장해왔습니다. 그리고 직원도 그걸 당연하게 기대했습니다. 하지만 이 책에서 지금까지 언급했듯이 그것은 1980년대 무렵까지의 경제 환경이 특수했기 때문에 비로소 가능했습니다.

또한 종업원이 멸사봉공이라고 할 수 있을 정도로 회사를 위해 온 힘을 다했다는 점이 중요합니다. 회사의 성장에 이바지하고 그 결과에 맞는 보수를 받는다. 이것은 열심히 일하지 않으면 풍요로워질 수 없다는 원칙에도 부합합니다.

그런데 앞서 질문한 분은 '내가 아무 일도 하지 않아도 누군가는 열심히 노력할 테니까 회사가 나를 돌봐줄 테지'라는 식입니다. 조직에 의지하면 된다는 태도입니다. 좀더 정식적인 표현으로는 '종신 고용제로 직원의 생활을 지탱해주는 것이 기업의 사회적 책임'이라는 자세죠. 하지만 유감스럽게도 앞서 언급한 원칙("열심히 일하지 않으면 풍요로워질 수 없다")에 어긋나는 마음가짐입니다.

요컨대 '1940년 체제'는 원래 '열심히 일하지 않으면 풍요로워질 수 없다'는 대원칙에 부합하는 시스템이었는데, 어느새 '조직 의존'이라는 형식으로 변질해 일본인의 머릿속에 진득하게 배어버린 것입니다.

아베 신조 내각의 민간경제 개입이 비판을 받지 않는 것도, 일본인의 머릿속에 '정부 의존'이라는 관념이 스며들어 있기 때문일 테죠. 이런 식의 '머릿속 1940년 체제'야말로 모든 문제의 근원이자 '일본 경제의 멍에軛'입니다. 이것을 타파하지 않는 한 밝은 미래의 문을 열 수 없습니다.

2015년은 '전후 70년'입니다. 이 70년이라는 시간의 강은 거의 한 개인의 생애에 필적하는 길이입니다. 이만큼의 긴 세월 동안 '똑같은 (1940년) 체제'가 외부 환경의 큰 변화에도 불구하고 그대로 유지될 수는 없습니다.

사실 외부 환경은 이미 엄청나게 많이 변했습니다. 따라서 새로운 환경에 적응할 수 있는 제도가 필요합니다. 가령 지금 21세기 일본 정부의 경제성장 전략은 고도성장기에 만들어진 경제계획과 본질적으로 같은 관점에서 비롯된 것입니다. 정부가 '주도적으로' 미래를 향한 청사진을 그리고 국가의 자원을 그 방향으로 집중하는 모델입니다.

그러나 새로운 경제 환경 아래에서는 그러한 성장 전략이 제대로 기능할 수 없습니다. 앞서 말했듯이 신성장산업은 '시장 경쟁'에서 살아남은 산업입니다. 따라서 정부가 할 일은 '완전한 경쟁 환경'을 조성해주는 것입니다. 사실, 미국에는 '정부의 성장 전략'이란 게 존재하지 않습니다. 이런 의미에서 성장 전략에 대한 기본 개념을 재검토할 필요가 있습니다. 앞서 얘기했지만 "금융완화정책을 실행해서 엔저를 촉진하면 주가가 높아지니까, 일하지 않아도 재물이 생기고 생활은 풍요로워진다"는 자세도 큰 잘못입니다.

개개인을 보면 일본인의 능력은 높습니다. 아니, 꼭 그렇다기보다 어떤 나라의 국민이든 그 능력에 큰 차이가 없다고 생각합니다. 차이가 있다면 제도나 조직이 "일하면서 잘 살고 싶다"는 사람들의 요구에 부응할 수 있는지의 여부입니다.

제2차 세계대전이 끝난 후 초토화된 일본은 10년도 채 지나지 않아 경제 부흥을 완수했습니다. 그리고 고도성장을 실현하여 석유 파동을 극복하고, 제조업 분야에서 세계의 최전선에서 앞서 나갔습니다. 다만 일본인이 필사적으로 일했기 때문에 실현될 수 있었던 성과죠.

저는 전후 70년째가 되는 해가 일본인의 기본적인 사유 방식이 대전환을 이루는 시점이 되기를 바라마지 않고 있습니다.

문고판 후기

일본인의 사고방식은 어떻게 변해왔을까?

전후 70여 년이라는 세월이 흐르는 동안, 일본은 큰 변모를 이루었습니다. 제2차 세계대전의 패전으로 불타버린 자리에서 일어나 '전후 부흥'을 이루고 경제 기반을 구축했죠. 그리고 세계 역사상 보기 드문 경제성장이라는 쾌거를 이루고 세계경제 안에서 중요한 위치를 차지하는 '경제 대국'이 된 것입니다.

그러나 유감스럽게도 경제성장은 지속되지 않고 1990년대 전후로 시작된 경기 침체가 지금까지 이어지고 있습니다.

이 책은 그런 과정을 주로 경제 메커니즘의 관점에서 살펴보고 있습니다. 변화한 것은 성장률 등 경제 수치만이 아닙니다. 그사이에 일본인의 사고방식도 많이 바뀌었습니다. 본문에서도 이를 언급했습니다만, 중요성을 충분히 강조하지 못했을지도 모릅니다.

경제사에 치중해 살펴볼 경우, 자칫 표면적인 경제 현상에만 주의를 기울여버릴 수 있습니다. 하지만 경제를 지탱하고 운영해온 주체는 인간입니다. 경제는 결코 기계장치 구조가 아니고, 컴퓨터의 계산에 따라서 움직이는 것도 아닙니다. 같은 객관적 조건에서도 사람들에게 무엇이 필요한지를 어떻게 판단하느냐에 따라 결과가 크게 달라지기 마련이죠.

따라서 사람들이 어떠한 사고방식에 따라 일하고 생활해왔는지는 경제사를 연구하는 데 있어 기본적인 고찰 대상입니다. 특히 전후 일본 경제사를 연구하는 경우엔 이 점이 가장 중요하지 않을까요.

문고판을 발행하는 이 기회에 전후 일본 경제를 '일본인의 사고방식 변화'라는 관점에서, 한 번 더 되돌아보고 싶습니다.

황금시대였던 고도성장기

이 책은 전후의 전 기간을 다루고 있지만, 다 쓰고 나서 되돌아보니 고도성장기(대략 1954년부터 1973년까지)의 일본을 묘사하는 게 중점이더군요. 고도 경제성장기에 일본 사회는 크게 변화했습니다. 일본사에서도 특필할 만한 시기였습니다. 분명 '일본의 황금시대'였죠. 모든 일본인이 꿈을 꾸었고 많은 경우에 그 꿈이 실현되었습니다.

1960년경 일본에서는 '미래론'이라는 것이 유행했죠. 저도 당시에 '21세기 일본'을 전망했는데, 경제 규모가 10배로 커진다는 희망에 부푼 사회 구상이었습니다. 지금 보면 너무 섣부른 낙관론이었지만요.

그러나 당시 일본은 이러한 생각이 극히 평범한 분위기였습니다. 미래에 대한 장밋빛 청사진이 있었기 때문입니다. 내일은 오늘보다 더 풍요로워질 것이다! 일본인이라면 누구나 이렇게 확신했습니다. 그러한 고도 경제성장기를 직접 경험할 수 있었던 우리 세대는 대단한 혜택을 받은 셈이라는 걸 이제는 뼈저리게 느낄 수 있습니다.

규모 확대가 선순환을 일으키다

고도성장기의 중요한 특질은 경제가 양적으로 확대된 것입니다.

재물과 부가 풍요로워졌다는 뜻만이 아닙니다. 조직이 확대되고 직장이 많아지고 일자리가 증가하는 등의 현상이 생긴 것입니다.

규모의 경제 전체가 확대되지 않는 사회는 제로섬 게임에 빠지고 말죠. 즉, 어떤 부분이 성장하기 위해서는 다른 부분을 희생해야 한다는 것입니다. 이것은 격렬한 항쟁을 일으키기 마련이고요. 하지만 경제 전체가 확대되면 이런 문제 없이도 사회 전체 구조를 바꿀 수 있습니다. 오래된 것이 남아 있더라도 전체의 크기가 커지면 상대적 비중이 낮아지기 때문입니다. 고도성장기에 경제 전체의 규모가 급속하게 확대되어 다양한 사회적 문제를 쉽게 해결할 수 있었습니다.

미래에 대한 희망찬 꿈을 품을 수 있었기에 일본인이 부지런해질 수 있었다는 점도 중요하지만, 경제 전체 규모가 확대된 것의 효과도 그에 못지않게 컸다고 생각합니다.

일본인 모두가 성장을 믿고 일했기에 경제 전체의 규모를 키우고 조건 변화에 유연하게 대응할 수 있었다. 고도성장기 일본에서는 이러한 선순환 과정이 작용했습니다. 앞서 "고도성장기는 일본의 황금시대였다"고 얘기했죠. 저는 '과거'를 얘기하고 있습니다. 이 화법에 위화감을 갖는 사람은 지금은 없겠지요.

그런데 1960년대 일본에서 황금시대란 분명히 '미래의 일'로 여겨졌습니다. 미래는 현재보다 더 풍요로워질 것이며, 노력하면 그러한 황금시대를 누릴 수 있다고 생각했습니다. 저도 그렇게 생각하고 있었고요. 21세기 일본을 '10배 경제 사회'라고 부른 게 그러한 생각의 발로였습니다.

유럽에서 황금시대란 과거의 일입니다. 과거에 있었던 이상적인 사회가 역사의 진행과 더불어 붕괴했다는 역사관입니다. 그런데 지금 21세기에는 일본에서도 황금시대가 과거의 일이 되었습니다. 역사의 진행에 관한 일본인의 사고방식이 180도 바뀐 것이지요.

세계에 대해 겸허함을 품고 있던 시대

또 하나 강조하고 싶은 점은, 고도성장기에 일본인은 세계로부터 배우지 않으면 안 된다는 겸허한 마음가짐을 지니고 있었다는 것입니다.

물론 이러한 겸손 의식은 제2차 세계대전의 패전과 밀접하게 연결되어 있습니다. 실제 경험을 바탕으로 '우리는 철저하게 패했다.

모든 면에서 일본은 패배하고 말았다'는 의식을 거의 모든 일본인이 갖고 있었던 것입니다.

책의 본문에서도 썼지만, 1960년대 말 제가 미국에서 유학하고 있을 무렵 미국 사회에서 일본은 극동의 작은 섬나라일 뿐이었습니다. 그제서야 겨우 자동차를 생산할 수 있게 되었던 터라, 모든 면에서 미국과는 비교조차 불가능했습니다.

한번은 아무개를 마중하러 뉴욕 공항에 나갔다가 그곳에서 일본 항공의 비행기가 머무르고 있는 광경을 본 적이 있습니다. 그때의 감동이 지금도 생생히 떠오릅니다. 일본도 태평양 건너까지 비행기를 날릴 수 있을 정도로 성장했구나 하는 자랑스러운 마음으로 가득 찼죠. 지금의 일본인이 이런 감정을 품는 일은 결코 없을 것입니다(미·일 간을 날 수 있는 일본산 여객기는 아직 없는데도 감각만 바뀐 것입니다).

여하튼 이러한 겸허한 마음가짐이 1960년경의 일본에서 사회를 전진시키는 '긍정적인 힘'으로 작용했다고 생각합니다. 세계 속에서 일본은 뒤처져 있으니 노력해서 선진국을 따라잡아야만 한다는 의식이었기 때문입니다.

'일'에 대한 윤리관이 바뀌었다!

일본은 1990년대 무렵부터 장기 정체에 빠졌습니다. 세계가 격변하는 가운데에서도 일본은 변하지 않았고, 일본의 국제적인 위상은 크게 저하되어버렸습니다.

왜 이런 상황이 벌어졌을까요? 저는 1980년대 일본 경제의 성공과 그 이후 거품 경제 속에서 일본인의 의식이 크게 변해버린 것이 가장 큰 원인이 아닐까 생각합니다.

일본인이 잃어버린 것은 첫 번째로 '일에 대한 윤리관'입니다. 고도성장기에는 '일하면 보답으로 직책을 얻고 조직에서 승진할 수 있다'는 기대감이 있었습니다. 그리고 많은 경우에 그 기대는 보상을 얻었죠. '풍요로운 삶을 영위하기 위해서는 열심히 일해야 한다. 그리고 근면하게 일하면 잘살 수 있다.' 많은 일본인이 그런 생각을 품고 있었습니다. 이런 의미에서 전후 일본(경제)은 '건강한 사회'였다고 할 수 있습니다.

그런데 이런 생각이 1980년대를 기점으로 크게 바뀌고 말았습니다. 부동산 거품 속에서 땅에 투자하면 벼락처럼 갑자기 거액의 부를 거머쥘 수 있다는 꿈(벼락부자)이 현실에서 이루어졌기 때문입니다. 꾸준히 성실하게 일할 게 아니라 차라리 불로소득을 챙기기 위해 약삭빠르게 잘 처신하면 엄청난 부를 축적할 수 있다. 그러한 사례들이 속속 나타났습니다. 가령 그림을 매매함으로써, 혹은 골프장을 개발함으로써 믿을 수 없을 정도의 '부의 연금술'이 가능해진 것입니다. 이로 인해, '일(노동)하는 것에 대한 일본인의 생각'이 크게 바뀌어버렸습니다.

그리고 이 점은 21세기인 지금에 이르기까지 변하지 않았습니다. 경제 관련 출판물이라고 하면 주로 돈 버는 법 같은 종류의 책만 너무나 많아지고 있지 않습니까!

국제적 위상에 대한 생각이 바뀌었다!

1980년대에 일어난 또 하나의 의식 변화는, 세계 안에서 일본의 위상에 대한 일본인의 생각이 크게 바뀐 것입니다.

1980년대에 일본의 국제적인 지위는 현저하게 높아졌습니다. 1인당 GDP로 봤을 때 일본이 미국을 추월하는 사태(?)가 벌어진 것입니다. 경제통계로만 그런 게 아니었죠. 공교롭게도 이 시기에 미국 사회가 황폐해지고 말았던 것입니다. 그런 미국 사회와 비교해서 일본은 도시의 안전성과 청결함이 눈에 띄게 우월했습니다.

1980년대 무렵 일본인들 사이에서 '일본은 세계 톱클래스 선진국이며 일본인은 뛰어나다'는 의식이 일반화되었습니다. 일본은 세계적으로 가장 위상이 높다는 의식을 많은 일본인이 갖게 된 것입니다. 하지만 이 책은 1980년대의 성공이 '진짜'였는지에 대해서 의심의 눈초리를 던지고 있습니다. 일본 경제의 진정한 성공은 고도성장기이며, 1980년대는 미국의 실책에 의한 외관상의 성공인 측면이 강하다는 논리입니다.

일전에 미국의 대학은 급여가 일본 대학보다 3배가량 더 많다는 보도가 있었습니다. 이것을 읽고 1980년대에 미국의 대학은 급여가 낮아서 일본의 대학과 전혀 비교되지 못했다는 사실이 아련히 떠올랐고, 동시에 1980년대 일본의 영화 역시 일시적인 것에 지나지 않았다는 점을 깨달았습니다.

그러나 당시의 일본인들은 전혀 그렇게 생각하지 않았습니다. 저는 일본인이 1980년대를 겪으면서 '오만'해졌다고 생각합니다. 다른 나라한테서도 배워야 할 점은 배운다는 자세를 잃어버린 것이지요.

그뿐만 아니라 이미 오래전부터 오만해진 일본인은 21세기 일본이 이제 다른 국가에 비해 뒤처져 있다는 현실을 인정할 수도 없게 되어버렸습니다. 너무나도 큰 변전變轉인 듯합니다.

뒤처져 있다는 것을 인정할 수도 없게 된

1990년대를 통과하면서 일본의 국제적 지위는 크게 낮아졌습니다. 세계에서는 기술적으로나 산업구조적으로나 큰 변화가 일어났습니다. 그럼에도 일본은 지금까지의 성과에 만족하고 그러한 변화에 대응하려고 하지 않았던 것입니다. 일본인은 세계에 비해 더뎌지고 큰 변화에 뒤처지고 있다는 것을 인정하지 않으려고 했습니다.

이 점이 특히나 절실하게 느껴진 것은 '2000년대 무렵'입니다. 이 무렵의 통계를 보면, 세계 속에서 일본의 1인당 GDP 순위가 내려가고 있는 것이 명확해졌습니다. 그러나 그 점을 지적하면 '매국노'라는 반응이 되돌아왔죠. 현실로 다가온 객관적 변화에 눈을 감고 인정하려 하지 않는 것은 정말로 큰 문제입니다. 또는 어렴풋이 정신을 차리고 있었으나, 과거의 영화에 취해 인정하고 싶지 않았던 것입니다.

이는 이른바 '잃어버린 30년', 즉 30년 가까이 계속된 경제 정체 뒤에도 변하지 않은 '일본인의 마음가짐'이 된 것처럼 보입니다. 슬프지만요.

과연 이민을 받아들일 수 있을까?

향후를 생각해보노라면 일본은 인구구조의 고령화가 현재보다 한층 더 격화될 것입니다.

사실 이 점은 1980년대부터 알려져 있었습니다. 낮은 출산율이 계속되면 수십 년 후에 심각한 문제가 터질 거라고 예상했죠. 이에 따라 경제·사회구조를 개혁할 필요가 있었지만 당최 이루어지지 않았습니다. 오늘날에도 이 문제는 계속 심각해지고 있습니다.

첫째는 '인력 부족'입니다. 젊은 층의 인구가 대폭적으로 감소하기 때문에 고령자와 여성의 노동률이 높아지지 않으면 일본의 노동 인구는 수천만 명 단위로 쪼그라들어버립니다. 그런데 이 문제가 과연 심각하게 받아들여지고 있는지는 큰 의문입니다. 실업률의 저하와 유효구인배율有效求人倍率◆의 상승은 일손이 부족하다는 표시이지 결코 환영할 일이 아님에도, 아직도 바람직한 변화라고 여겨지고 있습니다. 한편, 현실에서는 산업 부문마다 일손 부족이 심각해 그 대책으로서 외국인 노동자를 늘려야만 하는 상황이 되었습니다.

외국인 노동자를 대폭 늘리기 위해서는 그들을 일시적인 노동자가 아닌 일본 국민으로 받아들일 필요가 있을 것입니다. 즉, 이민을 인정하지 않을 수 없습니다. 이것은 일본의 사회구조가 근본적으로 바뀐다는 걸 뜻하죠. 일본 국민은 저출산·초고령화 사회에 대응하기 위해 외국인의 일본 이민을 받아들일 준비가 되어 있는 걸까요?

◆노동 수급 상태를 보여주는 비율로, 공공직업안내소에 등록된 총구직자 수로 총구인 수를 나눈 수.

큰 의문이라고 하지 않을 수 없습니다.

외국인 노동자 문제는 2018년 가을에 열린 국회에서 입국관리법 개정 문제로 논의의 대상이 되었지만, 기본적인 문제는 논의되지 않았죠. 바로 '일본은 정말로 이민을 인정하는 나라가 될 수 있는가?' 하는 문제 말입니다. 정부는 이민을 인정하지 않으면서 다른 한편으론 단기 노동자를 늘리려 하고 있습니다. 이것은 대증요법을 계속하면서 근본적인 문제는 장래에 맡기자는 임시방편에 불과합니다.

사회보장 부담액의 증가

둘째는 '사회보장'입니다. 인구구조의 변화에 따라 사회보장 비용을 부담하는 연령층의 인구가 감소하고, 다른 한편에서는 사회보장 혜택을 받는 노령 인구가 증가하게 됩니다. 따라서 부담자 한 명이 짊어져야 할 액수가 상당히 커지게 됩니다.

그런데 일본 정부의 다양한 전망에서, 이렇게 미래 세대가 짊어질 사회보장 부담액의 증가는 상정되어 있지 않습니다. 예를 들어 공적 연금 재정 검증에는 현재의 보험료율로 100년 이상이나 제도를 유지할 수 있다고 되어 있습니다.

사회보장 재원 중에는 일반 재원도 있는데, 주로 소비세입니다. 이에 대해 세율을 10퍼센트로 끌어올리는 것까지는 예정되어 있지만, 그 이후의 인상은 고려되지 않고 있죠. 이런 일이 벌어진 까닭은 재원을 상정할 때 전제가 잘못되었기 때문, 다시 말해 일본의 미래 경제성장 전망을 지극히 높게 잡았기 때문입니다. 그로 인해 심각한 인구구조 문제가 뒤덮여 감추어져 있는 것입니다.

인구구조 문제는 1980년대부터 미뤄져온 숙제인데, 21세기인 지금도 마찬가지로 그 해결방안이 마련될 기미가 보이지 않고 있는 것이지요.

제로섬 게임을 조정할 수 있을까?

본문에서도 강조한 대로 1990년대 이후 세계경제에서 일본의 지위가 낮아진 것은 일본 산업구조가 세계경제의 거대한 구조·기술 변화에 제대로 대응하지 못했기 때문입니다. 경제정책으로 실제 실행되어온 내용은 금융완화정책과 엔저에 기대어 일시적으로 기업의 이익을 확보하는 것에 지나지 않았습니다.

이미 앞서 말했듯이 고도성장기에는 경제 전체 규모가 확대되었기 때문에 희생을 강요하지 않아도 경제 전체의 구조를 바꿀 수 있었지만, 현재의 구조 개혁은 모든 사람이 만족할 만한 형태가 될 수 없습니다. 누군가는 희생할 수밖에 없는 거죠.

그런데 1990년대 이후에 줄곧 그러했듯이, 전체 일본 경제의 성장이 멈춰버리자 일본 사회는 제로섬 게임이 되고 말았습니다. 때문에 경제구조도 개혁하지 못하고 경제도 성장시키지 못하는 악순환에 빠져 있습니다.

정치의 역할은 누가 혹은 어느 부문이 희생될지를 결정하는 겁니다.

그런데 21세기 일본 정치는 그것을 결정하지 않고 있습니다.

향후 문제가 생길 것으로 예측되는데도 그것을 직시하는 정책을 펴려 하지 않고 일회성 대책으로 일관하고 있습니다. 사회의 구조를 바꿔야만 하는데 어떻게든 그럭저럭 견딜 수 있을 거라고만 생각합니다. 이런 상황을 영원히 지속할 수는 없습니다.

이런 상태를 바꿀 수 있을지의 여부가 일본의 미래를 결정하는 중요한 과제입니다.

어떤 태도로 중국을 대해야 할까?

미래의 세계경제를 궁리해보면 가장 중요한 것은 '중국의 동향'입니다. 중국의 경제성장은 계속되고 있으며 앞으로도 여하튼 성장을 이어갈 듯합니다.

40년 후의 세계를 생각해보면, 1인당 GDP는 비슷하지만 경제 규모가 10배가량 큰 대국이 일본 바로 옆에서 출현하게 됩니다. 이러한 상황에 어떻게 대처해야 할까요? 게다가 중국은 단순히 양적으로만 확대되고 있는 게 아니라 '기술적으로도' 정보 기술을 고도로 발전시키고 있습니다.

1990년대 이후 중국의 경제 팽창은 농업 중심이었던 경제가 공업화한 결과이며, 일본의 고도성장과 메커니즘이 같았습니다. 특별하게 드문 현상이라고는 말할 수 없고, 오히려 당연한 과정입니다. 그러나 최근에는 이것만으로는 이해할 수 없는 움직임이 있습니다. 특히 AI(인공지능) 분야에서 그런 움직임이 두드러집니다. 단지 국가

(중국공산당 정부)의 지원을 업고 민간 기업이 기술 개발을 계속하고 있는 것만이 아니라, 기초 기술력 측면에서도 이제 중국이 세계의 선두라는 현실을 외면할 수 없습니다.

문제는 그뿐만이 아닙니다. AI를 개발하려면 빅데이터를 모을 필요가 있는데, 여기에는 시민의 프라이버시와 관련된 중요한 난제가 포함되어 있습니다. 미국에서도, 유럽에서도, 일본에서도 이 문제가 향후 인공지능을 개발하는 데 중요한 장애 요인이 될 가능성이 농후하죠.

하지만 중국은 프라이버시 보호에 대한 국민의 의식이 낮아 빅데이터 수집에 유리합니다. 이로 인해 AI 개발에 유리한 고지를 점하고 있죠. 경제사회의 구조와 과학기술 문제와 관련해 지금까지 인류사에서 유례가 없던 심각한 문제가 발생하고 있는 것입니다.

일본은 이에 대해 어떤 태도를 취해야 할까요? 이 문제에 거의 무관심한 일본인이 너무 많은 것 아닐까요? 전후 일본의 외교정책은 기본적으로 대미정책을 양호한 상태로 유지하는 것이 최대의 과제였고, 이에 성공했다고 얘기할 수 있습니다.

그러나 앞으로의 국제 환경은 여태까지와 분명 다를 것입니다. 일본은 어떤 입장으로 중국을 대해야 하는가? 이 중대한 문제에 대해 꼭 연구해야 할 때인 것입니다.

미국과 중국은 무역 전쟁에 돌입하고 있습니다. 이는 단기적인 문제가 아니라 '중국의 부활'이라는 세계사적 맥락에서 필연적인 현상이라고 볼 수도 있습니다.

미국과 중국 간 무역 및 기술 패권 전쟁은 단순히 트럼프 대통령의 변덕에 의해 발생한 것이라고 단정할 수 없는 측면이 있다는 겁니다. 일본은 이 엄중한 상황을 '강 건너 불구경'하듯 지켜만 봐서는 절대 안 될 것입니다.

　이 책을 문고본으로 펴내는 데 니혼게이자이신문 출판사의 다구치 쓰네오 씨에게 큰 신세를 졌습니다. 감사의 말씀을 드립니다.

2019년 2월

옮긴이의 말

지난해 일본인의 임금은 한국보다 낮았다. 이렇듯, 일본이 점점 가난해지고 산업도 약해지면서 선진국 지위를 잃을 갈림길에 섰다는 경고음이 여기저기서 들려온다. 일본의 1인당 GDP는 1970년대 초반에 OECD 평균을 따라잡았다. 일본이 '미국보다 더 잘산다'는 평가를 받을 때도 있었다. 그러나 1990년대 이후 거품이 붕괴하고 경제성장이 멈추는, 이른바 '잃어버린 30년'이 지속되자 일본은 후발 주자들에게 쫓기기 시작했다. 이 책의 저자 노구치 유키오는 이대로 가다간 일본이 한국에게 역전당하고 G7 자리를 빼앗길 것이라는 취지의 칼럼을 지난해부터 일본 미디어에 줄줄이 발표해 세간의 이목을 끌었다. 또한 올해 5월에 펴낸 『엔저가 일본을 망친다: 한국·미국·타이완에게 배우는 일본 재생의 길 円安が日本を滅ぼす: 美韓台に學ぶ日本再生の道』에서도 약 50년간 계속된 일본의 선진국 시대가 '확실히' 끝나가고 있다고 우려한다.

일본은 1945년부터 몇 단계의 경제 발전을 거쳐왔다. 초토화된 전후戰後 시대 속에서 급부상한 1950년대 부흥기, 세계가 깜짝 놀란 1960~1970년대의 고도성장기, 경제 성적이 최고조에 달했던 1980년대 거품 경제 시기, 그리고 1990년대 이후 끝이 보이지 않는 장기적 불황기 등이 그것이다. 그렇다면 '일본 따라잡기'를 해왔던 우리는 어떻게 해야 '일본 전후경제사'의 대략적인 경과와 표면적인 현상 외에 배후의 메커니즘과 원리를 꿰뚫어 보고 유익한 간접경험과 교훈을 얻을 수 있을까? 바로 이 지점에서 『1940년 체제』가 우리에게 도움이 될 터임은 두말할 나위 없다. 땅값이 급등하던 1980년대 일본 경제를 '거품'이라고 지적하며 그 폐해를 처음으로 경고했던 저명한 경제학자가 일본 현대 경제의 성장 과정과 '잃어버린 30년'이라는 침체의 수수께끼를 파고들어 '집대성한 작품'이기 때문이다.

오늘날까지의 일본 경제를 어떻게 평가해야 할까? 저자는 1995년에 이 질문을 받았다면 자가당착적인 답변을 했을 것이라며, 이후 20여 년 동안 더 깊이 생각하고 되묻고서야 비로소 자신이 깨달은 일본 전후경제사의 '핵심 문제'를 이 책을 통해 세상에 드러낼 수 있었다고 말한다. 그는 도쿄 대공습에서부터 헤이세이 시대까지의 경제 발전 과정을 회고했을 뿐만 아니라, 각종 경제 현상의 배후에 있는 심층 기제와 일본이 추락한 '가장 근본적'인 원인을 분석했다. 그리고 그것을 극복하려면 무엇이 필요한지에 대해 종래의 교과서적인 일반론과는 전혀 다른 신선하고 독창적인 견해를 펼치며 '일본 현대 경제의 흥망성쇠'를 다루고 있다.

미 점령군의 재벌 해체나 농지 개혁 등 '전후의 민주화'를 통해 전쟁 이전과는 다르게 자유로운 경제체제를 확립한 덕분에 경제 부흥이 가능했고, 소니나 혼다처럼 전후에 탄생한 기업이 고도성장을 실현했다는 것이 일본 경제에 대한 통설이다. 1945년부터 1959년까지는 '전후 민주주의와 평화헌법 국가 이념에 의한 일본의 재건기'로, 모름지기 미국이 안보를 책임져주었기 때문에 군사비의 중압에서 벗어나 고도의 경제성장을 할 수 있었다는 것이 교과서에 나오는 전후사에 대한 일반적 시각이다.

하지만 이 책은 정설과 다르다. 저자는 '1940년 체제 사관史觀'을 제시한다. '전시경제 시스템'인 '1940년 체제'가 전후 부흥과 고도성장을 실현하여 1970년대 석유파동을 극복할 수 있게 했으나, 그것이 퇴장을 선고받고도 계속 살아남으려다 빚어진 필연적인 결과가 1980년대 거품 경기이며 이후의 '잃어버린 30년'을 불러왔다는 것이다. 일본 경제 해석의 지평에 커다란 반향을 일으킨 이른바 '1940년 체제'란 바로 기시 노부스케 등이 전쟁 시기에 마련한 '(태평양 전쟁을 원활하게 수행하기 위한) 국가 주도 총동원체제'다.

중화학공업 중심의 산업구조와 수직통합형 생산방식에 잘 부합하는 이 체제는 전후에도 계승되었다. 그 덕에 1950~1960년대의 자원·자금 부족 국면에서 국가가 간접금융을 주도하여 전략적인 산업 부문에 선결적으로 자원을 배분할 수 있었고, 이로 인해 전후 부흥이 찾아왔으며 전쟁 시기에 성장한 대기업이 급속한 고도성장을 견인했다. 또한 변동환율제로의 이행을 돕고 1973년과 1978년 두 차례의 석유파동을 극복할 수 있게 한 것도 이 체제다. 그런데 세계경제의 환경이 크게 변화하면서 '1940년 체제'는 쓸모를 상실하게 되었다. 하지만 체제는 계속 유지되었으며, 결국 거품 경제 그리고 아베노믹스라는 '전후 레짐으로의 회귀' '1940년 체제의 부활' '전후 체제에 대한 집착'으로 귀결되고 말았다. 저자는 이 책을 관통하는 두 시점 중 하나인 '새의 눈', 즉 '하늘로부터의 시점'으로 이러한 사관을 전개해나간다.

물론 저자가 해부한 일본 침체의 원인은 갖가지다. 가령 1990년대 세계경제 환경 대변화에 적절히 대응하지 못한 일본 제조업의 오판, 지속적인 금융완화, 마약 같은 엔저 유지, '갈라파고스 제도' 경제라며 비아냥을 듣기까지 하는 디지털 경제 전환의 대실패 등이 있다. 특히 중국 공업화에 대한 대처가 크나큰 오류였다. 일본은 중국이 할 수 없는 경제활동, 즉 생산성이 높은 신산업으로 중국과의 차별화를 시도했어야만 했다. 그러나 중국과의 가격경쟁으로 어려움에 빠진 산업을 구제하기 위해 임금을 낮추고 환율을 엔화 약세로 유도했다. 그러다보니 낡은 산업은 살아남고 기술혁신이 정체되면서 경제가 쇠퇴하고 말았다.

결론적으로 거품 붕괴 이후 일본 경제가 장기 정체의 굴레에 얽매인 '가장 근본적인' 요인은 '1940년 체제'다. 정확히는 거품 경기가 시작될 무렵부터, 이 체제는 전 세계적 경제 변속에 대응하는 데 있어 '질곡'이 되어갔다. 정보 통신 기술을 발전시키고 수평분업형 생산방식을 전개하기에 이런 국가 주도형 경제체제는 시대착오적이고 부적합했기 때문이다. 게다가 세계경제의 기본적인 조건이 전환되던 1980년대 후반 무렵, 이 체제에 대한 무조건적 예찬이 일본 경제가 환골탈태할 가망성마저 앗아갔다. 이 시기에 형성된 '일본 예찬=1940년 체제 예찬'론은 결국 '일본 경제의 멍에軛'가 되어 아직도 21세기 일본의 구조적 대전환을 가로막고 일본 경제의 발전을 계속 저해하고 있다.

이 책의 원제는 『전후경제사: 우리는 어디에서 잘못했을까戰後經濟史: 私たちはどこで間違えたのか』이다. 원제만 보면 흔한 경제사 관련서일 듯하나, 매우 색다르고 특이한 장르의 저서다. '전후 일본 경제는 어떻게 흘러와 지금 어디에 있는가?' 저자는 이 점을 밝히고자 집필했지만, 어떤 사건이 일어났는지를 순서대로 기술하는 일반적인 역사책과는 다르게 현대에 큰 영향을 미친 사건과 현상을 중심으로 그 사실 및 배경을 해독하는 독특한 스타일을 취하고 있다. 그래서 저자가 택한 시점이 하나 더 있다. 바로 '개의 눈'이라고 명명한 '지상의 시점'이다. 특히 '저자의 체험'을 통해 일본 경제를 바라본다. 저자는 전후 일본 경제의 직접 경험자이자 참여자이기에, 경제를 논하면서도 성장기와 대장성 근무 시절 그리고 관료·이코노미스트로서의 직접경험을 많이 떠올리면서 일본의 경제 발전 단계별 서민의 생활상을 또 다른 시각으로 생생하게 그려낸다. 저자의 눈을 통해 본 '전후 일본 사회문화·세태·정치·일상생활의 변천사'인 셈이다. 거물급 관료부터 시작해 미시마 유키오, 요시다 시게루, 다나카가쿠에이 등 당대를 대표하는 사회적 인물들과 얽힌 실화를 소개하는 것은 물론이거니와 친구와 지인들의 삶의 편린을 애틋하게 술회함으로써 전후 일본의 사회·정치·문화사를 생생하고 입체적으로 보여준다. 그래서 저자는 이 책을 전문 경제 학술서 성격의 "자서전적 연대기"라고 정의한다.

시작은 1940년생인 저자가 네 살 무렵 경험한 도쿄 대공습이다. 그리고 GHQ 점령기, 한국전쟁 특수, 도쿄 올림픽, 엔고 현상, 오일 쇼크, 부동산 거품 붕괴, 대장성의 대혼란, 일본은행 총재들의 오판, 후지은행 부정 금융 사건, 주가 조작 사건, 세계 금융위기, 리먼 쇼크 이후 아베노믹스까지, 장장 70년(쇼와~헤이세이 시대)에 걸친 일본의 총체적 변화가 갖가지 에피소드와 저자의 개인사를 통해 에모노가타리絵物語(그림이 들어있는 이야기책)처럼 펼쳐진다. 덕분에 이 책은 경제사일 뿐만 아니라 일본을 여러 방면에서 현미경처럼 섬세하고 구체적으로 들여다볼 수 있는 '일본론' 류의 책이기도 하다.

경제 발전은 사람의 삶과 운명에 큰 영향을 미치기 마련이다. 일본은 도대체 어디에서, 무엇을 잘못했을까? 한국은 일본의 전철을 밟을 수 있지 않을까? 저자는 "거품이 붕괴한 후에야 사람들은 비로소 그것이 거품임을 알 수 있다"고 썼다. 이 책이 우리로 하여금 한국 경제 발전의 미래에 대해 좀더 깊이 생각하도록 영감을 줄 수 있다면 분명 그 가치가 클 것이다. 일본 경제의 흥망성쇠를 벤치마킹해, 한국 경제가 나아갈 길에 대한 힌트와 참조, 통찰을 얻을 수 있는 '반면교사'로서의 역할을 충분히 할 수 있기 때문이다. 일본에서 문고판이 나올 즈음(2019년)에 중국판과 타이완판이 출간된 이후 줄곧 베스트셀러를 차지하고 있는 이유도 거기에 있을 것이다.

저자는 1980년대 거품 시기에 일본인의 의식이 크게 변해버린 것이 '잃어버린 30년'이라는 침체기의 큰 원인이라며, 일본인이 첫 번째로 잃어버린 게 '일(노동)에 대한 윤리관'이라고 말한다. '부지런히 일하면 풍요로워진다'는 건강한 생각이 1980년대를 기점으로 크게 흐려져버렸다는 것이다. 부동산 거품 속에서 땅 투기를 하면 벼락부자가 될 수 있었기 때문이다. 꾸준히 성실하게 일하지 않아도 그림을 매매하거나 골프장을 개발하는 등 약삭빠르게 처세하면 엄청난 불로소득을 축적하는 '부의 연금술'이 가능했다. 이로 인해 '일에 대한 일본인의 생각'이 뿌리부터 왜곡되어버렸고 21세기인 지금에 이르기까지 변하지 않았다고 저자는 충고한다. 그런 면에서 부동산, 주식과 가상화폐, 미술품 등등에 대한 투자 광풍에 빠진 우리의 자화상도 반추해볼 수 있는 유의미한 책일 것이다.

2022년 여름의 끝을 기다리면서

노만수

1940년 체제

일본 전후경제사의 멍에를 해부하다

1판 1쇄 2022년 11월 24일
1판 2쇄 2023년 11월 24일

지은이 노구치 유키오
옮긴이 노만수
펴낸이 강성민
편집장 이은혜
기획 노만수
편집 진상원
마케팅 정민호 박치우 한민아 이민경 박진희 정경주 정유선 김수인
브랜딩 함유지 함근아 박민재 김희숙 고보미 정승민 배진성
제작 강신은 김동욱 이순호

펴낸곳 (주)글항아리 | 출판등록 2009년 1월 19일 제406-2009-000002호

주소 10881 경기도 파주시 심학산로 10 3층
전자우편 bookpot@hanmail.net
전화번호 031-955-8869(마케팅) 031-941-5159(편집부)
팩스 031-941-5163

ISBN 979-11-6909-056-8 03320

잘못된 책은 구입하신 서점에서 교환해드립니다.
기타 교환 문의 031-955-2661, 3580

www.geulhangari.com